那些逝去的厚重声音

【民国著名学人性情档案】

《伴随》编辑部 编著

北方文艺出版社

图书在版编目（ＣＩＰ）数据

那些逝去的厚重声音：民国著名学人性情档案 / 伴
随编辑部编著 . -- 哈尔滨：北方文艺出版社，2011.12
（2021.3 重印）
ISBN 978-7-5317-2763-7

Ⅰ . ①那… Ⅱ . ①伴… Ⅲ . ①知识分子 - 生平事迹 -
中国 - 民国 Ⅳ . ① K825.4

中国版本图书馆 CIP 数据核字 (2011) 第 234222 号

那些逝去的厚重声音：民国著名学人性情档案

NAXIE SHIQU DE HOUZHONG SHENGYIN MINGUO ZHUMING XUEREN XINGQING DANGAN

编　　著 / 《伴随》编辑部

责任编辑 / 李玉鹏

封面设计 / 开目 图牌设计 小戚

出版发行 / 北方文艺出版社

地　　址 / 哈尔滨市南岗区宣庆小区 1 号楼

网　　址 / http://www.bfwy.com

邮　　编 / 150008

电子信箱 / bfwy@bfwy.com

经　　销 / 新华书店

印　　刷 / 保定市铭泰达印刷有限公司

开　　本 / 720×1020　　1/16

印　　张 / 22.5

字　　数 / 311 千

版　　次 / 2012 年 4 月第 1 版

印　　次 / 2021 年 3 月第 3 次印刷

定　　价 / 59.80 元

书　　号 / ISBN 978-7-5317-2763-7

目　录

钱玄同：一个催生新文化运动的性情中人

刘文典：养生未羡嵇中散，疾恶真推祢正平

陈寅恪：教授之教授，大师之大师

陶行知："人生办一件大事来，做一件大事去"

赵元任：拥有异常天赋的"汉语言学之父"

梁漱溟：中国最后一位儒家

辜鸿铭："我是老大中华的未了的一个代表"

传略 辜鸿铭（1857—1928），名汤生，号立诚，自称慵人、东西南北人，又别署为汉滨读易者。出生于当时为英国占领的马来西亚威尔斯王子岛（今天叫槟城），祖籍福建省同安县。父亲辜紫云，母亲为葡萄牙人。学博中西，号称"清末怪杰"，是清朝时精通西洋科学、语言兼及东方华学的中国第一人。他创造性地翻译了中国"四书"中的三部——

辜鸿铭

《论语》、《中庸》和《大学》，并著有《中国的牛津运动》（原名《清流传》）和《中国人的精神》（原名《春秋大义》）等英文书，热衷向西方人宣传东方的文化和精神，在西方产生了重大的影响。

1867 年，随英国商人布朗前往苏格兰。1870 年，被送往德国学习科学。后回到英国，于 1873 年考入爱丁堡大学文学院攻读西方文学专业，并得到校长、著名作家、历史学家、哲学家卡莱尔的赏识，于 1877 年以优异的成绩获得该校文学硕士学位。同年，入德国莱比锡大学，获得土木工程文凭；后又去法国巴黎大学攻读法学。

1880 年，返回故乡槟城。1881 年，听从当时在新加坡的语言大家马建忠的劝说，辞去殖民政府职务，埋头研究中华文化。1885 年，前往中国，被湖广总督张之洞委任为"洋文案"（即外文秘书）。由国人自力建设、自主管理的高等学府——自强学堂（武汉大学前身）正式成立后，任方言教习。授课非常受学生欢迎，全校师生景仰，成为自强学堂一代名师。

1905 年，任上海黄浦浚治局督办。1908 年宣统即位，奉任外交部侍郎，1910 年，辞去外交部职务，赴上海任南洋公学监督。1911 年辛亥革命后，辞去公职，1915 年起在北京大学任教授，主讲英国文学。1924 年，赴日本讲学三年，其间曾赴台湾讲学。1927 年回中国。

1928 年 4 月 30 日在北京逝世。

形象　　他生得一副深眼睛高鼻子的洋人相貌，头上一撮黄头发，却编了一条小辫子，冬天穿枣红宁绸的大袖方马褂，上戴瓜皮小帽；不要说在民国十年前后的北京，就是在前清时代，马路上遇见这样一位小城市里的华装教士似的人物，大家也不免要张大了眼睛看得出神吧。（周作人《北大顶古怪的人物》）

先生喜征逐之乐，故不修边幅，既垂长辫，而枣红袍与天青褂上之油腻，尤可鉴人，粲然立于其前，不须揽镜，即有顾影自怜之乐。（梁实秋《辜鸿铭先生逸事》）

袍作枣红色，衬以无领铜钮，肥大马褂一袭，下着杏黄套裤，脚着挖心式"夫子履"，青云遮头，鼻架花镜。每谈国事，则曰："你们中华民国！"盖先生发辫长垂，小帽红结，大如小儿拳，迄其天年，从未忘情于清室。（王森然《辜鸿铭先生评传》）

枣红色的旧马褂，破长袍，磨得油光闪烁，袖子上斑斑点点尽是鼻涕、唾液痕迹，平顶红结的瓜皮小帽，帽子后面是一条久不梳理的小辫子，瘦削的脸，上七下八的几根黄胡子下面，有一张精通七八国语言，而又极好

刁难人的嘴巴。脚下，终年一双梁布鞋。（王理璜《一代奇才辜鸿铭》）

这个小老头，像禁欲者一样瘦削，但面孔很有神采，直着脖子，身体微微前倾，颧骨突起，宽宽的额头下闪烁着两只带笑意的大眼睛。他穿着中国长袍。在北京人都已剪掉辫子的此刻，他却留着那条象征性的发辫。我们的谈话进行了一个多小时。辜氏口若悬河，我几乎插不上话。其实，这只是一场长长的独白，令我毕生难忘，因为我从未见过如此执著、如此固执地坚持己见、坚持确定信念的人。（弗兰西斯·波里《中国圣人辜鸿铭》）

保皇　辜鸿铭给人印象最深刻的是"辫子"。辜鸿铭学贯中西，精通英、法、德、意、日等多国语言和古拉丁文，他为何独独对那条不甚雅观的辫子敝帚自珍？辜自己的解释是："许多人笑我痴心忠于清室。但我之忠于清室非仅忠于吾家世受皇恩之王室——乃忠于中国之政教，即系忠于中国之文明。"别人将他的辫子视为前清遗老的残留物，他却将自己的辫子视为"一个标志和象征——几乎是一个宗教符号，一面中国民族性的旗帜"，或者说，是一本中华传统文化的护照。

辜鸿铭经历两次帝制复辟，都如儿戏一般。清王朝从历史上消失了，王公大臣们头顶的官帽（擎雨盖）也没了。唯有张勋和辜鸿铭的辫子犹如"傲霜枝"一样在人们面前摇曳。（张勋65岁生日时，辜鸿铭送给他一副贺寿联，上联是"荷尽已无擎雨盖"，下联是"菊残犹有傲霜枝"。意思是清朝灭亡了，那顶官帽已经全无着落，但还留下一条好端端的辫子，足可笑傲于这个寒光闪闪的时代。）

民国初年，辜鸿铭被蔡元培聘为北大教授。他第一次拖着辫子走上北大课堂的时候，台下的学生哄堂大笑。辜鸿铭没有感到难堪，他等学生笑完，清了清嗓子说："你们笑我，无非是因为我的辫子。我的辫子是有形的，可以剪掉。然而诸位同学脑袋里的辫子，就不是那么好剪的啦！"学生们听到这句话，都沉默了。

英国文豪毛姆回忆，他到辜家拜访的时候，辜鸿铭曾把他的小辫子拿在手里，神气十足地说："你看我留着发辫，那是一个标记。我是老大中华的末了的一个代表。"

辜鸿铭曾撰文说，"洋人绝不会因为我们割去发辫，穿上西装，就会对我们稍加尊敬的。我完全可以肯定，当我们中国人变成西化者洋鬼子时，欧美人只能对我们更加蔑视。"所以，"中国目前最迫切的改革并非改头换面，而是派出最优秀的中国人，去向欧洲人民展示我们的真相。"

胡适在《每周评论》上评价过这条世界最有名的辫子，认为辜鸿铭是为了和别人不同，因为他以前在国外就剪了辫子，大清亡了他反倒留了起来。辜鸿铭大怒，声称要告胡适名誉侵害。辜鸿铭解释自己剪辫子的时候说，是因为年轻的时候女朋友喜欢辫子，剪下来送给她了。是风流往事，而不是革命旧事。

追随　　光绪十一年（1885年），一个偶然的机会，辜鸿铭由两广总督张之洞的幕僚赵凤昌（或谓杨汝澍）推荐，受聘为总督衙门的德文译员。他从此追随张之洞，由广州而武昌，由武昌而京城（中间在南京短暂任职），总计长达二十二年之久。

在《张文襄幕府纪闻》一书中，辜鸿铭曾写到张之洞对他，"虽未敢云以国士相待，然始终礼遇不稍衰"，"余随张文襄幕府最久，每与论事辄不能听"，"张文襄尝对客论余，曰某（辜）知经不知权"，这说明仅仅作为译员，很难得到张之洞的举荐。辜鸿铭通晓欧洲多国语文，在外交场合为张之洞挣足了面子，却仍然只是处于养而备用的境地。两人能够长期彼此谅解，相互包涵，已属难能可贵。辜鸿铭拥有足够的闲暇，他沉潜于六经子史之中，欣然感叹："道固在是，无待旁求。"一旦对儒家经典心领神会，他便在英文刊物上发表介绍和评述中国文化精华的文章，欧洲学者正是从他那里看到中国哲学和文化的精深邃密之处，因而感到惊奇和兴奋，俄国文豪列夫·托尔斯泰与辜鸿铭用书信探讨过中国文化对现实世界所起的作用；丹麦文学与社会评论家勃兰兑斯也在长篇评论中对辜鸿铭批判欧洲文化的观点表示激赏。辜鸿铭还做了一桩拓荒性质的工作，他用典雅的英文翻译"四书"中的《论语》、《大学》和《中庸》，因此在欧洲知识界赢得响亮的声誉。

一晃就是十七年。张之洞突然想起辜鸿铭这位幕僚虽然孤傲，倒也精明，却迟迟未获提升，实在有些过意不去。他对辜鸿铭说："十七年来，我对你有所疏忽，可是你为什么不提出要求呢？我很忙，把你的晋升给忘了。"张之洞这回动了真格的，向光绪皇帝举荐辜鸿铭，御旨任命辜鸿铭为上海黄浦浚治局督办，月薪高达800两银子。辜氏对物质生活没有奢求，做官做得相当清廉。

1907年夏，张之洞奉旨进京出任体仁阁大学士兼军机大臣，他在幕僚中精心挑选了两名"洋学生"——梁敦彦和辜鸿铭随同北上。到了北京，梁、辜二人同入外务部，辜鸿铭任员外郎，旋升郎中，做了司长，总算混到出人头地了。

1910年1月17日，辜鸿铭获得清廷赏赐的一项荣誉：即以其"游学专门列入一等"，赏给文科进士。在同榜中，严复居首，辜鸿铭居次，伍光建列第三。

张之洞去世后不久，被贬居彰德的袁世凯大有卷土重来之势。辜鸿铭在许多公开场合辱骂过袁世凯是"贱种"，是"流氓"，他还在《张文襄幕府纪闻》一书中嘲笑袁世凯的智商只相当于北京街头倒马桶的老妈子，袁世凯耳目众多，难保他不清楚这本账。外务部尚书梁敦彦是辜鸿铭的顶头上司和多年好友，他为辜的安全担忧，恐怕他难逃厄运，便及时向辜鸿铭发出警报，要他赶紧逃命。辜鸿铭够倔，但并不傻，他立刻辞职南下，跑到上海，出任南洋公学的校长（也有记载称他做的是教务长）。

天赋　　辜鸿铭的语言天赋，在近代中国无人能比。有一位名叫鄂方智的西方主教，在谈及辜鸿铭的英文造诣时曾说道："他用英文所写的文章，以英国人看来，可以和维多利亚时代任何大文豪的作品相比拼，且毫无逊色之感。"以英文从事著述、饮誉中西的著名学者兼现代作家林语堂先生，对辜鸿铭杰出的英文才能极表钦佩。他认为，在我中国人中，"辜鸿铭的英文文字，确乎超越出众，凡二百年来，未见有出其右者。不论其造词还是用事功夫，皆属上乘而无可疑问。"同样，英文熟练的"中华民国"之父孙中山先生也认为：在近代中国，谈得上真正通晓英文的只有三个半人，第一个是辜鸿铭，长于英国文学；第二个是伍朝枢，长于英语公牍；第三个是陈友仁，长于英国国情；至于那半个，他没有说，有人说，这可能是指近代著名学者型外交家王宠惠先生；也有人分析认为，可能是指孙中山自己。

　　1889年，俄罗斯皇太子与希腊王子结伴同游中国，他们一行来到武汉。时任湖广总督张之洞为尽地主之谊，带着几个僚属前来迎接。辜鸿铭随同担任翻译。相见之后，俄皇太子用法语与张之洞交谈，而辜鸿铭则流利准确地予以翻译。随后，张之洞在晴川阁宴请俄皇太子、希腊王子一行。席间，俄皇太子又改用俄语，与希腊王子窃窃私语，对菜肴的卫生表示质疑。他们刚刚说完，只见辜鸿铭转过身来，笑着用俄语告诉他们，这些菜肴既新鲜又卫生，还望你们放心食用。听罢，他们的脸上立刻现出惊讶之色。宴毕，张之洞掏出鼻烟壶嗅吸，希腊王子不知何物，情不自禁地用希腊语问俄皇太子，没想到，辜鸿铭立即翻译给张之洞听，并把鼻烟壶拿来，递给希腊王子，又用希腊语告诉他使用的方法。他们听着一个东方人同时流利地操几国语言，顿时惊异得瞠目结舌。后来，当他们得知辜鸿铭的强项还不是这些语种时，更是佩服得五体投地。俄皇太子在离开武汉时，郑重其事地向辜鸿铭发出邀请，希望他有机会游历俄罗斯。俄皇太子还将一块刻有皇冠的金表赠与辜鸿铭。武汉之行给俄皇太子留下深刻的印象，他逢人便说："在武汉见张总督，那位翻译辜先生所通语言之多，是我遍历各国所难以找到的奇才。"开始的那种傲慢之气一扫而光。

　　辜鸿铭能够用熟练又流利的德语演说和写作。德国一学者曾经对人说，辜鸿铭是"第一个我可以用地道的德语与之交谈的中国人。"关于此点，也有一段趣事：辜鸿铭在欧洲留学时，有一天他乘坐从维也纳到柏林的火车，因路途疲劳，他顺手拿起一张报纸盖住脸，闭着眼睛在那里养神。这时，对面空位上来了3个神气十足的德国青年。他们刚一坐定就对辜鸿铭进行品头论足："瞧那个中国佬，连报纸都拿倒了，自以为还蛮像那么回事。他这到底做给谁看，这儿又不是中国。"他们以为辜鸿铭不懂德语，说完后就忘乎所以地大笑。这时，只见辜鸿铭懒洋洋地抬起头，悠闲而又庄重地吐出一串字正腔圆的德语："你们的德国文字这玩意儿太简单了，若不倒过来看，还有什么意思？甭说报纸上这通俗的玩意儿，就是你们圣人歌德的《浮士德》，我也能给你们背个一字不差。"末了，辜鸿铭还引用歌德的语录，教训他们该如何尊重人，羞得这3个德国小伙子面红耳赤，一个个趁火车到站赶紧溜了。

　　好胜　　辜鸿铭曾对近邻和好友凌福彭（现代女作家凌叔华的父亲）说：他想刻一枚图章，同康有为的"周游三十六国"比一比，看谁的棒！他要印上自己的履历——"生在南洋，学在西洋，婚在东洋，仕在北洋"。辜鸿铭年轻时在武昌娶日本少女吉田贞子为妻，勉强算得上婚在东洋。可见他童心未泯，骨子里是好胜的，他不肯让康有为专善独美。

　　还有一事也可见出辜鸿铭的好强，辜鸿铭的老友梁敦彦听说他60多岁还能一字不落地背诵弥尔顿数千行的长诗——《失乐园》，就直言道，如果现在你年轻20多岁，我信，可你已这把年纪了，说说还行，不背也罢。老辜当即从架上取下一本《失乐园》，以一口流利的英语，一字不差流水般地背将起来。

　　任职张之洞幕府时，张之洞寿诞之日，辜鸿铭有幸与一代名儒沈曾植会面。27岁的辜鸿铭大谈西学。沈曾植慨然叹道："你说的话，我都懂。你要懂我的话，还得读20年中国书。"辜鸿铭受此刺激，从此寝馈于中国典籍之中，一晃20年过去，又是张之洞生日那天，辜鸿铭与沈曾植再次在张府会面。辜鸿铭请差役将张之洞的藏书搬至前厅，沈曾植问他搬书干什么，辜鸿铭答道："请教前辈，哪部书前辈能背，我不能背？前辈懂，我不懂？"沈曾植知其意思，说："我知道你能背能懂了……"高挂免战牌。

傲睨　由于辜鸿铭非常了解西方世界，又特别崇尚中国文化，所以才有力斥西方文化之非的言论，如"英国人博大而不精深，德国人精深而不博大，惟有中国既博大而又精深"；如"美国人研究中国文化，可以得到深奥的性质；英国人如果研究中国文化，可以得到宏伟的性质；德国人研究中国文化，可以得到朴素的性质；法国人研究中国文化，可以得到精微的性质。"

一次，一位外国朋友在家宴客，客人中只有辜鸿铭一个是中国人。大家推他坐首席。坐定，大家讨论中西文化。洋主人问他："孔子教育究竟好在哪里？"辜答："刚才诸君你推我让，不肯居上座，即是行孔子之教。若照竞争原理，以优胜劣败为主，势必等到胜败决定，然后定座，然后举箸，只恐怕大家这一餐都不能到口了。"说得众人点头称是。席间，一个洋人问他为什么留辫子。他指着那人嘴唇反问："你为什么要留胡子？"

当年，欧美人在中国简直就如同洋菩萨，到处受到尊敬，辜鸿铭却对这种崇洋媚外的现象十分反感，他决定不失时机地羞辱白人，以证明中国人才是真正优越的代表。有一次，他在电影院看电影，想点着一支一尺长的烟斗，但火柴已经用完。当他认出坐在他前排位置的是一个苏格兰人时，就用烟斗和蓄有长指甲的手指轻轻地敲击那个苏格兰人的光头，一副傲形于色的样子，以不容拒绝的口气说："请点着它！"那个苏格兰人被吓坏了，以为遇到了中国黑道上的老大，自忖开罪不起，只得乖乖地掏出火柴，抖抖索索地点着辜鸿铭的烟锅。辜氏深吸一口，吐出一团烟雾，同时也吐出了心头积郁的那口鸟气。

当年，辜鸿铭在东交民巷使馆区内的六国饭店用英文讲演"The Spirit of the Chinese People"（他自译为《春秋大义》），中国人讲演历来没有售票的先例，他却要售票，而且票价高过"四大名旦"之一的梅兰芳。听梅的京戏只要一元二角，听辜的讲演要二元，外国人对他的重视由此可见一斑。

臧否　　慈禧太后去世后四年，辜鸿铭写过一篇《慈禧的品行、趣味和爱好》的文章，赞扬慈禧太后"胸怀博大，气量宽宏，心灵高尚"，"是一位趣味高雅、无可挑剔的人"。但这并不表明，他对慈禧太后就没有微词。鄂中万寿节时，湖广总督府大排宴席，大放鞭炮，唱新编爱国歌。辜鸿铭对同僚梁星海说，有爱国歌，岂可无爱民歌？梁星海便怂恿他试编一首。辜鸿铭有捷才，稍一沉吟，便得四句，他朗诵道："天子万年，百姓花钱；万寿无疆，百姓遭殃。"话音刚落，满座为之哗然。

辜鸿铭对晚清的中兴人物，如曾国藩、李鸿章，亦颇有微词。他认为曾是大臣，李是功臣，曾之病在陋（孤陋寡闻），李之病在固（凡事无所变更）。他还拿张之洞与端方作比较，结论是："张文襄学问有余，聪明不足，故其病在傲；端午桥聪明有余而学问不足，故其病在浮。文襄傲，故其门下幕僚多为伪君子；午桥浮，故其门下幕僚多为真小人。"

近世人物中，辜鸿铭最看不起袁世凯，因此后者挨骂的次数最多，也最为不堪。1907 年，张之洞与袁世凯由封疆外任同入军机，辜鸿铭也做了外务部的员外郎。有一次，袁世凯对驻京德国公使说："张中堂是讲学问的，我是不讲学问，专门办事的。"后来这话传到辜鸿铭耳边，他当场讥讽道："诚然，然要看所办何等事，如老妈子倒马桶，固用不着学问。除倒马桶外，我不知天下有何等事是无学问人可以办得好的。"辜氏不止讥嘲，还骂袁是"贱种"。袁尝过辜嘴皮、笔头的厉害，有点惧怕，想和缓关系，托人请辜做他的家庭教师，月薪五百大洋，并云勾销此前一切恩怨。辜氏当时囊中虽然羞涩，但立即拒绝。袁世凯死时，北洋政府下令全国停止娱乐三日，以示哀悼。辜鸿铭却特意在家中开堂会，连续三日悬灯结彩锣鼓喧天唱大戏。

当时，有一种说法众人皆知：洋人孰贵孰贱，一到中国就可判别，贵种的洋人在中国多年，身材不会走形变样；贱种的洋人则贪图便宜，大快朵颐，不用多久，就会脑满肠肥。辜鸿铭借题发挥，用这个说法痛骂袁世凯："余谓袁世凯甲午以前，本乡曲一穷措无赖也，未几暴发富贵，身至北洋大臣，于是营造洋楼，广置姬妾，及解职乡居，又复购甲第，置园囿，穷奢极欲，擅人生之乐事，与西人之贱种到中国放量咀嚼者无少异。庄子曰：'其嗜欲深者，其天机浅。'孟子曰：'养其大体为大人，养其小体为小人。'人谓袁世凯为豪杰，吾以是知袁世凯为贱种也！"他还骂袁世凯寡廉鲜耻，连盗跖贼徒都不如，"袁世凯的所作所为，表明他连一般的道德品质，一般的廉耻和责任感都不具备，甚至连小偷和赌徒也不如……""外国人欣赏袁世凯，认为他是一个挽救了中国目前局势而没有流血的大政治家。殊不知他不过仅为了一时，推迟了必要的少量流血，而将可怕的无政府混乱局面和更大的流血留给了未来。那么袁世凯的所作所为比人类流血还要更坏万万。他不仅毁弃了中华民族的廉耻和责任感，而且毁弃了中华民族的政教与文明……"辜鸿铭在《流氓的化身——袁世凯》一文中，就袁世凯道德品质的败坏，作了最严厉的抨击和指骂："真正的灾难，我说过，不是这场革命（指辛亥革命），而是革命以袁世凯当上共和国总统而告终。袁世凯是流氓的化身，我认为他的统治将不会长久。不过，在短时之内，中国一切精妙、美好、尊贵、崇高、亲切、声誉好的东西，都将面临毁灭的危险。"辜鸿铭用英语写成《中国牛津运动故事》，用汉语写成《幕府纪闻》两本书，书中谩骂、讥讽、挖苦袁世凯之文字尖酸泼辣，成为海内外奇谈。

辜鸿铭有一次谈到在袁世凯时代他不得已担任了袁世凯为准备帝制而设立的参政院的议员（辜鸿铭虽是帝制派，但他主张的帝制是清朝的帝制，不是袁世凯的帝制）。有一天他从会场上出来，收到300银元的出席费，他立刻拿了这大包现款到八大胡同去逛妓院。北平当时妓院的规矩，是唱名使妓女鱼贯而过，任狎妓者挑选其所看上的。辜鸿铭到每个妓院点一次名，每个妓女给一块大洋，到300块大洋花完了，乃哈哈大笑，扬长而去。

1911年冬，袁世凯阴谋夺取大位，唐绍仪、张謇已作投靠的打算，他们还想将辜鸿铭网罗到袁氏麾下，辜鸿铭断然拒绝，他出语讽刺唐绍仪为"土芥尚书"，张謇为"犬马状元"，掷杯不辞而去。

憎恶　辜鸿铭生平最看不惯官场里的蝇营狗苟。以段祺瑞为首的安福系军阀当权时，颁布了新的国会选举法，其中有一部分参议员须由中央通儒院票选，凡国立大学教授，或在国外大学得过学位的，都有选举权。于是，像辜鸿铭这样著名的北大教授就成了香饽饽。有位留学生小政客到辜家买票，辜鸿铭毫不客气，开价五百元，当时的市价是二百块。小政客只肯加到三百。辜鸿铭优惠一点，降至四百，少一毛钱不行，必须先付现金，不收支票。小政客还想讨价还价，辜鸿铭就大吼一声，叫他滚出去。到了选举的前一天，辜鸿铭果然收到四百元钞票和选举入场证，来人还再三叮嘱他明天务必到场。等送钱的人前脚一走，辜鸿铭后脚就出了门，他赶下午的快车到了天津，把四百块钱悉数报销在名妓"一枝花"身上。直到两天后，他才尽兴而归。小政客早就气歪了嘴巴，他赶到辜家，大骂辜氏轻诺寡信。辜鸿铭二话不说，顺手绰起一根粗木棍，指着那位留学生小政客，厉声斥责道："你瞎了眼睛，敢拿几个臭钱来收买我！你也配讲信义！你给我滚出去！从今以后，不要再上我这里来！"小政客慑于辜氏手中那根粗木棍的威力，只好抱头鼠窜，逃之夭夭。

在京城的一次宴会上，座中都是一些社会名流和政界大腕，一位外国记者逮住这个空当乘机采访辜鸿铭，他提的问题很刁钻："中国国内政局如此纷乱，有什么法子可以补救？"辜氏不假思索，立刻开出一剂猛药："有，法子很简单，把现在所有在座的这些政客和官僚，统统拉出去枪毙掉，中国政局就会安定些！"

辜鸿铭在课堂上说，现在做官的人，都是为了保持他们的饭碗。他们的饭碗可跟咱们的饭碗不一样，他们的饭碗很大，里边可以装汽车，装洋房，装姨太太。

詈讽　　"东北大王"张作霖一度想聘请辜鸿铭为政治顾问，两人见了面，晤谈过几回，张作霖觉得货不对版，辜鸿铭也对张作霖观感不佳。他跟日本朋友萨摩维次谈及那次东北之行，仅仅一语带过："张作霖只不过是个马贼，他哪里懂得政治与文明。"

北大是藏龙卧虎之地，有不少洋教授，历来受尊重。辜鸿铭却从不把他们放在眼里。当时北大特设教员休息室，来早了或课讲得累了，辜鸿铭也会到教员休息室坐坐。北大聘请来的外国学者，无不知道他的大名，每次见面，总是彬彬有礼。但他却毫不客气，见到英国人，用英语骂英国人；见到德国人，用德语骂德国人；见到法国人，用法语骂法国人，挨骂的个个心服口服。

有一次来了位新聘的英国教授，此公第一次跨进教员休息室的门槛，即见辜鸿铭整个窝在沙发里，头上瓜皮帽，身上长袍油光闪亮，两只衣袖秽迹斑斑，特别是一根小辫子，猥琐不堪。这位洋先生便去请教坐在一旁的一位洋教授："此人是谁？""辜教授。"那人悄声对他说。英国教授仔细打量着这位辜鸿铭，忍俊不禁。辜鸿铭一看这张陌生的洋面孔，便慢吞吞地用一口纯正的英语请教尊姓大名、教哪一科的。英国教授有些吃惊，难道这土老头竟能讲一口如此纯正的英语？他急忙回答自己是教文学的。辜鸿铭马上用拉丁语同他交谈。英国教授拉丁语太差，一时结结巴巴，语无伦次。辜鸿铭定定看了他一会儿，说："你教西洋文学？不懂拉丁文？"这两句话一出口，英国教授大窘，赶紧逃离休息室。

英文报纸经常约辜鸿铭写文章，辜鸿铭就写文章批评学生不听话，闹运动。学生们有一次遇见辜鸿铭，说："您老说夷狄和中华有区别，为什么先生在夷狄的报纸上骂我们呢？"辜鸿铭目瞪口呆，突然大怒道："我连袁世凯都不怕，还怕你们！"

有一次，有一个学生在课堂上问辜鸿铭："老师，您去过不少国家，您认为哪个国家的人最懂得生活呢？"辜鸿铭回答说："要说生活，我们中国人最懂生活。"辜鸿铭的回答引起了学生们广泛的兴趣，于是又有学生问："最懂得生活的我们中国人为什么还要学英文呢？"辜鸿铭掷地有声地说："我要告诉大家的是，学好了英文，好去教育那些西方的蛮夷！"

某天，辜鸿铭在北京椿树胡同的私邸宴请欧美友人，点的是煤油灯，烟气呛鼻。有人说，煤油灯不如电灯和汽灯明亮，辜鸿铭笑道："我们东方人，讲求明心见性，东方人心明，油灯自亮。东方人不像西方人那样专门看重表面功夫。"

1919 年 9 月初，北京大学举行开学典礼仪式。当时辜鸿铭也坐在主席台上。轮到他站起来发言时，他大骂当时的政府和一些社会上的新事物。提到著书立说，辜鸿铭骂道："现在的人连做文章都做不通。他们的文章中所用的名词就不通。譬如说'改良'吧，以前的人都说'从良'，没有说'改良'，你既然已经是'良'了，你还改什么？你要改'良'为'娼'吗？"

1913 年，袁世凯搞"善后大借款"时，六国银行团的德国代表科士达因不懂中文，想找一个英文德文均精通的中国人来做翻译，辜鸿铭成了他们的最佳人选。辜鸿铭自恃身价，开口就要六千银元的月薪。要知道，民国初年一个中级公务员的月薪，不过数十银元而已。没想到，银行团竟爽快地答应下来。然而，由于生性厌恶这种"铜臭熏天"的地方，再加上了解各国借款给中国的不良动机，聘期一到，辜鸿铭就迫不及待地离开了。

临走时，他还特意留下了一句让人哭笑不得又寓意深远的话："银行家，就是当天气晴朗时，硬要把雨伞借给你；而阴天下雨时，又恶狠狠地将伞收回去的那种人。"这本是辜鸿铭的随意调侃，最后却成了广为人知的英谚。

1920年，46岁的英国作家毛姆来到中国旅游，听人说"可以不看三大殿，但一定要见辜鸿铭"，毛姆的朋友就写了一封信给辜鸿铭，请他上门。年过60的辜鸿铭根本没去，毛姆只好找到辜鸿铭的小院子（今天在东城区柏树胡同28号），辜鸿铭得意地对毛姆说："你朋友认为中国人都是苦力吧，招手就来。"辜鸿铭是毛姆中国之行所遇到的第一个敢于当面挖苦他的人。毛姆说："久闻先生大名，今天特地前来拜访。"辜鸿铭回答说："你来看我，我觉得非常荣幸。""你们的国人只同苦力和买办往来，你们想所有的中国人不是苦力就是买办。"辜鸿铭还数落毛姆对中国文明的歧视："你们凭什么理由说你们比我们好呢？你们的艺术或文字比我们优美吗？我们的思想不及你们的深奥吗？……唉，当你们穴居野处茹毛饮血的时候，我们已经是进化的人类了。"最妙的是，临别时，辜鸿铭送毛姆两首中国古诗。毛姆说："你不同时给我一个译文吗？"辜鸿铭说，给他翻译就是给他伤害。毛姆不懂中文，后来请人翻译出来一看，原来是两首赠妓女的诗，令他简直哭笑不得。

气节　辜鸿铭是位爱国的反传教斗士。其最突出的表现是在对1891年发生的"长江教案"事件的反应上。当时，侵略分子大造舆论，歪曲中国人民反洋教运动真相，谩骂中国人野蛮，叫嚷要用"炮舰镇压"。这时，辜鸿铭拍案而起，用英文撰写专论《为祖国和人民争辩》，送到上海《字林西报》刊发，谴责西洋在华的一些传教士假借不平等条约特权在中国土地上为非作歹，对侵略者进行义正词严的批驳，为国人反洋教运动辩护。文章被英国《泰晤士报》摘要转载并加评论，引起英国人民对侵略者的不满和对中国人民的同情。《辛丑条约》签订以后，其中规定有开发黄浦江一款，西方各国展开争斗。结果是上海道具体负责，各国领事协同办理。上海道特意聘请辜鸿铭任工程总指挥。辜鸿铭上任后不久，查出有两个洋人舞弊，冒领挖泥费白银 16 万两之多。领事极力袒护，辜鸿铭力争要惩罚。在有各国领事参加的会议上，领事们认为大家都不是工程专家，所查结果不一定准确，等专家审定后再说。辜鸿铭当即出示在德国所获得的工程硕士文凭，各国领事均无话可说。最后经过辜鸿铭的多方奔走，终于索回这笔巨款。

1901 年，侵略者叫嚣要中国拆除大沽炮台时，辜鸿铭挺身而出，一语惊人："我在此贸然提醒世界注意在中国存在一个更危险的炮台——传教士炮台。"他以笔代炮，炮轰那些伪善的传教活动和文化侵略。辜鸿铭的名字因此受到西方的关注。

传道　　辜鸿铭与北大结缘，缘于蔡元培。蔡元培于 1917 年 1 月 4 日正式到任，对北京大学进行了一系列整改，教员一律按聘约合同合作，水平低下的即使是外籍学者也要解雇。而且特别强调教师的自由学术空气：对于教员，以学诣为主……其在校外言行，悉听自由。大约从 1914 年后就开始在北大陆陆续续讲授西洋文学的辜鸿铭，对蔡元培的聘请照章接受，专讲英文诗。罗家伦对他的形象描绘当最具权威性："我记得第一天，他老先生拖了一条大辫子，是红丝线夹在头发里辫起来的，戴了一顶红帽结黑缎子平顶的瓜皮帽，大摇大摆地走上汉花园北大文学院的红楼，颇是一景。"辜鸿铭对着学生宣布他的约法三章："第一，我进来时，你们要站起来，上完课我先出去，你们才能出去。第二，我向你们问话或你们向我提问，你们都要站起来。第三，我指定背的书，你们都要背，背不出的不能坐下。"

在北大当教授，辜鸿铭并没有把本分之中的传道授业解惑当回事，他第一堂课要学生将讲义翻到 page one（第一页），等到最后一堂课他还是要学生将讲义翻到 page one。授课时间全在嬉笑怒骂中过去，但他的嬉笑怒骂全是学问。辜鸿铭的课上座率极高，并不逊色于胡适多少。以怪论耸人听闻，以嘲骂语惊四座，以诡辩嬉笑怒骂。眼瞧着那些学生两眼发直，挢舌不下，被牵着鼻子走，是辜鸿铭最乐此不疲的事情。

正式上课这天，学生们见他站到讲台上，不带讲义教材，滔滔陈述起来，他说："我讲英文诗，要你们首先明白一个大旨，即英文诗分三类：国风、小雅、大雅。而国风中又可分为苏格兰、威尔士……等七国国风。"就这么一会儿英语，一会儿法语、德语、拉丁语、希腊语……引经据典，旁征博引，滔滔不绝，不是骂洋人就是骂一班坏了君臣大节、礼义廉耻的乱臣贼子，要么就是骂那些自命有大学问的教授诸公，嘲笑所谓民主潮流，说："英文 democracy（民主），乃是 democrazy（民主疯狂）。俄国作家陀思妥耶夫斯基乃是 Dosto Whiskey（Dosto 威士忌）。"如此嬉笑怒骂皆成文章，学生们倾慕不已。

辜鸿铭长期受西方教育，在黑板上写错汉字的事时有发生。有次讲《晏子·春秋》时，他把"晏"写成"宴"，经同学指出后，他很尴尬，一边纠正一边自语："中国汉字真讨厌，'晏'与'宴'不过把'曰'字的部位换一下而已，字义就不同了。英语中就没有这样调皮捣蛋的。"有个好事的学生指出英语中也有。比如"god（上帝）"倒过来就成了"dog（狗）"了，将了他一军。辜鸿铭一耸肩一摊手一笑了之。最后辜鸿铭告诉他们："像你们这样学英诗，是不会有出息的。我要你们背的诗文，一定要背得滚瓜烂熟才行。不然学到头，也不过像时下一般学英文的，学了十年，仅目能读报，伸手仅能写信，不过幼年读一猫一狗式之教科书，终其一生，只会有小成而已。我们中国的私塾教授法就很好，开蒙不久，即读四书五经，直到倒背如流。现在你们各选一部最喜爱的英诗作品，先读到倒背如流，自然已有根基，听我讲课，就不会有困难了。而且，我们中国人的记忆力是很不错的，中国人用心记忆，外国人只是用脑记忆。我相信诸君是能做好的。"学生们只有依着他的意思，日夜用功背诵洋诗。待到上课时，学生们用中文问他,他用英文答复你;倘若用英文问他,他偏偏又用中文答复。

胡适初至北大任教时,辜鸿铭根本没把这位二十七八岁的留美博士放在眼里。他批评胡适讲的是美国中下层的英语,与高雅不沾边。胡适开哲学课,更让他笑掉大牙,他指出,欧洲古代哲学以希腊为主,近代哲学以德国为主,胡适不会拉丁文,又不懂德文,教哲学岂不是骗小孩子。

辜鸿铭这位"名教授"因反感罗家伦这位"名学生"好出风头,不好好学英文,故上课时十回有八回叫着罗家伦的名字,要他回答。而罗家伦呢,对于这英诗课既无兴趣,英文底子又很差,每次点到他名字的时候,有时胡乱回答一通,有时干脆就说"不知道"。有一回,辜鸿铭听了他的回答很不满意,便当堂加以训斥。因为话说得很重,罗家伦有些难堪,就站起来辩解。结果招致辜鸿铭大怒,拍着桌子说:"罗家伦!不准你再说话!如果再说,你就是WPT!"罗家伦被吓得愣住了,只好忍气吞声,不再言语。下课后,他心中不快,尤其窝心的是挨了骂,还不知道所骂的WPT三个英文字母究作何解。他就此请教自己尊重的老师胡适,也未能得到答案。于是有一天,趁辜鸿铭正讲得兴高采烈的时候,他凑上前去问道:"上回老师不准我说话,骂我WPT。这WPT是什么意思,我到现在还不明白。请老师告诉我:这是哪句话的缩写?出在哪部书上?"辜鸿铭一抢眼道:"你连这个都不知道吗? WPT,就是王、八、蛋!"此言一出,哄堂大笑。罗家伦恨得牙痒,却无可奈何。

怪论　　辜鸿铭对其日本籍夫人(一说为妾)吉田贞子珍爱有加,因此欣赏近代日本的政教和文化,他曾说:"有人纳闷处于孤岛之上的日本怎么会崛起为东方的强国。其主要原因就在于日本生下了许多我妻子那般贤淑的女子——她们像崇高的古罗马母亲一样伟大。"

中日海战后,日本前首相伊藤博文到中国漫游,在武昌居停期间,他与张之洞有过接触,作为见面礼,辜鸿铭将刚出版不久的英文译本《论语》

送给伊藤。伊藤早有耳闻——辜氏是保守派中的先锋大将，便乘机调侃道："听说你精通西洋学术，难道还不清楚孔子之教能行于两千多年前，却不能行于二十世纪的今天吗？"辜鸿铭见招拆招，他回答道："孔子教人的方法，好比数学家的加减乘除，在数千年前，其法是三三得九，如今二十世纪，其法仍然是三三得九，并不会三三得八的。"伊藤听了，一时间无词以对，只好微笑颔首。

有一次，辜鸿铭向学生表示，他百分之百拥护君主制度，比如讲法律吧，你要讲"法律"（说时小声），没有人害怕；你要讲"王法"（大声，一拍桌子），大家就害怕了，少了那个"王"字就绝对不行。

有一次，辜鸿铭在宴席上大放厥词："恨不能杀二人以谢天下！"有客问他二人是谁，他回答道："是严复和林纾。"严、林二人均在同席，严复涵养好，对辜鸿铭的挑衅置若罔闻；林纾则是个暴脾气，当即质问辜氏何出此言。辜鸿铭振振有词，拍桌叫道："自严复译出《天演论》，国人只知物竞天择，而不知有公理，于是兵连祸结。自从林纾译出《茶花女遗事》，莘莘学子就只知男欢女悦，而不知有礼义，于是人欲横流。以学说败坏天下的不是严、林又是谁？"听者为之面面相觑，林纾也无从置辩。

尽管辜鸿铭在家里不像普遍的中国男人那样喜欢颐指气使，作威作福，但他脑子里并没有女权的影子，他对女性的轻视往往出之以诙谐。譬如他用拆字法将"妾"字解释为"立女"，妾者靠手也，所以供男人倦时作手靠也。他曾将此说告诉两位美国女子，对方立刻加以驳斥："岂有此理！照你这么说，女子倦时又何尝不可将男子作为手靠？男子既可多妾多手靠，女子何以不可多夫？"她们甚为得意，以为这样子就可轻易驳倒辜鸿铭，使他理屈词穷，哑口无言，谁知辜鸿铭马上讲出他被人传播得最广的一个幽默："你们见过一个茶壶配四个茶杯，可曾见过一个茶杯配四个茶壶？"

辜鸿铭还在北京大饭店的一次宴会上戏弄过一位英籍贵妇。那位贵妇跟他搭讪："听说你一向主张男人可以置妾，照理来说，女人也可以多招夫婿了。"辜氏大摇其尖尖的脑袋瓜，连声否定："不行不行！论情不合，说理不通，对事有悖，于法不容！"那位英籍贵妇正要提出质询，辜氏又反问道："夫人代步是用黄包车？还是用汽车？"她据实相告："用汽车。"辜氏于是不慌不忙地说："汽车有四个轮胎，府上备有几副打气筒？"此语一出，哄堂大笑，那位英籍贵妇顿时面红耳赤，败下阵来。

辜鸿铭曾在课堂上对学生讲过："中国只有两个好人，一个是蔡元培先生，一个是我。因为蔡先生点了翰林之后不肯做官就去革命，到现在还是革命；我呢？自从跟张文襄做了前清的官员以后，到现在还是保皇。"1919年6月初，北大教授在红楼开会，主题是挽留蔡元培校长，大家都无异议，问题只是具体怎么办，拍电报呢，还是派代表南下。大家都讲了一番话，辜鸿铭也登上讲台，赞成挽留校长，他的理由很特别——"校长是我们学校的皇帝，非得挽留不可"，这么一说就显得滑稽了。好在大家的立场和意见一致，才没人选择在这个时候跟他抬杠。

有一次，有学生找辜鸿铭索要刊于同学录的照片，不想，辜鸿铭却很生气，他说："我不是娼妓者流，何用照片？你们要是不吝惜经费，何不铸一座铜像作为纪念？"他这个怪论令囊中羞涩的学生大惊失色。

评誉　1921年，日本作家芥川龙之介来华旅游，途经上海时，一位西方友人约翰斯曾握着他的手，特别提醒说："不去看紫禁城也不要紧，但不可不去一见辜鸿铭啊！"这位日本作家日后承认，约翰斯所言"真不我欺"。无独有偶，美国当代著名汉学家、哈佛大学博士艾恺在一本书中也说，在一战时和战后的欧洲，与泰戈尔等著名东方圣哲齐名的，不是严复或梁启超，而是辜鸿铭。他的书被译成多种欧洲语言，是欧洲大学哲学课程的必读之物，西方客人更是"竞相走访，敬聆教诲"。

王森然在《辜鸿铭先生评传》中如是评论传主："其为人极刚愎，天生叛徒，一生专度与人对抗之生活，众所是则非之，众所喜则恶之，众所崇信则蔑视之，众所反对则拥护之。只得到与人不同之处，便足快乐与骄傲矣。"

上个世纪三十年代，北京大学英文教授温源宁作文《一个有思想的俗人》，尝言："在生前，辜鸿铭已经成了传奇人物；逝世之后，恐怕有可能化为神话人物了。其实，他那个人，跟目前你每天遇见的那许多人并非大不相同，他只是一个天生的叛逆人物罢了。"

林语堂如此评价辜鸿铭："辜为人落落寡合，愈援助之人愈挨其骂。若曾借他钱，救他穷困，则尤非旦夕待其批颊不可，盖不如此，不足以见其倔强也。""辜鸿铭是一块硬肉，不是软弱的胃所能吸收。对于西方人，他的作品像是充满硬刺的豪猪。但他有深度及卓识，这使人宽恕他许多过失，因为真正有卓识的人是很少的。"

辜鸿铭是中国文化输出的功臣。他的最大贡献是把我国儒家经典古籍译成外文，远扬海外，影响深远。在英国、法国特别是德国人眼中，辜鸿铭是受人尊敬的中国哲学家。20世纪初，西方认可的东方文化人只有两位：印度的泰戈尔和中国的辜鸿铭。他们同为1913年诺贝尔文学奖被提名人（泰戈尔获奖）。丹麦作家勃兰克斯作专著《辜鸿铭论》，日本作家清水安三作《辜鸿铭》，甚而连无缘面晤的印度圣雄甘地也称辜鸿铭是"最尊贵的中国人"。辜鸿铭逝世第二天，吴宓在《大公报》上发表的悼文中说："除政治上最主要之一二领袖人物应作别论外，今日吾国人中，其姓名为欧美人士所熟知，其著作为欧美人士所常读者，盖无有如辜鸿铭氏。自诸多西人观之，辜鸿铭实为中国文化之代表，而中国在世界唯一有力之宣传员也。"

蔡元培："和平敦厚，蔼然使人如坐春风"

蔡元培

传略 蔡元培（1868—1940），字鹤卿，又字仲申、民友、孑民，乳名阿培，并曾化名蔡振、周子余，汉族，中国绍兴山阴人，原籍诸暨。革命家、教育家、政治家。

1883年中秀才，1889、1892年相继中举人、进士，授翰林院庶吉士，1894年补翰林院编修。中日甲午战争后，开始接触西方资产阶级政治学说，并学习外语，在1898年的戊戌维新运动中，同情维新派，尤其佩服激进的改良主义者谭嗣同。他认为维新派失败是因为没有培养革新人才，决心兴办教育，一度任绍兴中西学堂监督。1901年到上海任南洋公学特班总教习。1902年参与创立中国教育会，任会长，并创立爱国女学和爱国学社，作为培养革命人才、进行秘密活动的机关。

1903年创办《俄事警闻》（后改名《警钟》日报）。1904年参加军国民教育会暗杀团，11月，将暗杀团改组扩大，修订章程，创立东南地区反清革命斗争的重要组织——光复会。1905年加入同盟会，任上海分会会长。1906年春应聘任绍兴学务公所总理。1907年6月赴德，在中国驻德使馆工作。次年秋入莱比锡大学，攻读哲学、心理学、美术史学等学科。武昌起义后回国，1912 年 1 月出任南京临时政府教育总长，发表《对于教育方针之意见》，宣布废除忠君、尊孔、读经，改革学制，修订课程，实行小学男女同校，推行义务教育和社会教育等。1912 年 7 月，因不满袁世凯擅权而辞职。不久旅居欧洲，从事著述。旅法期间曾参与组织"留法勤工俭学会"和"华法教育会"。1916 年 11 月回国，1917 年至 1927 年任北京大学校长，提出"思想自由"、"兼容并包"的办学方针，并采取一系列具体措施，使北大面貌焕然一新。五四运动前后，他站在维护新文化运动的立场上，提倡白话文，反对文言文；提倡科学与民主的新思想，反对封建主义的旧思想、旧礼教；提倡"劳工神圣"，反对军阀政客的巧取豪夺，使北大成为五四新文化运动的重要阵地。

在中国国民党第一、二次全国代表大会上，先后被选为候补中央监察委员、中央监察委员。1926 年北伐兴师后，他在江浙一带发起组织苏浙皖三省联合会，策动自治运动。次年 2 月北伐军攻占杭州，蔡任浙江临时政治会议委员，一度代理主席。蒋介石发动"四·一二"政变前后，与国民党右派联名发表"护党救国"通电，参加清党反共运动。南京国民政府成立后，任教育行政委员会委员、全国最高学术教育行政机关——大学院院长、代理司法部长、国立中央研究院院长。1928 年 8 月，因不愿与蒋介石集团为伍，辞去所兼各职，专任中央研究院院长，定居上海，致力于文化教育和科学研究事业。10 月，国民政府设立五院，任命其为监察院院长，他坚辞不就。1932 年，同宋庆龄、鲁迅等发起成立中国民权保障同盟，任副主席，为争取民主、保障人权、营救政治犯，进行了不懈的努力。抗日战争爆发后移居香港。1938 年，被推为国际反侵略运动大会中国分会名誉主席。1940 年 3 月 5 日病逝于香港。

蔡元培毕生从事民主革命和现代教育事业，为之做出了重大贡献，被中国共产党誉为"现代知识界的卓越前驱"。其博学多识，对哲学、美学、伦理学、教育学等学科，均有研究和建树，论著约 300 万字，都收入《蔡元培全集》。

变革　　1917 年 1 月，蔡元培被任命为北京大学校长。当时北大是一座封建思想、官僚气息十分浓厚的学府。当时有"两院一堂"（参议院众议院和北大前身京师大学堂）之称，京师大学堂的师生和参议院众议院的议员，多出入八大胡同，私生活荒唐，打麻将，吸大烟，吃花酒，捧名角。有钱的学生随身带着听差，学生上课时，听差要呼"请大人上课"。

蔡元培到北京大学任职的第一天，校役们在门口排好队恭恭敬敬地向他行礼，他脱下礼帽，规规矩矩地向校役们鞠了一躬，这打破了历任校长不理睬校役的惯例，让校役和学生都感到非常惊讶。此后，蔡元培每天出入校门，校警向他行礼，他也脱帽鞠躬。这种做法是发自内心地对校役校警尊重，并将之视为与大学教授平等。

1 月 9 日，蔡元培在北大发表就职演讲，他向北大一千多名学生提出三项要求："抱定宗旨，砥砺德行，敬爱师友。"突出强调：大学乃研究学问高深之地，诸君须抱定宗旨，为求学而来；大学学生，当以研究学问为天职，不应以大学为升官发财之阶梯。

蔡元培对北大的整顿是从请人入手的，他聘请了陈独秀、李大钊、刘半农、胡适、周作人、王世杰等文科方面；李四光、翁文灏等自然科学方面的学界新秀；同时又保留或聘请了一批在学术上有很高造诣，但在政治上非常保守，甚至主张君主制的学者，如辜鸿铭、刘师培、黄侃等。

针对有人批评他任用辜鸿铭、刘师培这样的守旧人物，他这样反驳：辜鸿铭、刘师培，他们的学问可以做你的老师，我们尊重的是讲学的自由和学术的自由。刘师培在北大不是来讲他的复辟思想，他是来教国学的；而辜鸿铭教的是英国诗歌。所以，希望你们学生学的是辜先生的英文和刘先生的国学，而不是要你们和他们一样去拥护复辟或者君主立宪。

为了请到陈独秀，他还曾经"三顾茅庐"。当时正好陈独秀到了北京，住在一个旅馆里，蔡元培登门拜访，正式邀请陈独秀做北大文科学长，要这位没有学位头衔的《新青年》主编来主持中国最高学府的文科。之后蔡元培差不多天天都要拜访陈，有时来得早，陈独秀还没有起床，他就招呼茶房不要叫醒陈独秀，而他自己找个凳子，坐在房门口等候。当时和陈独秀住在一起的出版家汪孟邹后来将这些事讲给侄儿汪原放等人听，他们说："这很像三顾茅庐嘛！"

在用人上"兼容并包"后，蔡元培又在领导体制上大胆创新，开始推行教授治校，由教授自己来管理学校，这在北大包括中国都是史无前例的。当时蔡元培在北大设立了一个评议会作为学校最高的立法机构，决定学校的大政方针。这个评议会的成员都是学校的教授，是由教授自己选举产生的，任期为一年，年满可以连选连任。而各个系里面的教授会也是这样，由教授之间互选产生一名主任。学校的教学、教务工作，都是由评议会、教授会来决定的，不是校长说了算。校长其实是起后勤保障作用的，是给教授们服务的。

蔡元培的到来，使北京大学风气一变，他采取"思想自由，兼容并包"的办学方针，为北大带来自由与平等、民主与科学。

壮怀　1919 年 5 月 3 日凌晨，外交委员会委员长汪大燮专程前往位于东堂子胡同的蔡元培家中，告知了蔡元培正在巴黎参加和谈的中国使团已奉命准备在《对德和约》上签字的消息。

蔡元培听后大为震惊。事情到了这个地步，他只有把挽救国家命运的希望寄托在爱国学生身上。当天上午，蔡元培召集罗家伦、傅斯年等部分学生代表到自己家里，通告情况，并立即召开全校教职员会议讨论形势。同时又以北京欧美同学会总干事的身份，与副总干事王宠惠、叶景莘联名致电中国使团首席代表陆征祥，劝其不要签字。与此同时，各校学生代表也召开了紧急会议，一致认为必须马上采取行动。5 月 3 日晚上，北京大学召开全体学生大会，决定第二天举行游行示威。

5月4日下午，数千学生在天安门前举行示威大会，并与不断加入的市民、工人、商人组成浩浩荡荡的队伍上街游行。蔡元培坐守家中，接到政府方面要求他召回学生的电话，他回答道："学生爱国运动，我不忍制止。"对于让他立即前往教育部商量善后办法的要求也不予理会。示威队伍冲破军警阻拦，行至卖国贼曹汝霖的住地赵家楼，火烧曹宅。赶来弹压的军警逮捕了32名学生，其中有北大的20人。蔡元培冒着危险多方营救，使被捕学生于5月7日全部获释。蔡元培率全校教职员及学生在北大红楼前面的广场上迎接。此后，反动政府撤免蔡元培北大校长职务，并欲解散北京大学、惩治进步学生。为保全学校，保护学生，蔡元培毅然决定出走。北大及各校师生组织请愿，并罢课、游行，强烈要求蔡元培回任，并得到社会各界的广泛支持，一时间学潮汹涌。6月28日，巴黎和会上的中国代表拒绝在《对德和约》上签字；9月12日，病后初愈的蔡元培回到北京；9月20日，北京大学三千余人在法科大礼堂召开欢迎蔡元培返校的大会，盛况前所未有，演绎一段"校长救学生，学生留校长"的千古佳话。

1935年，蔡元培到南京，当时还是南京政府行政院长兼外交部长的汪精卫请他吃晚餐。蔡元培苦劝汪精卫改变亲日立场，铁心抗日。蔡元培说："关于中日的事情，我们应该坚定，应该以大无畏的精神抵抗，只要我们抵抗，中国一定有出路。"言犹未毕，蔡元培的眼泪脱眶而出，滴到了酒杯中，他旋即端起那杯掺泪的酒，一饮而尽。听其言而观其行，举座动容，无不肃然起敬，汪精卫则如坐针毡，神情尴尬，只好顾左右而言他。

蔡元培隐居香港，心系天下，时刻关注战争局势。1938年12月，蔡元培为北京大学四十周年纪念题词，有"他日河山还我，重返故乡，再接再厉，一定有特殊之进步，敬以是为祝"之语。可惜蔡元培过早地病逝香港，未能于"河山还我"之后，再访他曾倾注了满腔心血的北京大学。蔡元培生前曾为友人之父题照，写了"家祭毋忘"四字。也许他预感到自己不能看到抗战胜利的那一天了。

面对神州陆沉，山河破碎的局面，晚年蔡元培又重拾早前参加革命时的金戈铁马的英雄气概。这种情感在他的诗作中有强烈表现。他写给陆丹林的红叶诗其三云："枫叶荻花瑟瑟秋，江州司马感牢愁。而今痛苦何时已，白骨皑皑战血流。"他为张一麟《八一三纪事诗》题诗："世号诗史杜工部，亘古男儿陆渭南。不作楚囚相对态，时闻谔谔展雄谈。"烈士暮年，壮心不已。最能反映蔡元培民族情感的诗词，莫过于他的《满江红》。1939年7月，蔡元培被国际反侵略运动大会中国分会推为第二届名誉主席，他为该会所作的会歌《满江红》铿锵有力，铮铮有声：

> 公理昭彰，战胜强权在今日。
> 概不问，领土大小，军容赢诎。
> 文化同肩维护任，武装合组抵抗术，
> 把野心军阀尽排除，齐努力。
> 我中华，泱泱国，爱和平，御强敌。
> 两年来，博得同情洋溢。
> 独立宁辞经百战，众擎无愧参全责。
> 与友邦共奏凯歌曲，显成绩！

慈师　　曾经有一位北大学生对成功充满着渴望和憧憬，可他在生活中却屡屡碰壁，鲜有所获。沮丧的他便给时任北大校长的蔡元培写了一封信，希望能够得到指点。蔡元培在百忙中回了信，并约了一个时间让那位学生到办公室面谈。

学生激动地来到校长的办公室。没等他开口，蔡元培就笑着招呼道："来，快坐下，我给你泡杯茶。"说完便起身，从抽屉中拿出茶叶，放进杯子里，倒上开水，放到学生面前的桌子上。"这可是极品的绿茶哟，是朋友特地从南京给我带过来的，你也尝尝。"蔡元培和蔼地说道。

受宠若惊的学生端起茶杯喝了一口。几片茶叶稀疏地漂浮在水面上，水也是惨白惨白的，没有一点绿色，喝到口中也像白开水似的，没有一点茶的味道。学生的眉头不禁一皱。蔡元培好像并没有注意到学生的表情，依旧东拉西扯地谈一些漫无边际的话题，似乎完全忘记了学生来的目的。学生极不自然地听了很久，好不容易等到蔡元培稍稍停顿一下，忙找了个理由告辞。

蔡元培眯着眼若有所思地微笑道："急什么，把茶喝了再走，这可是一杯极品的绿茶。千万别浪费了。"

学生无奈地又端起了茶杯，礼节性地喝了一口。就在这时，他感觉一股清香浓郁的味道沁入心脾！学生愣住了，诧异地打量着茶杯：茶叶已经沉浸入杯底，杯中的水已是一片碧绿，像翡翠般灿烂夺目。不仅如此，整个办公室里也可以闻到一种清新的香气！

蔡元培似笑非笑地望着他，满含深意地问道："你明白了吗？"

学生恍然大悟，惊喜地喊道："我明白了，你的意思是说，想追求成功就要像这绿茶一样，不能只停留在表面；凡事都要静下心来，认认真真，踏踏实实地沉浸下去。"

蔡元培有一次在北京大学给学生上课时，突然问学生："5加5是多少？"学生以为校长所问必有奥妙，都不敢作答。好一会儿，才有一学生率直地说："5加5等于10！""对！对！"蔡元培笑着鼓励说："青年们切记不要崇拜偶像。"

蔡元培晚年为人写推荐信，每日总有几封，多则十余封，几乎到了有求必应的地步。抗战初期，蔡元培因病滞留香港，有位素不相识的青年从重庆寄来快信，自称是北大的毕业生，在重庆穷困潦倒，无以为生，请求蔡元培伸出援手，将他推荐给用人单位。蔡元培当即致函某机关负责人，称那位青年学有所成，这封推荐信不久即发生效力。然而那位青年到差时，所出示的毕业证书并非北大签发。某机关负责人赶紧写信询问蔡元培，是否真的了解那位青年的底细。蔡回复对方：不必在意那位青年是不是北大生，只要看他是不是人才。如果他徒有北大毕业证书而不是人才，断不可用；如果他没有北大毕业证书而是人才，仍当录用。你有用人之权，我尽介绍之责，请自行斟酌。结果那位青年得到了这份差事，来信向蔡元培道歉，感谢蔡的再造之恩。蔡元培回信时，没有只字片言责备对方蒙骗欺罔，反而勉励对方努力服务于社会。从这件事情，我们不仅能见识蔡元培恢弘的器局，也能见识他善良的心地。

婚姻　蔡元培一生先后有过三个妻子，但他严格遵守一夫一妻制，从来没有纳妾，也从来没有停妻再娶过，更没有嫖娼的恶习，在读书人中有口皆碑。

蔡元培的原配夫人叫王昭，他俩的结合是旧式婚姻，1900年夏，王昭病逝时，蔡元培只有33岁，又身为翰林，这使得为他提亲的媒人多得踏破了门槛。蔡元培不胜其烦，磨浓墨，铺素笺，挥羊毫，亲手书写了5条择偶标准，贴在书房的墙壁上：

第一、须不缠足的；第二、须识字的；第三、能接受男不娶妾的自我约束；第四、丈夫死后可以改嫁；第五、夫妇如不相合可以离婚。

这其中，不缠足、可以再嫁、可以离婚这三条在旧礼教盛行的晚清是惊世骇俗的，消息传开来，街头巷尾的议论沸沸扬扬，给他提亲的人望而却步，甚至还有老夫子坐了轿子来找他辩论。

有一天，蔡元培偶然在朋友家里看到一幅很纤秀的工笔画，字也写得很好，得知是一位不缠足、读过书、能书善画的未婚女性的作品后，他就请朋友撮合。1902年元旦，蔡元培在杭州与书香门第出身的黄仲玉举行了一生中的第二次婚礼，并独出心裁地以演说会的形式代替了闹洞房。

不幸的是，1921年1月蔡元培由巴黎到瑞士考察时，夫人黄仲玉不幸病逝。蔡元培挥泪写下著名的祭文《悼亡妻黄仲玉》："呜呼黄仲玉，竟舍我而先去耶！自汝与我结婚以来，才二十年，累汝以儿女，累汝以国内国外之奔走，累汝以贫困，累汝以忧患，使汝善书善画、善为美术之天才竟不能无限之发展，而且积劳成疾，以不能尽汝之天年。呜呼，我之负汝何如耶！"

蔡元培55岁任北大校长时决定再娶，对于第三次娶妻，蔡元培提出了三个条件：第一、原有相当认识；第二、年龄略大；第三、懂英文能帮助他的人。

原来他心目中已经有人选——周峻。周峻是蔡元培原来在上海成立的爱国女校的一名学生，她对蔡元培一直抱有一种敬佩与热爱的情感。一直到33岁还没有结婚，这个标准就是为她量身定做的。1923年7月10日，他们的婚礼在苏州留园隆重举行。蔡元培用诗记下了他的第三次婚姻：忘年新结闺中契，劝学将为海外游。蝶泳鹣飞常互且，相期各自有千秋。

轶闻　某次，北大名流雅集，钱玄同冒失地问道："蔡先生，前清考翰林，都要字写得很好的才能考中，先生的字写得这样蹩脚，怎样能够考得翰林？"蔡先生不慌不忙，笑嘻嘻地回答说："我也不知道，大概那时正风行黄山谷字体的缘故吧！"黄山谷即北宋文学家和书法家黄庭坚，他的字体不循常轨，张扬个性，如铁干铜枝，似高峰奇石，以刚劲奇崛著称。蔡元培的急中生智既见出他的涵养，也见出他的幽默，满座闻之，皆忍俊不禁。

教育家马相伯回忆，1901年蔡元培担任南洋公学特班总教习期间，曾与张元济、汪康年一道拜他为师，学习拉丁文。每天早晨，蔡元培从徐家汇步行四五里路到土山湾马相伯家上课。由于求学心切，头一次，蔡元培去得太早，5点多钟，天边刚有一丝曙色，他在楼下低声呼唤"相伯，相伯"。

马相伯感到惊奇，大清早的，谁来喊魂？打开窗子望去，来人是蔡元培。马相伯名士派头足，急忙摇手，对蔡元培说："太早了，太早了，八九点钟再来吧！"虽然有点败兴，蔡元培并没有感到不悦，三个钟头后，他又回来了。这一年，蔡元培34岁，仍有程门立雪的虔诚劲头。

在北大，蔡元培的权威也曾受到过挑战。当年，北大学生不肯交纳讲义费，为此包围红楼。面对气势汹汹的数百学生，蔡挺身而出，厉声质问道："你们闹什么？"为首的学生讲明来由："沈士远（北大庶务部主任）主张征收讲义费，我们来找他理论！"蔡元培说："收讲义费是校务会议决定的，我是校长，有理由尽管对我说，与沈先生无关。"这时，学生中有人恶语相向："你倚老卖老！"蔡元培毫无惧色，挥拳作势，公开叫阵："我是从明枪暗箭中历练出来的，你们若有手枪炸弹，只管拿来对付我。在维持校规的大前提下，我跟你们决斗！"当时，观者如堵，听闻先生此言，无不面面相觑。50岁的老校长摇身一变成了拼命三郎，大家都傻了眼。蔡元培的可畏之处在此，可敬之处在此，可爱之处也在此。学生自觉理亏，敌意受此激荡，霍然消解。大家哪儿来哪儿去，讲义费呢？当然照缴不误。

辜鸿铭一向狂傲，但他特别服膺蔡元培。辜鸿铭曾在课堂上对学生宣讲："中国只有两个好人：一个是蔡元培，一个是我。因为蔡元培点了翰林之后，不肯做官，就去革命，到现在还是革命；我呢？自从跟张文襄（张之洞）做了前清的官员以后，到现在还是保皇。"1919年6月初，北大教授在红楼开会，主题是挽留校长蔡元培，大家轮番讲话。辜鸿铭也登上讲台，赞成挽留校长，他的理由却与众不同"校长是我们学校的皇帝，非得挽留不可"，好在大家的意见一致，才没人与他抬杠。

蔡元培书法作品

评誉 冯友兰说："曾子说：'可以托六尺之孤，可以寄百里之命，临大节而不可夺也。君子人欤，君子人也。'儒，'粥粥若无能'，但是'可亲而不可劫也，可近而不可迫也，可杀而不可辱也'，'身可危也，而志不可夺也'。这样的人，才是君子。孔子说：'君子可欺以其方，难枉以非其道。'蔡元培是近代确合乎君子的标准的一个人。蔡先生的人格，是儒家教育理想的最高的表现。"

陈独秀说："一般地说来，蔡先生乃是一位无可无不可的老好人；然有时有关大节的事或是他已下决心的事，都很倔强地坚持着，不能通融，虽然态度还很温和；这是他老先生令人佩服的第一点。自戊戌政变以来，蔡先生自己常常倾向于新的进步运动，然而他在任北大校长时，对于守旧的陈汉章、黄侃，甚至主张清帝复辟的辜鸿铭，参与洪宪运动的刘师培，都因他们学问可为人师而尊重学术思想自由的卓见，在习于专制好同恶异的东方人中实属罕有；这是他老先生更可令人佩服的第二点。"

柳亚子说："蔡先生一生和平敦厚，蔼然使人如坐春风。"

汪原放说："蔡元培道貌温言，令人起敬，吾国之唯一人物也。"

鲁迅兄弟的业师寿洙邻说蔡元培："子民学问道德之纯粹高深，和平中正，而世多訾嗷，诚如庄子所谓纯纯常常，乃比于狂者矣。"又说："子民道德学问，集古今中外之大成，而实践之，加以不择壤流，不耻下问之大度，可谓伟大矣。"

傅斯年说："蔡元培先生实在代表两种伟大文化，一曰，中国传统圣贤之修养；一曰，西欧自由博爱之理想。此两种文化，具其一难，兼备尤不可觏。先生殁后，此两种文化，在中国之气象已亡矣！"

梁漱溟深有感慨地说："蔡先生的了不起，首先是他能认识人，使用人，维护人。用人得当，各尽其才，使每个人都能发出自己的热和光，这力量可就大了。"

黄炎培则以"有所不为，无所不容"八字概括老师蔡元培："盖有所不为，吾师之律己也；无所不容者，吾师之教人也。有所不为，其正也；无所不容，其大也。"

罗家伦赞誉蔡元培说："千百年后，先生的人格修养，还是人类向往的境界。"

蒋梦麟说："蔡先生的三大精神是从哪里来的？是从学问来的。蔡先生具中国最好之精神——温良恭俭让。蔡先生具希腊最好之精神——重美感。蔡先生具希伯来最好之精神——平民生活。"

杜威评论蔡元培："拿世界各国的大学校长来比较，牛津、剑桥、巴黎、柏林、哈佛、哥伦比亚等，这些校长中，在某些学科上有卓越贡献的不乏其人。但是，以一个校长身份而能领导那所大学，对一个民族，对一个时代，起到转折作用的，除蔡元培外，恐怕找不出第二个。"

名言　德育实为完全人格之本，若无德，则虽体魄智力发达，适足助其为恶。

囊括大典，网罗众家；思想自由，兼容并包。

教育者，非为已往，非为现在，而专为将来。

中国人是富于美感的民族。

我们教书，是要引起学生的读书兴趣，做教员的不可一句一句或一字一字地都讲给学生听，最好使学生自己去研究，教员不讲也可以，等到学生实在不能用自己的力量去了解功课时，才去帮助他。

所谓健全的人格，内分四育，即：（一）体育，（二）智育，（三）德育，（四）美育。学校教育注重学生健全的人格，故处处要使学生自动。

教育是帮助被教育的人，给他们能发展自己的能力，完成他的人格，于人类文化上能尽一分子责任；不是把被教育的人，造成一种特别器具，给抱有他种目的人去应用的，……教育是要个性与群性平均发达的。

与其守成法，毋宁尚自然；与其求划一，毋宁展个性。

美育者，应用美学之理论于教育，以陶养感情为目的者也。……美育者，与智育相辅而行，以图德育之完成者也。

纯粹之美育，所以陶养吾人之感情，使有高尚纯洁之习损，而使人我之见、利己损人之思念，以渐消沮者也。盖以美为普遍性，决无人我差别之见能参入其中。……美以普通性之故，不复有人我之关系，遂亦不能有利害之关系。

美者，循超逸之快感，为普遍之断定，无鸽的而有则，无概念而必然者也。

殊不知有健全之身体，始有健全之精神；若身体柔弱，则思想精神何由发达？或曰，非困苦其身体，则精神不能自由。然所谓困苦者，乃锻炼之谓，非使之柔弱以自苦也。

名联

各勉日新志；
共证岁寒心。

——赠北大毕业生

都无作官意；
惟有读书声。

——题寓所

尽善尽美武韶异；
此心此理古今同。

——赠画家陶冷月

其人如春风冬日；
尽瘁于文字语言。

——挽刘半农

谟议轩昂开日月；
文章浩渺足波澜。

——自题

技进乎道，庶几不惑；
名副其实，何虑无闻。

——贺刘海粟四十寿

保障共和，应与松坡同不朽；
宣传欧化，不因南海让当仁。

——挽梁启超

巾帼拜英雄，求仁得仁又何怨；
亭台悲风雨，虽死不死终自由。

——挽秋瑾

著作最谨严，非徒中国小说史；

遗言犹沉痛，莫作空头文学家。

——挽鲁迅

贫贱何伤，只要把物与民胞安排下去；

精神能固，却须从冰天雪地磨炼过来。

——赠叶翰

后太冲、炎武已二百余年，驱鞑复华，窃比遗老；

与曲园、仲容兼师友风仪，甄微广学，自成一家。

——挽章炳麟

是中国自由神，三民五权，推翻历史数千年专制之局；

愿吾侪后死者，齐心协力，完成先生一二件未竟之功。

——挽孙中山

言语是诗，举动是诗，毕生行径都是诗，诗的意味渗透了，随遇自有乐土；

乘船可死，驱车可死，斗室坐卧也可死，死于飞机偶然者，不必视为畏途。

——挽徐志摩

蔡元培：「和平敦厚，蔼然使人如坐春风」

章太炎：专志精微，穷研训故；首正大谊，截断众流

传略　　章太炎，（1869—1936）名炳麟，汉族，初名学乘，字枚叔。后改名绛，号太炎。浙江余杭人。清末民初民主革命家、思想家、著名学者、经学大师。

早年师事著名经学家俞樾。1897年为《时务报》撰述，宣传变法，后因思想分歧离开《时务报》，先后任职于《经世报》、《昌言报》等报刊，并为多家报刊撰稿。戊戌政变后撰文痛悼六君子，怒斥慈禧太后，清朝政府下令通缉，避走台湾。1899年5月东渡日本，

章太炎

在横滨首次与孙中山相会。9月返上海，任《亚东时报》主笔。1900年参加唐才常发起的上海张园国会，割辫表示坚决反清。1902年流亡日本，与秦力山至横滨谒孙中山，双方讨论革命胜利后的土地、建都等问题。在孙支持下发起"支那亡国二百四十二周年纪念会"。

1903年因发表《驳康有为论革命书》并为邹容《革命军》作序，触怒清廷，被捕入狱。1906年出狱后，孙中山迎其至日本，参加同盟会，主编同盟会机关报《民报》，与改良派展开论战。曾参加张謇统一党，散布"革

命军兴，革命党消"言论。1907、1909 年与陶成章等掀起倒孙风潮。1910年在日本东京成立光复会总部，任会长。

武昌起义后返国，与孙捐弃前嫌。主编《大共和日报》，并参加孙中山的军政府，任孙中山总统府枢密顾问。1912 年 1 月在上海组织中华民国联合会，任会长。1913 年宋教仁被刺后参加讨袁，旋因反对袁世凯称帝而被幽禁。袁死后被释放。1917 年参加护法运动，任中华民国军政府海陆军大元帅府秘书长。后脱离孙中山改组的国民党，在苏州设章氏国学讲习会，日渐脱离政治，以讲学为业，并专意治学。1935 年在苏州主持章氏国学讲习会，主编《制言》杂志。晚年愤恨日本侵略中国，曾赞助抗日救亡运动。1936 年 6 月 14 日在苏州病逝。

章太炎在经学、史学、文字音韵和文学诸方面都有深湛造诣。宣扬革命的诗文，影响很大，但文字古奥难解。所著《新方言》、《文始》、《小学答问》，上探语源，下明流变，颇多创获。关于儒学的著作有:《儒术新论》、《订孔》等。他还是成就卓著的中医文献学家，尤其对《伤寒论》文献之研究，至今鲜有出其右者。著有《章太炎先生论伤寒》。一生著作颇多，约有 400 余万字。著述除刊入《章氏丛书》、《续编》外，遗稿又刊入《章氏丛书三编》。

怪誉　章太炎经常被人叫做"章疯子"，这个怪誉的由来有两种说法：

其一是：1906 年 7 月，东京留学生开会欢迎章太炎获释出狱到日本，章在欢迎会上说："大凡非常的议论，不是神经病的人断不能想，就能想，亦不敢说。遇着艰难困苦的时候，不是神经病的人断不能百折不回，孤行己意，所以古来有大学问成大事业的，必得有神经病，才能做到……为这缘故，兄弟承认自己有神经病，也愿诸位同志，人人个个，都有一两分的神经病。"

其二是：1915年，袁世凯加紧复辟帝制的活动，章太炎写信痛斥袁违背就任总统时期的誓词，袁接信后，大为震怒，想杀掉他，但恐为舆论所不容，自我解嘲说："章太炎是疯子，我何必跟他认真呢？"

有趣的是，章太炎对这个怪誉并不反感，云南名士赵藩（成都武候祠名联作者，素有"病翁"之称）曾送给他七绝诗一首："君是浙西章疯子，我乃滇南赵病翁。君岂真疯我岂病？补天浴日此心同。"章太炎对此诗甚为欣赏，晚年常读与人听。

门生　章太炎与黄侃的相识完全出自偶然。1905年黄侃经湖广总督张之洞的推荐，进入日本早稻田大学读书。而在1906年5月，章太炎因在国内号召革命排满，剪掉辫子，遭到清政府的迫害而遁居日本，担任《民报》总编辑，并创办国学讲习所，传授国学。

章太炎的文辞渊雅，立论以经史为根据，具有很强的说服力。《民报》是同盟会的机关报，为革命派的喉舌。因为刊有章太炎的文章，报纸在留学生中很受欢迎，黄侃也对章太炎的文章极为钦佩。

黄侃开始不断为《民报》撰稿。一天，章太炎看到黄侃写的《专一之驱满主义》和《哀贫民》，拍手称快，即修书差人相约黄侃。两人相见，惺惺相惜，章称许黄为天下奇才，黄更为章的才学折服，两人都有相见恨晚之感。不久，黄侃母亲病重，欲回国侍奉。章太炎说："务学莫如务求师，回顾国内，能为君师者少，君乡人杨惺吾（守敬）治舆地非不精，察君意似不欲务此。瑞安孙仲容（诒让）先生尚在，君归可往见之。"黄侃听罢默而不语。章又说："君如不即归，必欲得师，如仆亦可。"黄侃纳头便拜，正式受业章门。

而在民间流传的章太炎与黄侃的相识过程则具有无法核实的传奇色彩：

黄侃到日本后，租住的公寓里住着好几位中国人。他向来孤傲自恃，轻易不与人交往，也不认识住在他楼下的章太炎。一天夜里，黄侃要解小便，他根本不去楼下的厕所，而是站在窗台上，直接往楼下撒尿。章太炎喜欢在夜深人静时读书，突然窗外撒下一泡尿来，正值夏天，开着门窗，一股臊腥味扑鼻而来。他素来脾气火爆，以骂人闻名，被人称作"章疯子"。见状便破口大骂，将楼上的撒尿人骂个狗血喷头。殊不知，黄侃也不是个省油的灯。虽然理亏，却不愿认错，反而不甘示弱，以国骂回击对方。双方骂了好几个回合，直到其他的住户出面相劝，才偃旗息鼓了。第二天，有个邻居告诉黄侃，昨夜跟他对骂的是国学大师章太炎。这时黄侃才觉得自己的唐突，便到楼下敲开章太炎的房门，主动承认了自己的错误，表示了歉意并折节称弟子。

事实上，两人无论如何相识，都是中国国学的幸事，黄侃后来成为章太炎门下最为得意的大弟子。他和老师章太炎均精通音韵，经史子集无所不通，尤其在音韵、文字和训诂方面学问精深，被誉为"乾嘉以来小学的集大成者"和"传统语言文字学的承前启后人"，世称"章黄二学"。

1915年冬，袁世凯筹谋称帝时，章太炎从日本回国后因反对袁世凯称帝，被软禁于东城钱粮胡同徐家宅院内。在北大教书的黄侃得知恩师被软禁，便冒着生命危险前往探视。见到章太炎生活寂寞，还以"问学"为借口，留下来伴宿。黄侃白天到北大教书，晚上则与老师谈论学问，诗歌唱和，以慰师怀。直到几个月后，警察逐出黄侃，章太炎为此愤而绝食。黄侃还与同门致信教育总长汤化龙，组织营救章太炎。并"不怕羽毛摧折"，屈居为赵秉钧的幕僚3个月，以趋缓袁世凯加害章太炎的计划。他此时所作《有感》中有"幽都咫尺师门远，赋罢招魂望未穷"之句，表达了对章太炎被软禁的愤懑之情。

黄侃目中无人，恃才自重，但对恩师章太炎却特别尊敬，他曾动容地对弟子说："一饮一啄，莫非师恩。"在与章太炎交往的二十多年间，始终是执弟子礼。黄侃闲暇时喜欢作诗，一旦成章就拿给章太炎，请求恩师指导。章太炎往往是给他写信点评。黄侃对老师的每封信都特别珍视，全都裱糊成册页珍藏。每逢新年或章太炎的寿诞之日，黄侃都要到章家叩贺。偶尔有人背后议论章太炎先生，他就据理反驳，极力维护恩师的声誉。章太炎对黄侃的才华也很器重，很认真地传授学识，提拔奖掖，认为黄侃是"举世罕与其匹"的学者。

讲学　　1903 年，章太炎因积极鼓吹反清革命并为邹容的《革命军》写序而入狱，1906 年 5 月出狱，随即流亡日本加入同盟会并主办《民报》，鼓吹排满革命，写了大批令国人振聋发聩的文章。1908 年，他的"章氏国学讲习会"进入高潮期，吸引了众多弟子，薪火相传，影响深远，培养了大批高足，日后成为民国初年北京大学的台柱子，形成章门学派。

章太炎于 1907 年在东京创立"章氏国学讲习会"，1908—1909 年初，连续三遍"始一终亥"讲授《说文》，地点先在大成中学，后在《民报》社先生寓所，前后听讲者"百数十人"。

下面是许寿裳记录的章太炎东京讲学的实际情形：

"先生东京讲学之所，是在大成中学里一间教室。寿裳与周树人（即鲁迅）、作人兄弟等，亦愿往听。然苦与校课时间冲突，因托龚宝铨（先生的长婿）转达，希望另设一班，蒙先生慨然允许。地址就在先生寓所——牛迁区二丁目八番地，《民报》社。每星期日清晨，前往受业，在一间陋室之内，师生席地而坐，环一小几。先生讲段氏《说文解字注》、郝氏《尔雅义疏》等，神解聪察，精力过人，逐字讲释，滔滔不绝。或则阐明语原，或者推见本字，或则旁证以各处方言，以故新义创见，层出不穷。即有时随便谈天，亦复诙谐间作，妙语解颐。自八时至正午，历四小时毫无休息，真所谓"诲人不倦"。其《新方言》及《小学答问》两书，都是课余写成的。即其体大思精的《文始》，初稿亦起于此时。这是先生东京讲学的实际情形。同班听讲者是朱宗莱、龚宝铨、钱玄同、朱希祖、周树人、周作人、钱家治与我共八人。前四人是由大成再来听讲的。其他同门尚甚众，如黄侃、汪东、马裕藻、沈兼士等，不备举。"

章太炎讲国学，吸引了大批学生，"中国之留学生、师范班、法政班居多数，日本人也有来听者，不多也"。《章太炎先生答问》中的记述也印证了许寿裳提到的"同门甚众"，即使"不备举"的学生中，还有像刘文典这样的大学者。

刘文典曾专门撰文记录拜在章太炎门下的情景：

"我从章太炎先生读书，是在前清宣统二三年的时候。那时章先生住在日本东京小石川区，门口有一个小牌牌，叫作学林社。我经朋友介绍，去拜见他。章先生一身和服，从楼上走下来，我经自我介绍之后，就说明来意，要拜他为师。他问我从前拜过什么师？读过什么书？

那时候，我明知道他和我本师刘申叔（师培）先生已经翻脸，但是又不能不说，心里踌躇了一下，只好说：'我自幼从仪征刘先生读过《说文》、《文选》。'他一听我是刘先生的学生，高兴极了，拉着我谈了几个钟头，谈话间对刘先生的学问推崇备至。他忽然又想起来说：'是了。申叔对我提到过你。'

从那天起，我就是章氏门中的一个弟子了。"

拜师之后，刘文典几乎天天去章太炎的住处，向他请教，听他讲解研究经学、小学的方法。章太炎在东京时期的讲学，重点讲文字学，"开始讲顾炎武的《音学五书》，其次讲段玉裁的《说文解字注》，其次讲郝懿行的《尔雅义疏》，其次讲王念孙的《广雅疏证》，这些都是小学的基本书籍"。小学讲完后，章太炎又为弟子讲诸子学，刘文典提及章太炎讲《庄子》时的感受："我那时太年轻，他讲《说文》，我还能懂一点，他讲《庄子》，我就不大懂。再加上佛学，那就更莫名其妙了。"后来，刘文典在西南联大时期成为研究庄子的专家，十卷本的《庄子补正》于1939年出版，有了睥睨学林的气度和资本，而其研究《庄子》的发轫，应源自在东京听章太炎讲庄子。

周作人如此描述章太炎对学生的平易近人："太炎对于阔人要发脾气，

可是对学生却极好，随便谈笑，同家人朋友一样。夏天盘膝坐在席上，光着膀子，只穿一件长背心，留着一点泥鳅须，笑嘻嘻的讲书，庄谐杂出，看上去好像是一尊庙里的哈喇菩萨。"

章太炎在日本讲国学，有保存国粹、学术救国的情怀——承顾炎武"明道救世"排满抗清的宗旨来治经学和小学，把弘扬国学作为"识汉虏之别"之工具，要使国人"晓得中国的长处"，那么"就是全无心肝的人，那种爱国爱种的心，必定风发泉涌，不可遏抑。"

1913 年，黄侃在《太炎先生行事记》中也分析了章太炎讲授国学的动因和目的："日本政府受言于清廷，假事封《民报》馆，禁报不得刊鬻。先生与日本政府讼，数月卒不得胜，遂退居，教授诸游学者以国学。……寓庐至数月不举火，日以百钱市麦饼以自度，衣被三年不浣。困阨如此而德操弥厉。其授国学也，以谓国不幸衰亡，学术不绝，民犹有所观感，庶几收硕果之效，有复阳望。故勤勤恳恳，不惮其劳，弟子至数百人。"这一分析是准确的。章太炎苦心授学的目的首先是为了在国难之际宣扬民族精神，从而振奋民心勇赴国难。

1913 年 3 月，宋教仁被刺死。章太炎怒不可遏，先在上海发表反袁文章，后又只身赴京当面讨袁。章太炎到京后，曾摇着用勋章做扇坠的折扇，径闯总统府，以示对袁世凯的反对和蔑视，大有祢衡击鼓骂曹的气概。袁世凯先将章太炎拘于共和党本部，继又因于龙泉寺，最后则因于钱粮胡同。

在被囚禁期间，章太炎在钱粮胡同续办"章氏国学讲习会"，讲学自娱，听讲学子，人才济济，大部分是北京各大学的教员。章太炎讲述内典精义，由弟子吴承仕记录成《菿汉微言》，章太炎阅后，叹为观止，略加润饰，即以自己的名义，编入手订的《章氏丛书》中。黄侃的弟子金毓黻也参加听讲，写成《听讲日记》手稿，为世所重。这次讲学，章太炎在家书中说："讲学之事，聊以解忧。"

1921 年 3—4 月，章太炎在北平从事政治活动时，曾先后讲学于燕京大学、北平师范大学和北京大学各校，引起故都学界连锁反应，影响所及，相当深远而广泛。

1932年3月24日，章太炎在燕京大学讲《论今日切要之学》；3月31日，北平师范大学研究院的历史科学门及文学院的国文系和历史系请章太炎做学术演讲《清代学术之系统》。4月18日、20日和22日，北京大学也请章太炎以《广论语骈枝》为题，连讲三次，演讲地点在松公府研究所讲堂，共设座60个，国文学系占40，研究所国学门占20。

章太炎讲学，声势浩大。他名满天下，前来听讲者甚众，所以主办者干脆安排一次大课，满足听者所需。章太炎讲课，开口就说："你们来听我上课是你们的幸运，当然也是我的幸运。"

章太炎在北大做学术演讲的情形，钱穆在《师友杂忆》中有如下描述：

"太炎上讲台，旧门人在各大学任教者五六人随侍，骈立台侧。一人在旁作翻译，一人在后写黑板。太炎语音微，又皆土音，不能操国语。引经据典，以及人名地名书名，遇疑处，不时询之太炎，台上两人对语，或询台侧侍立者。有顷，始译始写。而听者肃然，不出杂声。此一场面亦所少见。翻译者似为钱玄同，写黑板者为刘半农。玄同在北方，早已改采今文家言，而对太炎守弟子礼犹谨如此。半农尽力提倡白话文，其居沪时，是否曾及太炎门，则不知。要之，在当时北平新文化运动盛极风行之际，而此诸大师，犹亦拘守旧礼貌。则知风气转变，亦洵非咄嗟间事矣。"

1932年秋，章太炎应金天翮（松岑）邀请至苏州讲学。初在公园县立图书馆讲学，勉励青年要学范仲淹的"名节厉俗"、顾炎武的"行己有耻"。接着在沧浪亭欢迎大会上讲《儒行要旨》《大学大义》《经义与治学》《文章源流》等，约一个月。

1934年秋，章太炎举家由上海迁居苏州，积极筹备设立讲习会。在章氏国学讲习会筹备期间，还组织章氏星期讲演会。从1935年4月到9月，共讲九期。除星期讲演会外，章太炎还利用间隙组织读书会，集弟子于一室，逐章逐句，扎扎实实，通读全书。

苏州讲学时，章太炎的鼻息肉之疾非常严重，这是民国初年，他被袁世凯软禁龙泉寺时落下的病根。"先生虽衰老，然于讲学则未忽稍苟。"1935年3月29日，蒋介石派丁维汾（鼎臣）前往慰问，并送上万金为章疗疾之用，"先生初不欲，既受之，则以此款为人民血汗所出，不欲用诸个人，因复成立国学讲习会于苏州寓庐，冠章氏二字，距初在东京讲学时，盖已二十有八年矣。"章太炎则将此款移作章氏国学讲习会经费。

章太炎在苏州办的国学讲习会实际上是私人学校。学校初设在章宅，后因为学生不断增加，只能购地建房，作为教室和学生宿舍。章太炎为主讲，另聘有多名讲师，章夫人汤国梨担任该校教务长，弟子孙世扬承担了大量的教学行政工作。依学生程度不同，分班教学，有类似预科的基础班，也有"研究生"。后来，该校还开办了附属中学。

1935年9月16日，章氏国学讲习会新学舍落成，正式开讲，标明以研究国有文化，造就国学人才为宗旨，讲习期限二年（学制两年），分为四期。

章太炎开讲之日，听者近500人，济济一堂，连窗外走廊也挤满了人。以后每逢太炎主讲，"诸生慕先生名，听课时无一缺席"。章氏则"一茶一烟，端坐讲坛，清言娓娓，听者忘倦，历二三小时不辍。"

章太炎极重视讲学，临终前仍坚持带病上课。王基乾在《忆余杭先生》一文中记述了章太炎扶病讲学的情形：

先生讲学，周凡三次，连堂二小时，不少止，复听人质疑，以资启发；不足，则按日约同人数辈至其私室，恣意谈论，即细至书法之微，亦无不倾诚以告，初不计问题之洪纤也。二十五年夏，先生授尚书既蒇事，距暑期已近，先生仍以余时为足惜，复加授说文部首，以为假前可毕也。顾是时先生病续发，益以连堂之故，辄气喘。夫人因属基乾辈，于前一时之末，鸣铃为号，相率出室外。先生见无人倾听，可略止。然余时未满，诸人复陆续就座。先生见室中有人，则更肆其悬河之口矣。以此先生病弥甚。忆最后一次讲论，其日已未能进食，距其卒尚不及十日。而遗著《古文尚书拾遗定本》，亦临危前所手定。先生教学如此，晚近真罕有其匹也。

先生病发逾月，卒前数日，虽喘甚不食，犹执卷临坛，勉为讲论。夫人止之，则谓"饭可不食，书仍要讲"。呜呼！其言若此，其心至悲。凡我同游，能无泪下？

1936年6月，章太炎讲完《尚书》后，又加开《说文部首》新课，准备在放暑假前讲完。不料他带病上课，劳累加剧，于6月14日病逝。去世前，他留下遗嘱："若有异族入主中夏，世世子孙毋食其官禄。"遗嘱止此二语，语不及私。

疾愤 16岁那年，章太炎受父命参加"童子试"，当时试卷的试题为：论灿烂之大清国。考场上鸦雀无声，许多考生绞尽脑汁，冥思苦想，引经据典，寻章摘句，大做八股文章。而章太炎想起鸦片战争后，外国军舰闯入中国沿海城镇，烧、杀、奸、掠；又想到许多清朝官僚对洋人卑躬屈膝，对人民作威作福……这怎能证明清国"灿烂"呢？于是他挥毫疾书，把满腔积愤洒于字里行间，并呼吁"吾国民众当务之急乃光复中华也"。

不到一个钟点，章太炎便第一个交了卷。章太炎正要跨步离开考场，只见主考官拍案而起："慢，你好大胆！可知罪……"章太炎不亢不卑，坦然自若道："我之所思，件件合乎当今国人之思；我之所论，桩桩合乎国情之实，何罪之有？"

主考官想驳又驳不倒，气得脸色铁青，又怕事态扩大，可能会连累自己的乌纱帽，速令两名差役把章太炎挟出考场。章的家人见状，个个吓得面如土色，而章太炎却若无其事。

1903年，章太炎发表《驳康有为论革命书》，其文雄浑有力，在文中，章太炎逐条驳斥康的论点，认为革命是最大的权威，"公理之未明，即以革命明之；旧俗之未去，即以革命去之"，革命是启迪民智、除旧布新、补泻兼备的救世良药。章直斥被保皇派奉为圣明的光绪帝为"载湉小丑，未辨菽麦"，同时指责康有为已经堕落成为一个"利禄熏心、甘当奴隶、为一时之富贵甘冒万亿不韪而不辞的封建市侩"。这篇雄文将清廷的威严一扫而空，令当权派极为恼怒，最后向租界当局施加了强大的压力，必欲去之而后快。章太炎在得知消息后，却效仿谭嗣同，说清廷要抓我，已经不是第一次了，革命就要流血，怕什么！巡捕来了，他迎上去，说："我就是章炳麟，抓我！"租界当局最后判了章炳麟三年拘禁，邹容两年拘禁。后来，邹容因病去世，章太炎极为悲痛，写诗悼念道："邹容吾小弟，被发下瀛洲。快剪刀除辫，干牛肉作糇。英雄一入狱，天地亦悲秋。临命须掺手，乾坤只两头。"1906 年 6 月，章太炎出狱，随即东渡日本逸居，并当上了《民报》的主编。

1931 年，九·一八事变爆发，由于蒋介石为首的国民政府采取不抵抗政策，东三省沦陷。章太炎不顾老迈之躯，北上北平，呼吁抗日。一到北平，他就派人到清华找他的弟子刘文典。刘马上来晋谒恩师。章太炎很高兴，摸摸刘的头，说："叔雅，你真好！"随后就大骂起来，骂蒋介石的不抵抗主义，骂他是卖国贼。此后，他派人给刘文典送来一副对子："养生未羡嵇中散，疾恶真推祢正平。"上联是告诫刘文典要戒掉大烟，下联乃是夸他刘文典有种，敢当面骂蒋介石。

1932 年，一·二八淞沪抗战爆发，民族危机空前严重。国难当头，章太炎挺身而出，章太炎写了《书十九路军御日本事》，热情赞扬十九路军将士抗战业绩，并指出"自民国初元至今，将帅勇于内争，怯于御外"，对国民党政府表示极大失望。

章太炎还书写篆轴："吴其为沼乎！"这是春秋吴越争霸的典故，吴王夫差与越王勾践讲和，伍子胥反对："二十年后，吴国大概要被越国毁坏成为一片荒凉的沼泽地了。"吴王夫差不听，结果不幸被伍子胥言中，越王勾践卧薪尝胆，起兵灭亡吴国。章太炎以此典故，劝诫警告国民党政府不要不听国人的抗战呼声，以免大片国土沦丧在日寇铁骑之下。

章太炎写下此篆轴后，激愤之下，北上欲代东南民众呼吁北方将领出兵收复东北失土。2 月 29 日，章太炎抵达北平，并先后在京津会见了段祺瑞、张学良、吴佩孚等人。刘文典曾写道张学良会见章太炎时的情形："张学良去见他的时候，我在楼下龚振鹏的房里，听见他大声疾呼，声震屋瓦，那种激昂慷慨的声音，现在还留在我的耳朵里。"

章太炎晚年，外患日亟。他在讲学时着重宣讲"行己有耻"，议论时政。蒋介石让章的金兰兄弟张继出面，劝"大哥当安心讲学，勿议时事"，章太炎十分生气，他说："吾老矣，岂复好摘发阴私以示天下不安？……吾辈往日之业，至今且全堕矣，谁实为之？吾辈安得默尔而息也？""五年以来，当局恶贯已盈，道路侧目。""栋折榱崩，吾辈亦将受压。而弟欲使人不言，得无效厉王之监谤乎？"

情事　　章太炎早年曾发过癫痫病，当地人无人敢将女儿嫁给他，没办法，他母亲只好将自己的陪嫁丫头王氏许配给了他。这种婚姻，按当时习俗不能算正式婚仪而只能算"纳妾"，王氏为章太炎生了三个子女后在1903年不幸去世。在之后的十年间，章太炎为革命而奔波流亡，一直未娶。坊间传闻，章太炎曾在北京《顺天时报》上登了《征婚告白》，其中提了五个条件：一是要湖北人；二要大家闺秀，性情开放；三要通文墨，精诗赋；四是双方平等，互相平等；五是夫死可嫁，亦可离婚。这在当时可算是石破天惊，名门闺秀，都望而却步。之后，章太炎再次征婚并提出如下择偶标准："人之娶妻当饭吃，我之娶妻当药用。两湖人甚佳，安徽人次之，最不适合者为北方女子，广东女子言语不通，如外国人，那是最不敢当的！"蔡元培听说这件事后，将女才子、《神州女报》创办人汤国梨女士介绍给了章太炎，结果两人还真成了夫唱妇随的如意眷属。不过，汤国梨并非湘妹子，也非鄂女子，而是浙江同乡（乌镇人），章太炎为何偏情与两湖女子，至今无人知其究竟。

异行　　有一次，孙中山派人送章太炎回家，章太炎见门口仅有一辆人力车，二话不说就坐到车上，挥手令车夫快走。等那个陪送者给自己找到车的时候，章太炎的车早已跑得不见了踪影。车夫问章太炎去哪里？章太炎说："家里。""你家在哪里？""在马路上弄堂里，弄口有一家烟纸店的弄堂。"车夫没有办法，只好每经过一个里弄，都问章太炎："是不是这个？"章太炎说不是。于是接着跑，车子就一直在马路上兜圈子。陪送者不见了章太炎之后，急忙打电话到章家，章的家人急坏了，派了好些人，满大街地找。过了好久，才发现迎面过来一辆车，车上安然自若地坐着章太炎。从此，人们再不敢让章太炎一个人回家。

章太炎熟谙养生之术，但他自己从不讲究饮食。夫人只得反反复复告诫他说多吃某某蔬菜水果有益健康。章太炎每次听到，都把夫人的话复述一遍。之后，却从不去吃那种蔬菜或水果。

章太炎吃饭时，总是吃饭桌上自己眼前的一两道菜。有时遇上不喜欢的菜，他一口气吃完几碗白饭，然后便一声不吭地离去。为此，家里人只好特意将口味好的菜放在他眼前。后来，他鼻子有了炎症，只能用口呼吸。吃饭时，他嘴巴一边吃，一边吸气，常常不小心把饭屑吸入气管，于是对着饭桌就打起喷嚏来。喷嚏一来，饭花四溅，而他却神色自若，视若无事。

章太炎从不讲究仪容。如果不是夫人督促换衣，他的衣服总是脏兮兮的。他最怕洗脸，更怕洗澡。他的手也不常洗，很长的手指甲中常常塞满黑泥。

章太炎晚年痴迷于书。他家里满是书。卧室里除了床之外全是书。有一次他半夜睡醒，忽然想及某书某事，即起床在书架上找到那本书翻阅起来。他就这样站着看书，一站直到天明。第二日一早，仆役开门洒扫，发现章太炎赤身裸体，手持书卷，站在卧室里。仆役大惊："老爷！你没有穿衣服呢！"这夜下来，章太炎被冻得伤风感冒起来。

章太炎从来不正眼看钱。没钱了，他就卖字。到了晚年，他更不晓得如何用钱了。让仆役买一包烟时，他掏出五块钱。儿子要做大衣时，他也掏出五块钱。有一次，要盖房子了，他掏出来的，还是五块钱。

章太炎晚年寓居上海，有次来到苏州，有人劝他在苏州住下，并在当地买一所房子。章太炎就跟着去了。房子蛰居于陋巷，前面是一座楼房，院子里栽了几棵树。他过去一看，看见楼，说："还有楼！"看见树，又说："还有树！"感觉很满意，于是不再看，就和人家谈价钱。人家向他开价一万五千元，这在当时是非常离谱的高价了。不料，章太炎居然不还价，竟给了人家一万七千元。等到夫人过来看时，一切手续都已办妥。这时，夫人才发现房子破得竟不能住人。最后，房子卖不出去，也租不出，反要另外花了钱雇人专门看守着。

评誉　章太炎于 1936 年 6 月 14 日病逝。在张继、居正、冯玉祥等人的努力下，南京国民政府决定为章举行国葬。国葬令（7 月 9 日）全文如下：

> 宿儒章炳麟，性行耿介，学问淹通。早岁以文字提倡民族革命，身遭幽系，义无屈挠。嗣后抗拒帝制，奔走护法，备尝艰险，弥著坚贞。居恒研精经术，抉奥钩玄，究其诣极，有逾往哲。所至以讲学为重，岿然儒宗，士林推重。兹闻溘逝，轸惜实深，应即依照国葬法，特予国葬。生平事迹存备宣付史馆，用示国家崇礼耆宿之至意。此令。

许寿裳的挽联云：

> 内之颉籀儒墨之文，外之玄奘义净之术，专志精微，穷研训故；
> 上无政党猥贱之操，下作懦夫奋矜之气，首正大谊，截断众流。

上联用了章太炎的两篇文章：《瑞安孙先生伤辞》和《菿汉微言》，下联也用了两篇文章：《答铁铮》和《与王揖唐书》，构思巧妙之极。上联是指国学大师，下联是指革命元勋。"以先生之德业巍巍，文章炳炳，远非数十个字所能形容，不过轮廓依稀在是而已。"

钱玄同的挽联云：

缵苍水宁人太冲薑斋之遗绪而革命，蛮夷戎狄，矢志攘除，遭名捕七回，拘幽三载，卒能驱逐客帝，光复中华，国人云亡，是诚宜勒石纪勋，铸铜立像；

萃庄生荀卿子长叔重之道术于一身，文史儒玄，殚心研究，凡著书廿种，讲学卅年，期欲拥护民彝，发扬族性，昊天不吊，痛从此微言遽绝，大义莫闻。

上联纪其革命功绩，下联述其学术成就，客观持允，符合章太炎"有学问的革命家"之称号。下联特意指出章太炎"讲学卅年，发扬族性"，难掩沉痛的感情。

鲁迅在《关于太炎先生二三事》一文中这样评价章太炎：

考其生平，以大勋章作扇坠，临总统府之门，大诟袁世凯的包藏祸心者，并世无第二人；七被追捕，三入牢狱。而革命之志，终不屈挠者，并世亦无第二人；这才是先哲的精神，后生的楷范。

梁启超："他的最伟大处，便是他的善变，他的屡变。"

传略　　梁启超（1873—1929），中国近代思想家、戊戌维新运动领袖之一。字卓如，号任公，别号饮冰室主人。广东新会人。

自幼在家中接受传统教育，1884年（光绪十年）中秀才。1885年入广州学海堂，治训诂之学，渐有弃八股之志。1889年中举。1890年赴京会试，不中。回粤路经上海，看到介绍世界地理的《瀛环志略》和上海机器局所译西书，眼界大开。同年结识康有为，钦佩不已，遂投其门下。1890年就读于万木草堂，接受康有为的思想学说并由此走上改革维新的道路，世人合称"康梁"。

梁启超

1895年春再次赴京会试，协助康有为，发动在京应试举人联名请愿的"公车上书"。维新运动期间，梁启超表现活跃，曾主北京《万国公报》（后改名《中外纪闻》）和上海《时务报》笔政，又赴澳门筹办《知新报》。他的许多政论在社会上有很大影响。1897年，任长沙时务学堂总教习，在湖南宣传变法思想。1898年，回京参加"百日维新"。7月，受光绪帝召见，奉命进呈所著《变法通议》，赏六品衔，负责办理京师大学堂译书局事务。同年9月，政变发生，梁启超逃亡日本，在日期间，先后创办《清议报》和《新民丛报》，鼓吹改良，反对革命。同时也大量介绍西方社会政治学说，在当时的知识分子中影响很大。武昌起义爆发后，他企图使革命派与清政府妥协。民国初年支持袁世凯，并承袁意，将民主党与共和党、统一党合并，改建进步党，与孙中山领导的国民党争夺政治权力。1913年，进步党"人才内阁"成立，他出任司法总长。

1915年底，袁世凯称帝之心日益暴露，他反对袁氏称帝，与蔡锷策划武力反袁。护国战争在云南爆发。1916年，赴两广地区参加反袁斗争。袁世凯死后，出任段祺瑞北洋政府财政总长兼盐务总署督办。1917年9月，孙中山发动护法运动。11月，段内阁被迫下台，他也随之辞职，从此退出政坛。1918年底，赴欧洲，了解到西方社会的许多问题和弊端。回国之后即宣扬西方文明已经破产，主张光大传统文化，用东方的"固有文明"来"拯救世界"。

1920年后，先后在清华学校、南开大学等校执教，并到各地讲学。担任过京师图书馆馆长、北京图书馆馆长、司法储才馆馆长等职，为培养人才和发展文化教育事业作出了一定成绩。1929年1月19日病逝于北京协和医院，终年57岁。

梁启超于学术研究涉猎广泛，在哲学、文学、史学、经学、法学、伦理学、宗教学等领域，均有建树，以史学研究成绩最显著。著述宏富。有多种作品集行世，以1936年9月出版的《饮冰室合集》较完备，总计148卷，1000余万字。

1901至1902年，先后撰写了《中国史叙论》和《新史学》，批判封建史学，发动"史学革命"。

欧游归来之后，以主要精力从事文化教育和学术研究活动，研究重点为先秦诸子、清代学术、史学和佛学。1922年起在清华学校兼课，1925年应聘任清华国学研究院导师，指导范围为"诸子"、"中国佛学史"、"宋元明学术史"、"清代学术史"、"中国文学"、"中国哲学史"、"中国史"、"史学研究法"、"儒家哲学"、"东西交流史"等。这期间著有《清代学术概论》《墨子学案》《中国历史研究法》《中国近三百年学术史》《情圣杜甫》《屈原研究》《先秦政治思想史》《中国文化史》《变法通议》等。

梁启超在文学理论上引进了西方文化及文学新观念，首倡近代各种文体的革新。文学创作上亦有多方面成就：散文、诗歌、小说、戏曲及翻译文学方面均有作品行世，尤以散文影响最大。

梁启超的文章风格，世称"新文体"。这种带有"策士文学"风格的"新文体"，成为五四以前最受欢迎、模仿者最多的文体，而且至今仍然值得学习和研究。梁启超写于1905年的《俄罗斯革命之影响》，文章以简短急促的文字开篇，如山石崩裂，似岩浆喷涌："电灯灭，瓦斯竭，船坞停，铁矿彻，电线斫，铁道掘，军厂焚，报馆歇，匕首现，炸弹裂，君后逃，辇毂塞，警察骚，兵士集，日无光，野盈血，飞电刿目，全球挢舌，于戏，俄罗斯革命！于戏，全地球唯一之专制国遂不免于大革命！"然后，以"革命之原因"、"革命之动机及其方针"、"革命之前途"、"革命之影响"为题分而析之，丝丝入扣。难怪胡适说："梁先生的文章……使读者不能不跟着他走，不能不跟着他想！"

反差　清末在野的风云人物，非康有为梁启超莫属。他们因提倡维新变法登上历史舞台，一度触及权力核心，可惜"戊戌变法"昙花一现，他们的政治理想灰飞烟灭。流亡海外时，康梁关系出现裂隙，政治主张、思想观念分歧越来越大。民国时期，康梁在张勋复辟问题上针锋相对，形同水火。梁启超对康有为从未忘本，"一日为师，终身为父"，始终以弟子之礼事师。但"吾爱吾师，吾更爱真理"，这点在梁启超身上得到充分体现。

由戊戌变法至辛亥革命，梁启超基本上跟着康有为走，世人以康梁并称。除了1899年至1903年，梁启超因倡导革命与康有为有所不合外，大体上态度是一致的。1903 年前后，梁启超一度有赞成"孙党"革命之说的倾向，经康有为严词教训，梁启超作了检讨，重新归依师门。梁启超放弃民主革命而倡导君主立宪以后，师徒一唱一和，搭配得天衣无缝。武昌起义爆发，梁启超仍与康有为相呼应，要求中国采用英国的立宪政体。岂料革命形势已成，民主共和成为全国大势，虚君立宪之说遂淹没在民主共和的潮流中。梁启超尽管曾向袁世凯兜售他的"虚君共和"理论，即保留清朝皇帝的名位，但使之"无否决之权，无永嘉海陆军之权"，但他很快就顺应时代潮流，抛弃了虚君立宪的主张，转变为积极的共和拥护者。

梁启超正式与康有为分手是在民国元年四五月间。清帝逊位前夕，康有为写给梁启超一封信，要求一起拯救清廷于虞渊。梁启超作答，坚定表示绝不再为"虚君共和"这个缘木求鱼的想法去与袁世凯、北方军人及各省督抚相周旋，更不屑与那些清朝遗贵相合作。他劝康有为改变主张，如若不然，"趋舍异路，怆恨何言！"

辛亥革命后，梁启超选择民主共和，再也不肯对康有为百依百顺了。两人的分歧既源于政见不同，思想的矛盾，也有个性因素。

在梁启超看来，康有为为人做事过于武断："有为之为人也，万事纯任主观，自信力极强，而持之极毅。其对于客观的事实，或竟蔑视，或必欲强之以从我。"此外，他还对康有为刚愎自用的主观主义思想方法提出了批评。"既标一说，则一切与己说反对者，辄思抹杀之"，"持己脑中所构造之事实以误真相"，可谓说中了康有为的要害。

康有为的强势与梁启超的平易，从作文到做人，均一以贯之。二人治学以及思想历程之不同，也约略可见。康氏自言："吾学三十岁已成，此后不复有进，亦不必求进。"梁氏则"常自觉其学未成，且忧其不成，数十年日在旁皇求索中"。康有为的抱定宗旨、不再转移与梁启超的与时俱进、久领风骚，形成巨大反差。

梁启超与康有为公开的分手，是在张勋复辟帝制上的形同水火。梁启超不仅反对袁世凯称帝，而且反对任何形式的复辟，他深信世界潮流不可阻挡，任何复辟阴谋都不能得逞。当康有为在《上海周报》上发表《为国家筹安定策者》，公开主张清帝复辟时，梁启超立即发表《辟复辟论》，将矛头直指康有为，明确指出此文的实质是"党袁论"、"附逆论"、"筹安新派"。

1912年，周善培听说袁世凯召梁启超回国，便与赵熙乘船去日本，劝梁启超慎重行事。周善培说："对德宗（光绪皇帝）是不该去，对袁世凯是不能去。"梁启超被劝不过，于是吐露真言：他并不想去北京，但康有为催促他尽快成行，他不能违拗恩师的意愿。结果，梁启超当了一两年的司法总长，眼看袁氏的专制独裁日甚一日，他便辞了职。袁世凯搞复辟，首先需要制造舆论。一班无耻文人摸到主子的旨意后，于1915年成立筹安会，借讨论国体问题为名，为袁世凯复辟帝制摇旗呐喊。针对社会上的这股复辟逆流，梁启超以他那酣畅淋漓的文笔，写下《异哉所谓国体问题者》一文准备发表，斥骂"筹安会"诸公，大戳袁世凯的痛处。文章刚刚脱稿，便有人向袁世凯告密。袁世凯惊慌万分，急忙派杨度送上20万元银票，为梁启超的父亲祝寿，请梁启超销毁成文，否则后果莫测。结果是，梁启超断然拒收银票，毅然发表文章。

袁世凯复辟后，梁启超联合蔡锷等人，组织护国军，以武力讨伐袁世凯。为了推动广西军阀陆荣廷独立，梁启超又只身前往广西，历尽千辛万苦之后，终于迫使陆荣廷于1916年3月15日宣布独立，所有重要电文，均为梁启超草拟。

在全国的声讨下，袁世凯的皇帝美梦仅做了83天就呜呼哀哉了。顽固的康有为并没有从袁世凯的复辟失败中汲取教训，相反，他却加快了让溥仪复辟的步伐。1917年7月，他联合统率辫子军的张勋，利用大总统黎元洪和国务总理段祺瑞之间"府院之争"的矛盾，请溥仪重新登基做皇帝。因复辟"有功"，康有为被溥仪封为弼德院副院长，并戴上头品顶戴，没想到12天后，复辟失败。张勋逃入荷兰使馆，康有为逃入美国使馆，溥仪宣布退位后也逃入美国使馆。康有为躲在美国使馆"美森院"里做诗品画，直到 1917 年 12 月，美国公使芮恩施准备专车，派兵护送康有为离开北京。

与康有为不同，张勋复辟发生后，梁启超立即随段祺瑞誓师马厂，参加武力讨伐。他不仅代段祺瑞起草了讨逆宣言，而且以个人名义发表反对通电，一面强烈谴责"贪得无厌之武夫"，一面斥责康有为"大言不惭之书生，于政局甘苦，毫无所知"。据说通电写好之后，有人担心会破坏师生友谊，对此，梁启超理直气壮地说："师弟自师弟，政治主张则不妨各异，吾不能与吾师共为国家罪人也。"

在反对张勋复辟的斗争中，梁启超对老师康有为的态度，可以用他自己的一句话来表述："吾爱孔子，吾尤爱真理；吾爱先辈，吾尤爱国家；吾爱故人，吾尤爱自由！"

反复辟斗争成功以后，1917 年 7 月，梁启超进入段祺瑞政府，出任财政总长兼盐务总署督办。9 月，孙中山发动护法战争。11 月，段内阁被迫下台，梁启超也随之辞职，从此退出政坛。

情浓　梁启超的元配夫人李惠仙是位千金小姐。她的父亲李朝仪在北京居高官，其兄李端棻是广东乡试的主考官。在 1890 年梁启超 17 岁时，参加广东乡试，榜列第八名举人，受到主考官李端棻的器重。李端棻从这个穷书生身上看到了未来发展的潜力，就主动牵线搭桥，帮助梁启超与他的妹妹李惠仙订了婚。

第二年三月，梁启超参加京城会试，不幸落第。通情达理的李惠仙并不嫌弃他，而是如期与梁启超完婚。完婚后，李惠仙跟随梁启超回到老家广东新会。梁启超的父母务农，生活并不宽裕。他带着新婚妻子回到家，连一间新房也没有，只好与邻里借了间房作为新居。

李惠仙从北京来到广东沿海地区，气温高，湿度大，生活很不适应。可是她并不计较这些。到家后就承担起繁重的家务，尽守妇道，从无怨言。梁启超的生母早就病逝，其继母只比李惠仙年长两岁。但李惠仙对继母孝敬有加，开口闭口以母亲相称，从无半点不恭行为。因此梁氏家族无不称赞其美德。

梁启超参与戊戌变法初期，光绪皇帝很欣赏梁启超的文采，但在召见他时，他的一口广东方言，让光绪大为扫兴。为此，梁启超在爱妻的帮助下，努力学习官话。不久就能用官话表达思想和参与社交了。

1898年6月，光绪下诏变法，梁启超登上中国的政治舞台。但不到百日，慈禧太后发动政变，谭嗣同等六君子被杀，梁启超和康有为逃往日本。李惠仙扶老携幼避居澳门。梁启超在日本读书写作十分繁忙，但一封封家书不断，与同经忧患的妻子对话，字里行间洋溢着深厚的情谊。他还将一张身穿和服的照片寄给妻子，信中说："衣冠虽异，肝胆不移，贻此相对，无殊面见矣。"

1913年梁启超回国，1915年，他参加了护国战争，因而无力照顾家小，心中多有愧疚。可是李惠仙却鼓励他说："上自高堂，下至儿女，我一身任之。君为国死，勿反顾也！"爱妻的深明大义给梁启超极大的鼓舞。

1924年9月，李惠仙因积劳成疾，不治而逝。梁启超悲痛万分，涕泪纵横，步行好几里从回回营到宣武门外回灵。不久在《苦痛中的小玩意》一文中，他这样表达了夫人逝世后的心情："风雪蔽天，生人道尽，块然独坐，几不知人间何世。哎，哀乐之感，凡在有情，其谁能免？平日意态兴会淋漓的我，这也嗒然气尽了。"

为纪念他的夫人，梁启超做了一篇饱含悲痛之情的《祭梁夫人文》："我德有阙，君实匡之；我生多难，君将扶之；我有疑事，君摧君商；我有赏心，君写君藏；我有幽忧，君噢使康；我劳于外，君煦使忘；我暗君和，我揄君扬；今我失君，双影彷徨。"

情止 1899年冬天，逃亡日本的梁启超应康有为的邀请，到美国檀香山宣传成立保皇会，组织海外华侨支持光绪皇帝的变法维新。

尽管梁启超很有辩才，是一位宣传变法维新的鼓动家，但是到檀香山之后，他才发现宣传变法维新，不应只是面对美国的华侨，还应得到美国人的支持。可是他不懂英语，使他一时很犯难。在何氏侨商为他接风的家宴上，他提出了这个问题，请求大家给予帮助。他的话刚一落音，何先生就让侍女唤来自己的宝贝女儿何蕙珍，并介绍给梁启超说："这是小女，从小在美国长大，英文极好，可以给你做翻译。"梁启超见到这位芳龄20的小姐，十分高兴，就请她坐在自己的身边。何蕙珍也很大方，操着一口标准的国语，更让梁启超听得十分快慰。

第二天，在演讲大会上，很多华侨和美国人出席，梁启超心情振奋，慷慨激昂地讲述了变法维新的见解，以及组建保皇会的意义。何蕙珍小姐为他做翻译，流利晓畅，准确通达，很受听众的喜欢。在口译过程中，何蕙珍对梁启超有了更多的了解。她不仅拥护梁启超的变法维新，更敬慕他的演讲口才和翩翩风度。演讲结束后，便向梁启超表达了纯真的爱慕之情："我万分敬爱先生，但可惜仅爱而已。今生或不能相遇，愿等到来生。但望先生赐以小像，即遂心愿了。"

事后，梁启超赠给何小姐一张小照，而何小姐则将一把亲手编织的小扇，给他做纪念。

梁启超对这位助手印象极好，在美国的日子里，如果没有何小姐给他当翻译，他几乎寸步难行。当时，慈禧降旨，以十万两白银悬赏捉拿梁启超。美国的一家英文报纸发表了一系列文章，攻击梁启超。梁启超对这种攻击几乎是鞭长莫及，只好听之任之。几天后，他听说有家报纸上连续发表了几篇文章回击那家英文报纸的文章。这些文章以犀利、尖锐的笔锋，深刻透彻的论辩将那家英文报纸批驳得哑口无言。不久，梁启超得知这些文章是何小姐撰写的，使他从心眼里产生了对何小姐的敬意。接着，他请何小姐帮助他学习英语，何小姐很愉快地当起了他的英文老师。他们间的接触越来越多，感情的距离也越来越近了。有个朋友建议，将待字闺中的何小姐娶进家里。梁启超的内心很是矛盾，何小姐年轻、漂亮，才华出众，是位难得的知音。从工作上考虑，他也很需要这样的助手。经过反复的思想斗争，于 1900 年 5 月 24 日，他给在日本的妻子李惠仙写了封信，表述了自己的心境。在信中，他介绍了何蕙珍的为人之后，写道："余归寓后，愈益思念蕙珍，由敬重之心，生出爱恋之念来，几乎不能自持。酒阑人散，终夕不能成寐，心头小鹿，忽上忽下，自顾二十八年，未有此可笑之事者。今已五更矣，起提笔详记其事，以告我所爱之惠仙，不知惠仙闻此将笑我乎，抑恼我乎？"

李惠仙读了梁启超的来信，表现得很大度，给他回信时表示这件事要请父亲大人做主。因为她料到公公是不会认可儿子娶个美国华侨做妾的。梁启超接到李惠仙的来信，急忙回信劝阻爱妻不要让父亲知道此事，并表示：对于何蕙珍的关系保证做到"发乎情，止乎理"，今后绝不再谈此事。当然，梁启超当时的处境也不允许他沉溺于儿女私情。他流亡在外，慈禧降旨通缉他，怎能让这位年仅 20 岁的小姐跟着自己受牵连呢！于是他婉辞谢绝了朋友的好意。

不过，这件事也触动了李惠仙，她考虑要设法牵住这头不安分的"小鹿"，于是在 1903 年，主动将她的陪嫁侍女王桂荃给梁启超做了妾。

拜师 　梁启超 6 岁学完五经，9 岁能够写千字文章，12 岁中秀才，17 岁中举人。中举时的主考官、尚书李端棻以为梁启超"国士无双"，遂打破门第观念的束缚，把自己的堂妹许配给梁启超做妻子，这是那个时代表示对一个人的欣赏的最高礼遇。

李端棻没有看走眼，梁启超的确是一位对各种新思潮、新思想统统接受、吸纳的天才，也是识时务的俊杰。他拜康有为为师的时候，康还没有中举，在科举时代，一个有功名的人（梁启超 17 岁中举人），能拜无功名的布衣为师，其好学精神由此可见一斑。

梁启超在《三十自述》中曾表明他为什么拜师康有为：

其年秋，始交陈通甫。通甫时亦肄业学海堂，以高才生闻。既而通甫相语曰："吾闻南海康先生上书请变法，不达，新从京师归，吾往谒焉。其学乃吾与子所未梦及，吾与子今得师矣。"于是乃因通甫修弟子礼事南海先生。时余少年科第，且于时流所推重之训诂词章学，颇有所知，辄沾沾自喜。先生乃以大海潮音，作狮子吼，取其所挟持之数百年无用旧学更端驳诘，悉举而摧陷廓清之。自辰入见，及戌时退，冷水浇背，当头一棒，一旦尽失其故垒，惘惘然不知所从事，且惊且喜，且怨且艾，且疑且惧，与通甫联床竟夕不能寐。明日再谒，请为学方针，先生乃教以陆王心学，而并及史学西学之梗概。自始决然舍去旧学，自退出学海堂，而间日请业南海之门，生平知有学自兹始。

梁启超以传神之笔，道出遇到名师的心理感受，梁启超文中提到的陈通甫是康有为的大弟子，英年早逝，曾被称为康门的"颜回"，他死了，大弟子头衔自然而然落到梁启超的身上。从维新运动、公车上书，到戊戌变法失败海外流亡，梁启超一直追随康有为，成为康有为思想的代言人。

1901 年 12 月，梁启超在《清议报》发表《南海康先生传》，以崇敬的口气说到乃师康有为的哲学思想：

先生者，天禀之哲学者也。不通西文，不解西说，不读西书，而惟以其聪明思想之所及，出乎天天，入乎人人，无所凭借，无所袭取，以自成一家之哲学，而往往与泰西诸哲学相暗合，得不理想界之人杰哉？

先生之哲学，社会主义哲学也。泰西社会主义，源于希腊之柏拉图，有共产之论。及十八世纪，桑士蒙、康德之徒大倡之，其组织渐完备，隐然为政治上一潜势力。先生未尝读诸氏之书，而其理想与之暗合者甚多，其论据之本，在《戴记·礼运》篇孔子告子游之语。

康有为的哲学思想，包括《大同书》，带有浓郁的理想主义色彩。在这一点上，梁启超看其师看得透彻，并未被崇敬所遮蔽："康南海果如何之人物乎？吾以为谓之政治家，不如谓之教育家；谓之实行者，不如谓之理想者。一言以蔽之，则先生者，先时之人物也。"

康有为的众多弟子中，数梁启超的声望最高、影响力最大。梁启超被誉为"言论界的骄子"，他的历史功劳在于开启民智，育作新民。戊戌变法的失败，对他是一种强烈的刺激，在经过改良还是革命的徘徊之后，他提出要改造"国民性"，开始由"政治"转向"启蒙"，一跃而成为近代中国最重要的启蒙思想家。

梁启超能拜师康有为门下，是梁的幸运；同样，康有为能拥有梁启超这样的弟子，也是康的幸运。康有为晚年，梁启超执弟子礼甚恭，1927 年 3 月 8 日，正值康有为的七十大寿，梁启超和其他当年的同窗，亲自前往上海为老师祝寿。梁撰写了《南海先生七十寿言》的寿文，并奉上寿联：

> 述先圣之玄意，整百家之不齐，入此岁来年七十矣；
> 奉觞豆于国叟，致欢忻于春酒，亲授业者盖三千焉。

梁对老师的敬仰之情跃然纸上，将康有为比作"至圣先师"孔夫子，极得以"圣人"自居的康有为的喜好。

为师　1914 年 11 月 5 日，梁启超来到清华大学，在同方部以《君子》为题演讲。他勉励清华学子树立远大理想，培养健全人格，要做"真君子"。他说："乾象曰：'天行健，君子以自强不息。'坤象曰：'地势坤，君子以厚德载物。'推本乎此，君子之条件庶几近之矣。"又说："乾象言：

'君子自励犹天之运行不息，不得有一暴十寒之弊。'坤象言：'君子接物，度量宽厚，犹大地之博，无所不载。'"他希望："清华学子，荟中西之鸿儒，集四方之俊秀，为师为友，相蹉相磨，他年遨游海外，吸收新文明，改良我社会，促进我政治，所谓君子人者，非清华学子，行将焉属？"他还对清华学子寄予厚望："崇德修学，勉为君子，异日出膺大任，足以挽既倒之狂澜，作中流之砥柱。"梁启超的字字箴言，后来便成了永远镌刻在清华人心中的信条，也就是今天我们所看到的清华校训——"自强不息，厚德载物"。

梁启超文名扬天下，讲课也叫人称绝。他给清华大学学生上课，走上讲台，打开讲义，眼光向下面一扫，然后是简短的开场白："启超是没有什么学问——"接着眼睛向上一翻，轻轻点点头，"可是也有一点喽！"既谦逊又自负。

梁启超讲课到紧张处时，便成为表演。此时，他往往情不自禁地手之舞之足之蹈之，有时掩面，有时顿足，有时狂笑，有时叹息。讲到他最喜爱的《桃花扇》中"高皇帝，在九天，不管……"那一段时，他悲从中来，竟痛哭流涕而不能自己。讲到"剑外忽传收蓟北，初闻涕泪满衣裳……"时，他又从涕泗中摆脱，张口大笑起来。

自省　有一次，上海美专校长刘海粟问梁启超："你为什么知道的东西那样多？"任公想了一想，恳切地回答道："这不是什么长处，你不要羡慕。我有两句诗：吾学病爱博，是用浅且芜。一个渔人同时撒一百张网，不可能捉到大鱼。治学要深厚才成于专而毁于杂，一事办好，已属难得；力气分散，则势必一事无成。"

梁启超记诵力极强，求知欲极炽，对各类学术皆有研究的兴会，贪多务得、追求速成、缺乏恒心，三者是其治学的大病。梁启超颇有自知之明，他为长女梁思顺的《艺蘅馆日记》题诗，便对自己的痼疾痛下手术刀："吾学病爱博，是用浅且芜。尤病在无恒，有获旋失诸。百凡可效我，此二无我如。"

梁启超"有定则无定见无定行"这一点，外人难以理解，多有责难。他曾对学生李任夫等人作过自辩：

> 我自己常说，不惜以今日之我去反对昔日之我，政治上如此，学问上也是如此。但我是有中心思想和一贯主张的，决不是望风转舵、随风而靡的投机者。我为什么和康南海先生分开？为什么与孙中山合作又对立？为什么拥袁又反袁？这决不是什么意气之争，或夺权夺利的问题，而是我的中心思想和一贯主张决定的。我的中心思想是什么呢？就是爱国。我的一贯主张是什么呢？就是救国。我一生的政治活动，其出发点和归宿点，都是要贯彻我爱国救国的思想与主张，没有什么个人打算。例如在清朝末季，在甲午战争以后，国家已是危如累卵，随时有瓜分豆剖之忧。以当时的形势来说，只能希望清朝来一个自上而下的彻底改革。康先生的主张是对的，我以为是有前途的，不幸成了历史悲剧。可是后来情况变化了，清朝既倒，民国建立，已经成了定局，而康先生主观武断，抱着老皇历不放，明知此路不通，他还要一意孤行到底，这是不识时务。为了救国，我不能不和他分开。至于孙中山，他是主张暴力革命的，而我是稳健派，我是主张脚踏实地走的。我认为中国与法国、俄国的情况不同，所以我不主张暴力革命，而主张立宪改良，走日本维新的路，较为万全。我并不是没有革命思想，但在方法上有所不同而已。顾亭林说得好：天下兴亡，匹夫有责。假如国之不存，还谈什么主义、主张呢！还谈什么国体、政体呢？总之知我罪我，让天下后世批评，我梁启超就是这样一个人而已。

梁启超："他的最伟大处，便是他的善变，他的屡变。"

梁启超的定则是爱国之心、立宪之志和新民之道，在此定则之下，其见解、行动则是不断流变的，维新保皇——君主立宪——护法民主共和，仿佛三级跳远，助跑之后，他就必然会有一连串的腾挪。现代作家郑振铎在《梁任公先生》一文中对梁启超的多变表示了深深的理解："他之所以屡变者，无不有他的最坚固的理由，最透彻的见解，最不得已的苦衷。他的最伟大处，最足以表明他的光明磊落的人格处，便是他的善变，他的屡变。"

趣味　1922年梁启超在天津讲演，一开头说："假如有人问我，你信仰的是什么主义？我便答道：我信仰的是趣味主义。有人问我，你的人生观拿什么做根柢？我便答道：拿趣味做根柢。我生平对于自己所做的事，总是做得津津有味，而且兴会淋漓，什么悲观咧，厌世咧，这种字眼，我所用的字典里头，可以说完全没有。我所做的事常常失败，但我不仅从成功里感到趣味，就是在失败里也感到趣味。"

他又说："我是个主张趣味主义的人，倘若用化学化分'梁启超'这件东西，把里头所含一种原素名叫'趣味'的抽出来，只怕所剩下仅有个零了。""我觉得天下万事万物都有趣味，只嫌每天二十四小时不能扩充到四十八小时，不够我享用。我忙什么？忙的是我的趣味。"

梁启超对学问最有趣味。他自述："我每天除了睡觉外，没有一分钟一秒钟不是积极的活动，然而我绝不觉得疲倦，而且很少生病，因为我每天的活动有趣得很，精神上的快乐，补得过物质上的消耗而有余。"

梁启超认为"凡属趣味，我一概都承认它是好的"，但趣味的标准不在道德观念，而必须是"以趣味始，以趣味终"，"劳作、游戏、艺术、学问"都符合趣味主义的条件，赌钱、吃酒、做官之类则非。就他的标准而言，麻将显然也是种"趣味"的游戏。

梁启超在清华讲学时，曾经说过这样一句名言："只有读书可以忘记打牌，只有打牌可以忘记读书。"可见，打牌（即麻将）对梁启超的诱惑之大。

据说，梁启超的很多社论文章都是在麻将桌上口授而成的。而坊间也有梁启超曾发明三人与五人麻将的玩法，以及他能快速解牌的传说。1919年，梁启超从欧洲回国，有一次，几个学术界的朋友约他某天去讲演，他却说："你们订的时间我恰好有四人功课。"朋友不解，听他解释后方知，原来，梁启超是约好了麻将局。

长辞 1924年9月，梁启超的妻子李惠仙因病逝世，给他以沉重的打击，身体衰弱得很快，血压不稳，并有便血，几次进出医院，用西医诊治，但效果甚微。

其入室弟子谢国桢看到老师病情日重，遂将自己弟弟的岳父——驰名中华的四大名医之一的萧龙友引荐前来给他诊治。

萧龙友登门诊治两次后，遂改为由谢国桢用信详细函告萧龙友梁的病情，然后由萧龙友对症开出处方寄回。

服用萧龙友开的中药，梁觉神清体爽，颇见功效。但是后来，因梁没有停止读书治学的活动，病情又出现反复。

当谢国桢将梁的实况函告萧龙友后，萧遂复函谢国桢说，梁的病要想治好并不难，但不能光靠药力，俗话说"三分看病七分养"。要想彻底恢复健康，前提是停止劳神费心的工作，读书治学当然是在必禁之列，否则即使是扁鹊再生，华佗降世，也是无能为力的。

没想到，当谢国桢将萧龙友的意见转告梁时，梁并没有采纳萧的意见，竟回答说："战士死于沙场，学者死于讲坛。"当萧龙友从谢国桢处听到这句话后，一时惊得目瞪口呆，连连叹气，深感无可奈何。

1929年1月19日，梁启超——这位信奉应像死在沙场上的战士一样的大学者，在京与世长辞，死在毕生致力的学术研究上。

王国维：取义舍生欣所得，不顾人间唤奈何！

王国维

传略　王国维（1877—1927），字伯隅、静安，号观堂、永观，浙江海宁人。近代中国著名学者，杰出的古文字、古器物、古史地学家，诗人，文艺理论学，哲学家，国学大师。

世代清寒，幼年为中秀才苦读。早年屡应乡试不中，遂于戊戌风气变化之际弃绝科举。22岁起，至上海《时务报》馆充书记校对。利用公余，到罗振玉办的"东文学社"研习外交与西方近代科学，结识主持人罗振玉，并在罗振玉资助下于1901年赴日本留学。

1902年因病从日本归国。后又在罗振玉推荐下执教于南通、江苏师范学校，讲授哲学、心理学、伦理学等，复埋头文学研究，开始其"独学"阶段。1906年随罗振玉入京，任清政府学部总务司行走、图书馆编译、名词馆协韵等。其间，著有《人间词话》等名著。

1911年辛亥革命后，携生平著述3种，跟随儿女亲家罗振玉逃居日本京都，从此以前清遗民处世。其时，在学术上穷究于甲骨文、金文、汉简等研究。1916 年，应上海著名犹太富商哈同之聘，返沪任仓圣明智大学教授，并继续从事甲骨文、考古学研究。1922 年受聘北京大学国学门通讯导师。翌年，由蒙古贵族、大学士升允举荐，与罗振玉、杨宗羲、袁励准等应召任清逊帝溥仪"南书房行走"，食五品禄。1924 年，冯玉祥发动"北京政变"，驱逐溥仪出宫。他以此为奇耻大辱，愤而与罗振玉等前清遗老相约投金水河殉清，因阻于家人而未果。

1925 年，受聘任清华研究院导师，教授古史新证、尚书、说文等，与梁启超、陈寅恪、赵元任、李济被称为"五星聚奎"的清华五大导师，桃李门生、私疏弟子遍充几代中国史学界。1927 年 4、5 月，北伐军进抵河南，北洋军阀即将崩溃，革命形势空前高涨，于 6 月 2 日写就遗书，说："五十之年，只欠一死。经此世变，义无再辱。"投颐和园内昆明湖自沉而死。

王国维的学术著作，以史学为最多，文学为最深，文字学为最基本，并涉及其他许多方面。其殷周制度史、宋元戏曲史、古文字学等方面的研究成就，都超过了同时代的学者。主要著作：《哲学辨惑》、《宋元戏曲考》、《曲录》、《人间词话》、《殷周制度论》、《王国维诗词全编》、《〈红楼梦〉评论》、《静安文集》、《王国维遗书》、《王观堂先生全集》等。

大师　当王国维在北京招国学研究生的时候，全国各地的学生纷纷来到清华大学，都想看到日夜思慕的大导师王国维，因为王国维当时的名声太大了！大家都在教室里盼望着……进来的将是什么样的一个风流倜傥的人物？铃声响了，踏进门来的王国维使大家很吃惊！很失望！只见一个五短身材，蓄八字须，戴缀有红帽结的瓜皮小帽，后面拖一根长辫子，着一件长袍，外套马褂的人缓步走入教室。这就是我们的老师？这就是我们仰慕的伟大的国学大师？但是等到王国维一张口，一说话，一表述，一发表自己的学术见解，就把这些学生领到了一个从来没有过的新境界、新学问、新天地！这时候，同学们都会由衷地佩服他。

在清华园两年多时间里，王国维学术指导的范围主要在经学：书、诗、礼；此外，尚有训诂、古文字学、古韵；上古史；中国文学等。其授业弟子徐中舒对王国维当年学术指导的情形有过生动的描述："研究院于公共课堂之外，每教授各设一研究室，各教授所指导范围以内之重要书籍皆置其中，俾同学辈得随时入室参考，且可随时与教授接谈问难。先生研究室中所置皆经学、小学及考古学书籍。此类书籍，其值甚昂，多余在沪时所不能见者，余以研究考古学故，与先生接谈问难之时尤多，先生谈话雅尚质朴，毫无华饰。非有所问，不轻发言；有时或至默坐相对，热卷烟以自遣，片刻可尽数支；有时或欲有所发挥，亦仅略举大意，数言而止；遇有疑难问题不能解决者，先生即称不知，故先生谈话，除与学术有关系者外，可记者绝少也。"

杰作　人们可以不知道王国维的皇皇巨著《观堂集林》和《古史新证》，却不能不知道《人间词话》。

这是一部东西合璧的杰作，它将美国人禄尔克的《教育心理学》，康德、叔本华、尼采等人的哲学都融化在这本讨论中国古典文学的论著中。王国维认为古今之成大事业、大学问，要经过三种境界："昨夜西风凋碧树。独上高楼，望尽天涯路。"此第一境界也。"衣带渐宽终不悔，为伊消得人憔悴。"此第二境界也。"众里寻他千百度，蓦然回首，那人却在，灯火阑珊处。"此第三境界也。这是王国维对历史上无数大事业家、大学问家成功的深刻反思、核心概括，并把这一反思和概括巧妙而形象地结晶在文学意象中。这同时也成了年轻的王国维，乃至他一生奋斗的目标与座右铭。

《人间词话》是王国维的心血之作，薄薄一本小册子，凝聚了王国维毕生的才华和感悟。在书中，他向人们展示了一个完全封闭的、主观的、具有强烈个人审美情趣的唯我世界。使读者在阅读《人间词话》时，仿佛如观看杜鹃啼血、黛玉葬花一般，在感受绝美的同时也凝蕴了无尽的忧愁。《人间词话》之所以不同于前朝词话，就在于它融贯中西，在容纳西方比较文学思想的基础上，提出了典型的中式"境界"说。王国维不仅将"境界"说视为做人成事的标准，还将之视为诗词创作的原则和批评的标准。书中，无论是研讨诗词的演变、评价词人的得失、典论作品的优劣和词品的高低，均由"境界"入手，开创了中国诗话、词话史的新篇章。

王国维是中国最早研究叔本华、尼采等人西方哲学的学者之一。他曾长期研究西方文化和哲学，在研读了叔本华的大部分哲学和美学著作后与之产生了思想共鸣，并由此陷入唯意志论和悲观主义的深渊而难以自拔。在《人间词话》中，我们即可以看到诸多类似的痕迹，《人间词话》虽名为词话，实则是王国维哲学思想的载体。

扬镳　　王国维青年时考取了秀才，在父亲望子成龙的强烈心愿下，他曾经两次参加府试，因心思根本不在科举考试上，落榜则是必然的结果，出于对八股文那种俗套的厌恶和对金石史学的喜爱，他下定决心不再参加科考。为了养家糊口，他在乡间谋了一份教书先生的职务，后接替同乡许家腥去上海《时务报》任文职书记。当时管理《时务报》的汪康年和汪诒年兄弟并没有看重王国维的才华，给予王国维的薪水也要比许家腥任职时少得多，王国维因此较为苦闷，几次想要离开《时务报》，由于要在罗振玉创办的东文学社学习日文，不得已才继续工作。

罗振玉（1866—1940），祖籍浙江省上虞县，初字坚白，后改字叔蕴、式如、叔言，号雪堂、松翁、贞松老人。在甲骨文考释和筹办新学上取得了很大的成就，著有《殷虚书契前编》、《殷虚书契后编》和《殷虚书契考释》等书。在15岁时考取了秀才，但在乡试中并没有及第，然而他的志向也并不在那些陈腐的八股文、故纸堆里。与王国维一样，也毅然决定从此不再参加科举考试，选择他喜爱的金石文史，并在这方面深有造诣，成为当时名震一时的年轻学者。甲午战争之后，罗振玉致力于新学，自筹资金创办了学农社和《农学报》。看到当时日本因明治维新摆脱了积贫积弱的状态后，他认识到翻译日文著作，把日本的成功经验介绍到中国来是当务之急。于是，他自己出资聘请日本人藤田剑峰翻译东洋的农学著作，并成立了学习日文的东文学社。当王国维看到罗振玉的东文学社在邻近的新马路梅里福开办时，便产生了学习日文的想法，虽然留学的梦想因为家境贫穷的原因破灭了，但是学习日文也同样可以接触到很多新学的知识，于

王国维与罗振玉

是在征得汪氏兄弟的同意下，他每天可以在东文学社学习三个小时的日文。

有一次，罗振玉在巡视学员的学习情况时，发现了王国维写的《咏史》诗：

西域纵横尽百城，张陈远略逊甘英。千秋壮观君知否？黑海东头望大秦。

心里顿时产生钦佩之情，要结识这位才子。之后，罗振玉专门把王国维叫到办公室中进行交流，在感受到王国维的非凡才华和领悟能力的同时，也了解到他在《时务报》供职的苦闷，于是，罗振玉决定免除王国维在东文学社学习的一切费用，自此，罗振玉成为王国维生活的扶助者、事业的提携者和学术研究的领路人，同样也是王国维一生中为数不多的知己。

1903年后，经罗振玉的介绍，王国维先后到通州师范学堂、苏州学堂任职，之后，又跟随罗振玉一家来到京城谋生，由罗振玉在学部为他谋了一个职务，并住在罗振玉家中，一切都仰仗他的关照。在京城供职的两三

年内，他先后失去了父亲、妻子、继母三位亲人，这使得他内心无比悲痛，幸好有老朋友的扶持和关爱。1911 年统治中国几千年的封建王朝被辛亥革命推翻了，作为朝廷四品大员的罗振玉害怕自己会成为革命的对象，并且他还收藏了很多图书、器物，一旦没收，多年的心血就会付诸东流，所以他急切地希望寻找到一处避难之所。而当时的王国维还是朝廷中不入流的角色，按理说，可以不用避难，但他与罗振玉同进退，决定前往日本，这样王国维便开始了流居日本五年多的生活。在异国谋生的日子甚是艰难，大多数时间，王国维都是依靠罗振玉每月 100 元的资助来养活一家人。

在流居日本的这段时间里，王国维和罗振玉大部分时间都是在一起相处的，他们由此也开始了学术上的讨论和思想上的真正交流。利用罗振玉私人图书馆的大量资料，他们朝夕相伴，共同探讨学术问题，取得了辉煌的成就。

历经三个月的精心研究，两人共同著成了《流沙坠简》一书，全书共分三卷。罗振玉负责其中的小学、术学、方伎及残损或字迹不清简牍的考释，王国维则专门对记述有汉代屯戍边军事方面内容的残损简牍进行考释。这是他们相识 15 年来的首度合作，可谓是一朵共同培育的学术奇葩。与此同时，他们对甲骨文的研究产生了极为浓烈的兴趣，但他们研究的侧重点是略有不同的，罗振玉比较倚重对甲骨文的释析，而王国维则是通过这些文字的背后来考证殷商时期的社会历史。罗振玉经过数十天的闭关撰写，完成了《殷虚书契考释》的初稿，并邀请王国维与其共同商讨，进行修改；而通过王国维对书稿的锤炼，使得书稿的文字更趋成熟与完美。在这本书的成书过程中，他们通过各自观点的鲜明透析，为后来学者研究甲骨文奠定了基础，罗、王通过倾力合作成就的学术成果，被后世一直称赞为"罗王之学"。

1919 年，罗振玉回到中国，并成为保护清王朝的"铁杆"遗老，但他与得到溥仪赏识的另一位遗老郑孝胥却势不两立。为此，他极力拉拢先前回国的王国维一起进入晚清小朝廷，还将三女儿罗曼华嫁给王国维的长子王潜明。溥仪对王国维的学识非常赏识，特诏他为南书房行走一职。在担任南书房行走期间，王国维准备把自己整理出版的一部著作《观堂集林》进呈溥仪，当在天津的罗振玉通过书信来往得知这件事情后，也希望他把自己的《殷虚书契前编》、《殷虚书契后编》和《殷虚书契考释》一起进呈，王国维此时并不想成为遗老中斗争的棋子，于是婉言拒绝了罗振玉的请求。当罗振玉收到王国维的回信后，非常愤怒，要求他把书托人带回天津。随着罗振玉与郑孝胥之间的斗争日趋激烈，他联合升允并希望王国维一同来弹劾郑孝胥。但王国维又一次拒绝了他，这是罗振玉所不能接受的，他当即表明不会连累王国维，从此以后，他们之间便出现了难以调和的裂痕。而一直不愿在这种尔虞我诈的环境中生活的王国维，在冯玉祥发动政变后，选择了离开朝廷，并走进清华开始继续教书，过上了一种稳定而恬然的生活。

王国维没有想到人到中年，当时在海关任职的长子王潜明年仅26岁就患病悄然先他而去。在长子的丧葬上，罗振玉前来吊唁，在女婿入殓后，不告而别地带走了自己的女儿。这件事激发了王国维心中的愤怒，他本以为，在这种伤心的情境下，自己的知己罗振玉会对其进行安慰，而不是无缘由地带走自己的儿媳。在接下来安排长子的抚恤金上，他们的矛盾更是进一步激化。王国维为儿媳的将来做打算，把海关所给的抚恤金全部寄给儿媳，然而儿媳却出乎意料地拒绝接受丈夫的抚恤金。王国维几次把汇票寄去，几次又被退了回来，他在每次写给罗振玉的书信中，总是尽量做到语言委婉，生怕伤到了两人的感情，可是罗振玉回信的言辞却是愈加激烈，最后竟写了一封绝交的书信寄来。信中罗振玉以墨子来比喻自己，指出自己在三十年交往中一直无私援助王国维，从来没有怨言；却把王国维比作杨朱，认为他自私自利，不图报恩，这就把双方的矛盾从家庭琐事上升到王国维一直很引以为重的知识分子的人格尊严上，这是王国维绝对不能接受的。自此，他们结束了近三十年的深厚情谊，分道扬镳，天各一方，不再有任何交流。

在王国维死后，罗振玉感到十分的愧疚与悲痛，并为王国维整理了一些书稿，以慰藉自己的灵魂。但他同时也做了一件不能原谅的事情，就是仿照王国维的笔迹来上奏溥仪说王国维是看到清廷的境地才自杀的，这为后世研究王国维的真实死因增加了一道障碍。

淡泊　　王国维性格淡泊，不谙俗务，不喜欢与人交游，只一心做学问。平日除了三两个熟悉的同事，他一概不接触旁人。王国维的小楷写得很好，颇有朴素之美，求字的人频频登门造访。除了偶尔为朋友、学生在扇页上写几行之外，他是难得动笔的。有一次，有人请他替一位福寿双全的老太太题个像赞，他当面就回绝说："这是应酬，我没工夫。"说罢扭头便走。

在清华，学生们除了在课堂上见到王国维，一般很少有机会与他见面。王国维一般在黄昏时分，才从书房中出来，到住所外面的大路上散步。他总是独来独往，表情沉静。遇见来人，他只是点点头，微微一笑，而后又缓缓而去。

王国维与人交往，除了谈学问或正事，很少闲聊，更不会对人讲应酬话。如果有人请他看一件古铜器，他看了是假的，就会说"靠不住的"，而请他看的人无论怎么说这个古器色泽如何古雅，清绿得如何莹彻，文字如何精致，什么书上有类似的著录，并将这些提供给他做参考，再请他仔细看一下。他看了以后，依然会说："靠不住的。"不附和，也不驳难。

王国维平时活动很少，一旦出现，每每都要引人注目。一年秋天，清华教职工在工字厅聚餐，到场的都是学界名流，个个衣冠楚楚。忽然，有人喊："看！王国维！"一时间，在座的人一片肃然，只见一个清瘦的老者，红顶小帽，青马褂，尤其引人注目的是那条小辫子和玄色扎腰。老者谦恭而拘谨地呆坐着，不说一句话。满室的人都在喧闹笑谈，唯有他是安静的、沉默的，除了偶尔动一动筷子，几乎不和周围的人攀谈闲话。而这个老者便是王国维。

在王国维的一生中，几乎没有"娱乐"这两个字的概念。尽管王国维对中国戏曲有着深入的研究，可他却从来没有去看过戏。他最常去的地方是琉璃厂、古玩店及书店。书店的老板都认识他，在那里，他可以消磨大半天。如果在书店中遇到了想要的书，那就非买不可了。所以，王国维的妻子知道他要逛书店，就事先把钱准备好。有一次，他从城里回来，脸上洋溢着笑容，到了房内把包裹打开，原来是一本书，他告诉妻子说："我要的不是这本书，而是夹在书页内的一页旧纸。"

衣食　王国维对仪表向不重视，天冷时一袭长袍，外罩灰色或深蓝色罩衫，另系黑色汗巾式腰带，上穿黑色马褂。夏穿熟罗（浙江特产的丝织品）或夏布长衫。平时只穿布鞋，从来没有穿过皮鞋。头上一顶瓜皮小帽，时令寒冬腊月，也不戴皮帽或绒线帽。几乎常年是这一套装束。辫子是王国维外表不可分割的一部分，也是他最为明显的标志。据他的儿子回忆：每天早晨，王国维漱洗完毕后，其夫人就替他梳头，有时夫人忙了，或有什么事烦心，就对他说：人家的辫子全都剪了，你留着做什么？王国维的回答很耐人玩味，他说：既然留了，又何必剪呢。

王国维喜爱甜食，在他的卧室中，放了一个朱红的大柜子，上面两层是专放零食的。每天午饭后，王国维抽支烟，喝杯茶，闲坐片刻，就到前院书房开始工作，到了三四点钟，有时会回到卧房，自行开柜，找些零食。王国维对菜肴比较挑剔，红烧肉是常吃的，但必须是夫人做的才爱吃。王国维爱吃的水果也不多，夏天吃西瓜，他认为香瓜等较难消化，他自己不吃，也不准孩子们吃，其他如橘子、柿子、葡萄等还比较喜欢吃。

自沉　1927年6月2日8时许，王国维照常来到研究院公事房。

到达后，他猛然想起已经批改完的学生成绩本没带，就让院里的听差去家里拿。然后，与研究院办公处同事侯厚培商谈下学期招生的事情。谈完之后王国维向侯借两元钱，侯身上没有零钱，随手给了他一张5元的钞票（王国维平时身上从不带钱，只有去买书的时候才会向夫人取用）。王国维借到钱，便雇了一辆黄包车去了颐和园。10点钟，王国维来到昆明湖，买票入园，并给了车夫5角钱，让他在园外等候。王进到园内，径直走向石舫，在石舫前坐了良久，后漫步进入鱼藻轩，从怀中取出纸烟，慢慢抽起来，烟尽火灭，他纵身一跃，头先入水。然而，此处池水不过两尺深，还不足够淹死人，但湖底的淤泥很深，王国维口鼻之中全被污泥塞满，探摸鼻息，不过一两分钟，便没了气息。

王国维遗书手稿

下午3点钟，35号车夫仍在园外等候，看门人觉得奇怪，问他为何一直待在这里，车夫说在等进园的一个老人。看门人问了车夫老人的体貌特征后告诉他，这个人已经投湖自杀了，并带他进园内确认。车夫看到王国维遗体后急忙赶往清华大学报信，路上正碰到骑自行车来寻找父亲的王贞明。当天夜里，清华大学的校长、教务长及研究院教授、助教一行三十多人，开车急奔颐和园察视遗体。第二天一早便发放了讣告。下午1点多，清华大学的学生先赶到颐和园，由园丁带到鱼藻轩。王国维的遗体自打捞起来后就停放在了这里，上面盖了一方芦席，4边角以4砖镇着。园丁把芦席刚一揭开，学生们就不由得失声痛哭，眼前的王先生已经断气二十多个小时，面目紫肿，四肢蜷曲，匍匐地上，惨不忍睹。学生们想起先生前日风采，又瞻其眼前遗容，不由悲从中来，恸声不止。不久，家属和学校办事人员

王国维：取义舍生欣所得，不顾人间唤奈何！

75

陆续赶到，验尸官却迟迟没到。天气渐渐热了起来，阴云密布，雷声大作，但没有雨。下午4点多，法官带着验尸官姗姗而至，简单查问后，开始检验。王国维当天穿着一贯的马褂、长袍、汗巾和布鞋，从他衣袋中寻出了4块多钱和一封遗书，遗书的纸已湿透，字迹仍完好。信封上写着："送西院18号王贞明先生收。"遗书上写着：

> 五十之年，只欠一死；经此世变，义无再辱！我死后，当草草棺敛，即行藁葬于清华园茔地。汝等不能南归，亦可暂于城内居住。汝兄亦不必奔丧，因道路不通，渠又不曾出门故也。书籍可托陈（寅恪）、吴（宓）二先生处理。家人自有人料理，必不至不能南归。我虽无财产分文遗汝等，然苟谨慎勤俭，亦必不致饿死。五月初二日，父字。

"五月初二日"是阴历，即公历的6月1日。很明显，遗书是王国维自尽前一天写好的。验尸完毕后，学校的杂工即将遗体移到颐和园西北角门外以前内廷太监住的三间小屋里入殓。傍晚7点多的时候，方扶棺到清华校南成府的刚秉庙停灵。

名言 无高尚伟大之人格，而有高尚伟大之文章者，殆未之有也。

教育之宗旨何在，在使人为完全之人物而已。何谓完全之人物？谓人之能力无不发达且调和是也。人之能力分为内外二者：一曰身体之能力，一曰精神之能力。发达其身体而萎缩其精神，或发达其精神而罢敝其身体，皆非所谓完全者也。完全之人物，精神与身体必不可不为调和之发达。

完全之人物不可不备其真美善之三德，欲达此理想，于是教育之事起。

教育之事亦可分为三部：智育、德育（即意志）、美育（即情育）是也。

人苟欲为完全之人物，不可无内界后外界之知识，而知识之程度之广狭，应时地不同。……知识又分为理论与实际二种，溯其发达之次序，则实际之知识常先于理论之知识，然理论之知识发达后，又为实际之知识之根本也。……理论之知识乃人人天性上所要求者，实际之知识则所以供社会之要求，而维持一生之生活；故知识之教育，实必不可缺者也。

【自评】："余之性质，欲为哲学家则感情苦多而知为苦寡，欲为诗人则又苦感情寡而理性多。""哲学上说，大都可爱者不可信，可信者不可爱，余知真理，而余又爱其谬误。"

评誉

对死因 梁启超："违心苟活，比自杀还更苦；一死明志，较偷生还更乐。"

"他对于社会，因为有冷静的头脑，所以能看得很清楚；有和平的脾气，所以不能取激烈的反抗；有浓厚的情感，所以常常发生莫名的悲愤。积日既久，只有自杀这一途。"

王力："竟把昆明当汨罗，长辞亲友赴清波。取义舍生欣所得，不顾人间唤奈何！"

吴宓："离宫犹是前朝，主辱臣忧，汨罗异代沉屈子；浩劫正逢今日，人亡国瘁，海宇同声哭郑君。"

陈寅恪："士之读书治学，盖将脱心志于俗谛之桎梏，真理因得以发扬，思想而不自由，毋宁死耳！"

王国维书法作品

王国维：取义舍生欣所得，不顾人间唤奈何！

周作人："王君以头脑清晰的学者而去做遗老弄经学，结果是思想的冲突与精神的苦闷，这或者是自杀——至少也是悲观的主因。……以王君这样理知发达的人，不会不发现自己生活的矛盾与工作的偏颇，或者简直这都与他的趣味倾向相反而感到一种苦闷……徒以情势牵连，莫能解脱，终至进退维谷，不能不出于破灭这一途了。"

对学术 梁启超："我们看王先生的《观堂集林》，几乎篇篇都有新发明，只因他能用最科学而合理的方法，所以他的成就极大。此外的著作，亦无不能找出新问题，而得好结果。其辨证最准确而态度最温和，完全是大学者的气象。他为学的方法和道德，实在有过人的地方。"

胡适："南方史学勤苦而太信古，北方史学能疑古而学问太简陋……能够融南北之长而去其短者，首推王国维与陈垣。"

陈寅恪："先生之学博矣，精矣，几若无涯岸之可望，无辙迹之可寻。""先生之著述，或有时而不章；先生之学说，或有时而可商，唯此独立之精神，自由之思想，历千万祀与天壤同久，共三光而永光。"

李叔同：做一样像一样的遗世独立僧

传略　　李叔同（1880—1942），幼名
成蹊，学名文涛，字叔同，祖籍浙江平湖。
1918 年 8 月 19 日，在杭州虎跑寺出家，法名
演音，号弘一。是我国著名的书画篆刻家、音
乐家、戏剧家、教育家、诗人、学者。在诸多
文化领域中都有较高的建树，是中国新文化运
动和中日文化交流的先驱，并先后培养出了一
大批优秀艺术人才。

李叔同

1880 年生于天津的一个进士盐商家庭。
五岁丧父。及长，曾往随北方名士严范孙、赵
幼楼、唐敬严、王仁安游，因之诗、文、书、画、篆刻等造诣均深。时在
清末，国政腐败，他亦主张变法图强，挽救中国。戊戌政变失败后，有人
指其为康梁同党，于是天津不能留，便奉母南迁上海，与上海名士许幻园、
袁希濂结为朋友。

1901 年，到上海南洋公学读书，是蔡元培的学生。在读书期间，仍然
从事各种艺术活动，在"泸学堂"的征文比赛中曾三次获首奖，深得人们
的称赞。

1905 年至 1910 年，在日本东京上野美术专门学校学习西洋画和音乐，成为近代中国第一位出国学习音乐绘画的知识分子，同时也是我国最早学习西洋音乐的人。他除了学习作曲理论之外，还主攻钢琴。在诗词、书画、篆刻、音乐、戏曲方面造诣甚深。曾创"春柳社"于东京，主演茶花女。

1906 年，在日本编辑出版了我国最早的一本音乐期刊《音乐小杂志》，并且在国内发行。他创办刊物的目的就是用音乐唤起民心，促进社会的进步和发展。在《音乐小杂志》中，还刊登了他创作的三首歌曲《我的国》、《春郊赛跑》和《隋堤柳》。

1910 年 3 月回国，先后任教于天津上海，同时在《太平洋报》任音乐编辑。1913 年任浙江第一师范音乐美术教员，并兼任南京高等师范的音乐美术教学工作。其间加入过南社，成为享有盛名的艺术家。

1918 年到杭州虎跑寺出家，被称为"弘一法师"。常居厦门南普陀及泉州承天、开元等寺。以戒行着称，立志复兴南山律宗，整理律宗著述，曾创设"南山律学院"。提出念佛不忘救国，救国不忘念佛，有《四分律比丘戒相表记》、《南山律在家备览要略》等佛学著述及《护生画集》、《三宝歌》、《清凉歌》等传世。出家后尤多以书法赠人，弘扬佛法。

1942 年 10 月 13 日圆寂于福建泉州开元寺。是中国近现代佛教史上公认的一位杰出的高僧，卒后被尊为重兴南山律宗第十一祖。

才艺　李叔同是中国话剧运动的先驱、中国话剧的奠基人。他是中国第一个话剧团体"春柳社"的主要成员。清光绪三十三年（1907 年）春节演出的《茶花女》，是国人上演的第一部话剧，李叔同在剧中扮演女主角玛格丽特。后来，他还曾主演独幕剧《生相怜》、《画家与其妹》和改编自小说《汤姆叔叔的小屋》的话剧《黑奴吁天录》，他的演出在社会上反响极大。李叔同的戏剧活动虽如星光一闪，却照亮了中国话剧发展的道路，开启了中国话剧的帷幕。特别是在话剧的布景设计、化妆、服装、道具、灯光等许多方面，更是起到了开风气之先的启蒙作用。

在音乐方面，李叔同是作词、作曲的大家，也是国内最早从事乐歌创作取得丰硕成果并有深远影响的人。他主编了中国第一本音乐期刊《音乐小杂志》。国内第一个用五线谱作曲的也是他。他在国内最早推广西方"音乐之王"钢琴。他在浙江一师讲解和声、对位，是西方乐理传入中国的第一人，还是"学堂乐歌"的最早推动者之一。清光绪三十一年（1905 年），他编辑出版的《国学唱歌集》，被当时的中小学取为教材。他创作的歌曲内容广泛，形式多样，主要分三类。一是爱国歌曲，如《祖国歌》、《我的国》、《哀祖国》、《大中华》等；二是抒情歌曲，如《幽居》、《春游》、《早秋》、《西湖》、《送别》等；三是哲理歌曲，如《落花》、《悲秋》、《晚钟》、《月》等。李叔同的歌曲大多曲调优美，歌词琅琅，易于上口，因此传布很广，影响极大。

李叔同是中国最早介绍西洋画知识的人，也是第一个聘用裸体模特教学的人。他同教育家、作家夏丏尊共同编辑了《木刻版画集》，是中国现代版画艺术的最早创作者和倡导者。他广泛引进西方的美术派别和艺术思潮，组织西洋画研究会，其撰写的《西洋美术史》、《欧洲文学之概观》、《石膏模型用法》等著述，皆创下同时期国人研究之第一。他在学校美术课中不遗余力地介绍西方美术发展史和代表性画家，使中国美术家第一次全面系统地了解了世界美术大观。作为艺术教育家，他在浙江一师授课采用现代教育法，培养出丰子恺、潘天寿、刘质平、吴梦非等一批负有盛名的画家、音乐家。

李叔同本人在西画上也卓有建树。他画过大量的素描、水粉画和油画。人们在今天仍能看到其炭笔素描《少女》、水彩《山茶花》、油画《裸女》和《自画像》等作品。更为可贵的是，李叔同不仅大胆引入西方美术，而且十分重视中国传统绘画理论和技法，尤其善于将西洋画法与中国传统美术融为一体。他与弟子丰子恺合作的《护生画集》，诗画合璧，图文并茂，为世人所称道。

李叔同在书法艺术上的成就为世人所瞩目。他的书法早期脱胎魏碑，笔势开张，逸宕灵动。后期则自成一体，冲淡朴野，温婉清拔。特别是出家后的作品，更充满了超凡的宁静和云鹤般的淡远。这是绚烂至极的平淡、雄健过后的文静、老成之后的稚朴，恰如他自我表白的那样："朽人之字所示者，平淡、恬静、冲逸之致也。"

李叔同的篆刻可谓独树一帜。他早年治印从秦汉入手，兼攻浙派。35岁那年入"西泠印社"。39岁在杭州虎跑定慧寺出家前，将平生篆刻作品和藏印赠与"西泠印社"。该社为之筑"印冢"并立碑以记其事。治印赏印论印，是终其一生未曾放弃的癖好。他在给友人的信中提道："刀尾扁尖而平齐若锥状者，为朽人自意所创。锥形之刀，仅能刻白文，如以铁笔写字也。扁尖形之刀可刻朱文，终不免雕琢之痕，不若以锥形刀刻白文能自然之天趣也。"李叔同对印学的贡献还体现在他对近代篆刻事业的弘扬上。他亲自发起成立了继"西泠印社"之后的又一印学团体——乐石社，定期雅集，并编印印社作品集和史料汇编。这也是在近代篆刻史上领风气之先之事。

李叔同的诗词在近代中国文学史上同样占有一席之地。他年轻时，即以才华横溢引起文坛瞩目。客居上海时，他将以往所作诗词手录为《诗钟汇编初集》，在"城南文社"社友中传阅，后又结集《李庐诗钟》。出家前夕，他将清光绪二十六至三十三年（1900—1907年）间的20多首诗词自成书卷。其中就有《留别祖国并呈同学诸子》、《哀国民之心死》等不少值得称道的佳作，表现了作者对国家命运和民生疾苦的深切关注。出家前的五六年间，他还有30余首歌词问世。这些作品，通过艺术的手法表达了人们在相同境遇中大都会发生的思想情绪，曾经风靡一时，有的成为经久不衰的传世之作。

境界　李叔同为何出家，一直是人们探讨的话题，众说纷纭，莫衷一是……李叔同的弟子、著名美术家丰子恺的"人生三层楼"，一扫世俗们对李叔同出家因由测度出的破产、遁世、幻灭、失恋、政界失意等等说法，见解独到，境界高远，令人折服。丰子恺说："我以为人的生活可以分作三层：一是物质生活，二是精神生活，三是灵魂生活。物质生活就是衣食。精神生活就是学术文艺。灵魂生活就是宗教。'人生'就是这样一个三层楼。懒的（或无力）走楼梯的，就住在第一层，即把物质生活弄得很好，锦衣肉食，尊荣富贵，孝子慈孙，这样就满足了。这也是一种人生观。抱这样的人生观的人，在世间占大多数。其次……就爬上二层楼……这就是专心学术文艺的人。这样的人在世间也很多，即所谓知识分子、学者、艺术家。对二层还不满足，……爬上三楼去，这就是宗教徒了。他们做人很认真，满足了'物质欲'还不够，满足了'精神欲'还不够，必须探究人生的究竟。他们以为人生财产子孙都是身外之物，学术艺术都是暂时的美景，连自己的身体都是虚幻的存在。他们不肯做本能的奴隶，必须追究灵魂的来源，宇宙的根本，这才能满足他们的'人生欲'。这就是宗教徒。世间就不过这三种人。我虽用三层楼为比喻，但并非必须从第一层到第二层，然后得到第三层……有很多人，从第一层直上第三层……还有许多人连第一层也不住，一口气跑上三层楼。不过我们的弘一法师，是一层一层走上去的……"因而丰子恺认为"李先生的放弃教育与艺术而修佛法，好比出于幽谷，迁于乔木，不是可惜的，正是可庆的。""对弘一大师的由艺术升华到宗教，一向认为当然，毫不足怪。"

挚交 与马一浮 李叔同年长马一浮三岁，但在佛学方面，他一直把马一浮视作良师，李叔同曾对他的学生丰子恺说过："马先生是生而知之的。假定有一个人，生出来就读书，而且每天读两本（他用食指和拇指略示书之厚薄），而且读了就会背诵，读到马先生的年纪，所读的还不及马先生之多。"

有关李叔同断食以后跟马一浮谈佛论道的情况，丰子恺在《陋巷》一文中有形象的记述。丰子恺在文章中这样写道：

第一次我到这陋巷里，是将近二十年前的事。那时我只十七八岁，正在杭州的师范学校里读书。我的艺术科教师 L 先生（L 即指李叔同——引者注）似乎嫌艺术的力道薄弱，过不来他的精神生活的瘾，把图画音乐的书籍用具送给我们，自己到山里去断了十七天的食，回来又研究佛法，预备出家了。在出家前的某日，他带我到这陋巷里去访问 M 先生（M 即指马一浮——引者注）。我跟着 L 先生走进这陋巷中的一间老屋，就看见一位身材矮胖而满面须髯的中年男子从里面走出来应接我们。我被介绍，向这位先生一鞠躬，就坐在一只椅子上听他们的谈话。我其实全然听不懂他们的话，只是断片的听到什么"楞严"、"圆觉"等名词，又有一个英语"Philosophy"（即哲学——引者注）出现在他们的谈话中。

丰子恺不愧是一位文章高手，他对马一浮的描写十分传神："他的头圆而大，脑部特别丰隆，假如身体不是这样矮胖，一定负载不起。他的眼不像 L 先生的眼纤细，圆大而炯炯发光，上眼帘弯成一条坚致有力的弧线，切着下面的深黑的瞳子。他的须髯从左耳根缘着脸孔一直挂到右耳根，颜色与眼瞳一样深黑。"

对于马一浮这样的一位"指路人"，弘一大师是不会放过任何一个学习的机会的。这从他以及他的道友的一些书信文章中都能透露出若干信息。比如，范古农居士在《述怀》一文中写道：1918 年，弘一大师出家后，"即于九、十月间来嘉兴佛学会……居会约两月，杭州海潮寺请一雨禅师打禅七，马一浮先生招之往，遂行。"弘一在回到杭州后，也曾在给旧友许幻园的信中提到："在禾晤谭为慰。马一浮大师于是间讲《起信论》，演音亦侍末席，暂不他适。"一年以前，马一浮就有意约李叔同同往海潮寺，当时李叔同还未出家，因故未能同行。既然上一年无缘前往，而这回马一浮在海潮寺讲《起信论》，弘一大师自然是十分珍惜听讲的机会了。在佛籍的交流方面，对弘一大师与马一浮来讲，应该是经常性的。1928 年 6 月

27 日马一浮曾有一信致弘一大师，信中就谈到了这方面的内容："去月李荣祥居士见寄尊撰《五戒相经笺要》卅部，已分赠所知，并感垂诱之切，敬谢无量。"——这是弘一大师向马一浮赠书；"曩时奉对，曾谓欲得《清凉疏钞》一部。今嘉兴陆序兹愿以其父无病居士遗书奉赠。谨托同庄为致之，至时希命侍者赐答。"——此乃马一浮为弘一大师觅书并转赠之记录。

马一浮曾多次为弘一大师手书佛经题词题诗。1924 年农历十一月，弘一大师之师弟弘伞法师出弘一大师手书《梵网经》请马一浮题词，马一浮欣然题一偈。1937 年 12 月 15 日，马一浮应刘质平之请为弘一大师书《华严》集联手迹题跋。在这篇跋中，留下了马一浮对弘一大师书法的评价："大师书法得力于《张猛龙碑》，晚岁离尘，刊落锋颖，乃一味恬静，在书家当为逸品。尝谓华亭于书颇得禅悦，如读王右丞诗。今观大师书，精严净妙，乃似宣律师文字。盖大师深究律学于南山灵芝，撰述皆有阐明。内熏之力自然流露，非具眼者未足以知之也。"弘一大师也曾因自己的书法得到马一浮的赞赏而引以为荣："拙书尔来意在晋唐，无复六朝习气，一浮甚赞许。"这便是两位大师的心交神会。

1920 年初夏，弘一大师将赴浙江新登闭关。临行前，马一浮有诗赠别。诗题为《弘一上座将掩室新登北山夐绝处，以此赠别，且申赞喜》，诗曰：

平地翻登百丈崖，涅槃有路绝梯阶。

何人把手成相送，第一安心是活埋。

古庙香炉非去住，晴空连榻莫差排。

白豪影里看行道，遍界莲华眨眼开。

消息应闻木马嘶，住山锹子任轻携。

了无一物呈高座，不见当前有阇黎。

何必度河兼过岭，是谁曳把与牵犁？

他年放出关中主，始信东方月落西。

马一浮曾为弘一大师所书《阿弥陀经》题诗，诗题为《题月臂师书〈阿弥陀经〉，用啬庵韵》，诗曰：

> 身似匏瓜岂系予，谁能郁郁此久居？
> 末法已无三代礼，群迷赖有西方书。
> 天台山下客骑虎，大庾岭头人网鱼。
> 莲华若见金台相，功德休计恒沙如。

弘一大师曾名其宴坐之所为"旭光室"，马一浮又为之作《旭光室记》：

> 弘一上座专心净业，远秉藕益大师，近承印光长老，以为师范。嘱颜其宴坐之所曰旭光，示于四威仪中不违本志。予既随喜赞叹，因谓初时后日，并照高山；海印森罗，同归本曜。故赤日杲杲，乃知夜半正明，回烁乾坤，亦是天晓不露。这一络索，也要上座委悉。然则二老只是一光，西方不离当处。旭光即是上座，上座即是旭光，岂复更有光相可寻，名字可得。虽然如是，也不得草草入此室来，急着眼看古德与汝相见了也。

在上述文字中，马一浮除了对弘一大师的净修表示敬意外，显然也有他的修佛主张。

1929 年，夏丏尊编选《李息翁临古法书》，马一浮为该集题签。出家后的弘一大师曾与学生弟子丰子恺合作《护生画集》。1929 年 2 月《护生画集》初集由开明书店出版，而为画集作序的也是马一浮。他在序言中对《护生画集》的点评十分到位："《华严》家言：'心如工画师，能出一切象。'此谓心犹画也。……月臂大师（引者按：月臂大师即指弘一大师）与丰君子恺、李君圆净，并深解艺术，知画是心，因有《护生画集》之制。……三人者盖夙同誓愿，假善巧以寄其恻怛，将凭兹慈力，消彼犷心，可谓缘起无碍，以画说法者矣……"这篇序言写于1928年农历七月，是弘一大师亲自请马一浮撰写的，马一浮在这篇序言的结尾处说道："月臂来书，嘱缀一言，遂不辞葛藤而为之识。"1929年，马一浮还有《题弘一大师影像》诗一首："看取眉毛拖地，何妙鼻孔撩天。一任诸方□邈，还他法尔依然。如来匚见色相，普贤遍出身云。若问观音正面，更无一物呈君。"

对于弘一大师的圆寂，马一浮是很伤感的。这在他于1943年4月19日写给朱镜宙的信中有直接的表露。他在信中说："弘一法师，公所推挹，惜遂迁化。失此僧宝，丧我良朋，能无悼叹？旧与蕅庵各有二诗，今以录奉。亦缘公于弘师，久欲参承，当同赞仰也。写诗者为山中学人王伯尹，夙好弘师楷法，颇能得其仿佛，虎贲中郎，亦或公之所喜邪。"此外，马一浮有悼诗《哀弘一法师》曰：

> 高行头陀重，遗风艺苑思。
> 自知心是佛，常以戒为师。
> 三界犹星翳，全身总律仪。
> 祇今无缝塔，可有不萌枝？

与丰子恺 漫画大师丰子恺1914年考入浙江第一师范学校，在这里他遇到了多才多艺的老师李叔同，使得他心灵里的艺术种子得到了萌发的雨露与土壤。

李叔同此时在浙江一师担任图画和音乐教师。他的教学严格认真，注重培养学生的实践能力。在教图画时，他不像以前的老师那样让学生照猫画虎地临摹画作，而是教给学生用炭笔画石膏模型素描或到野外写生。在李叔同的指导下，丰子恺绘画水平提高很快，受到老师的鼓励和赞许。李叔同很器重丰子恺，告诉他要发展就得多学国外的绘画艺术，可是丰子恺在学校学的是英语，英语画刊在国内几乎没有。有一天李叔同辅导丰子恺时，建议他学习日语："日本画坛很活跃，出版的书籍、画报也很有水平，你要是想学日语，我可以教你。"老师的关怀，丰子恺很是感动，就在李老师的谆谆教诲下学习日语，而且日语水平提高很快，仅仅学习了一年，就可以用日语对话了。

1918年春天，李叔同请来中国观光的几位日本画家，辅导丰子恺在西湖写生。这几位画家看出丰子恺的艺术天分，建议他到日本留学，深造绘画艺术。这一年的7月，李叔同决定出家了，在13日这天李叔同让丰子恺等三个得意门生，送他到虎跑定慧寺，从此成为弘一法师。这件事对丰子恺触动很大，恩师告别了红尘，今后的路就要靠自己走了，于是在1921年就东渡扶桑去学习绘画。一年后回国，和几个朋友到上海筹办立达中学。

1927年弘一法师云游上海，住在丰子恺的上海江湾寓所。他们商定合作绘制《护生画集》，丰子恺作画，弘一法师配诗，其创作动机是劝人行善，戒除杀机。在1929年弘一法师50岁生日前，丰子恺画了50幅画，由上海开明出版社出版了《护生画集》第一集，以祝贺弘一法师的50岁生日。1939年将近弘一法师60岁生日时，丰子恺正避居广西宜山。但他不忘恩师的嘱托，陆续绘出60幅画，出版了《续护生画集》，以庆祝恩师的60岁寿辰。正在泉州的李叔同为他的画题了偈，并给丰子恺写信说："朽人70时，请仁者作护生画第三集，共70幅；80岁时作第四集，共80幅；90岁时作第五集，共90幅；百岁时作第六集，共百幅。护生画集功德于此圆满。"这本画集出版后的1942年，弘一法师在泉州圆寂。在此后的三十多年间，丰子恺不负恩师重托，于1949年、1960年、1965年和1973年先后完成了《护生画集》第三集到第六集的创作，终于在他逝世前绘制完《护生画集》的一百幅画。特别是第五集是丰子恺在"文革"时期，以极其保密的方式绘制的，更能显示出他对恩师表示的"世寿所许，定当遵嘱"的诺言的兑现。1978年广恰法师将《护生画集》的手稿收集在一起付梓印行，遗憾的是丰子恺本人并没有看到这套画集，就驾鹤西游了！这套《护生画集》在1993年正式出版，使得丰子恺50年的辛勤劳动有了一个圆满的归宿。

与夏丏尊　夏丏尊，原名铸，字勉旃。民国建立后，社会上一时盛传要进行普选。他不愿当选，便以"丏尊"代替读音相近的"勉旃"，有意让选举人在填写"丏"字时误写为"丐"而成废票。他是浙江省上虞县（今上虞市）松厦乡人。1905 年，19 岁的夏丏尊负笈东瀛，入东京宏文学院，两年后考入东京高等工业学校，因未领到官费，遂于 1907 年辍学回国。回国后，在浙江省两级师范学堂任舍监，司训育，并兼授国文、日文。1912 年李叔同来校执教后，与夏丏尊意气相投、情同手足。尽管李叔同比夏丏尊年长六岁。但由于李叔同豪爽、豁达，夏丏尊比之于李叔同又显得持重、老成，因而他俩几乎没有年龄上的隔阂。他们几乎无所不谈，常常见解一致，彼此的言行都容易使对方产生影响。

1913 年的一天，李叔同和夏丏尊为躲避来学校演讲的一位社会名流，到西湖的湖心亭里去喝茶。对饮闲谈时，夏丏尊对李叔同说："像我们这种人，出家做和尚倒是蛮好的。"当时，李叔同的内心与西湖的空山灵雨颇能契合，他已全神贯注地投入他所喜欢的图画、音乐教学之中。对于夏丏尊随意的一句话并没有在意，可是李叔同出家，夏丏尊却摆脱不了干系。

1916 年的一天，夏丏尊从日本杂志上看到一篇题为《断食的修养方法》的文章。文章说断食（近似我国的"辟谷"）是"身心更新"的修养方法，能使人除旧更新，改去恶习，生出伟大的精神力量。他与李叔同闲聊时提到这篇文章，李叔同却对此发生了兴趣。当时他患有神经衰弱症和肺病，很是苦恼。事后李叔同在《我在西湖出家的经过》一文中写道："我于日本杂志中，看到有说关于断食的方法的，谓断食可治疗各种疾病。当时我就起了一种好奇心，想来断食一下，因为我那个时候患有神经衰弱症，若实行断食后，或者可以痊愈，亦未可知。"于是在 1916 年到 1917 年的寒假期间，李叔同就到杭州的虎跑定慧寺进行了前后 18 天的断食试验（中间有 7 天只饮水不进食）。在他全断食的那几天，他感到心地非常清凉，"感觉特别轻快灵敏，能听平常不能听到的，悟人所不能悟到的。真有点儿飘飘然的感觉呢！"这次李叔同到定慧寺断食，夏丏尊并不知道。平时每当周末，李叔同都要赶火车到上海与他的日籍夫人团聚。这次寒假，夏丏尊没有发现李叔同的异常，自己就先回上虞老家了。可是开学时却不见了李叔同的踪影，才知道李叔同是住进了定慧寺。夏丏尊去定慧寺看望李叔同时，埋怨他："你这样做，为什么不告诉我？"李叔同回答说："跟你说我就来不成了。况且事先让别人知道，容易发生波折。"夏丏尊听了他的话，气得竟然说不出一句话来。他真后悔将那篇断食的文章给他看，感到追悔莫及，十分悔恨自己。

李叔同在定慧寺住了半年之后的 1918 年 7 月 1 日，他正式辞去了两级师范的职务。但法师并没有给他剃度，是想让他在寺中住一段时间再作定夺。8 月初，夏丏尊又到寺中探望他，看到他仍然穿着一身俗家的衣服，一头的黑长发，就打趣地说："看你这不僧不俗的样子，哪里像个和尚！"本来夏丏尊是用这样的话刺激他回到学校去，可是李叔同却当了真，半个月后就剃度为僧了。

1942 年弘一法师临终前，曾给夏丏尊留下自己的遗书："丏尊居士文席：朽人已于□月□日迁化，曾赋二偈，附录于后。君子之交，其淡如水。执象而求，咫尺千里。问余何适，廓尔忘言。华枝春满，天心月圆。谨达不宣。音启。"遗书的月日，都空着，他圆寂后，由侍疾僧补填。

雅交　柳亚子与弘一法师早年同办过《太平洋报》，弘一法师出家后，就与柳亚子失去了联系。1939 年抗日军兴之际，弘一法师在福建泉州度 60 寿辰，忽然收到柳亚子一首祝寿诗，诗曰："君礼释迦佛，我拜马克思。大雄大无畏，迹异心岂异。闭关谢尘网，吾意嫌消极。愿持铁禅杖，打杀卖国贼。"

当时在场祝寿的人见到这首诗，莫不缩颈咋舌，可是弘一法师读了微微一笑，提笔回诗偈一首，云："亭亭菊一枝，高标矗劲节。云何色殷红，殉教应流血。"柳亚子读后，不由叹道："呜呼，淘可谓善知识矣！"并作《怀弘一上人》文。

著名作家郁达夫曾到福建拜访弘一法师，相见之下，郁达夫竟产生削发出家的念头，希望追随大师的步履。弘一法师对他说："你与佛无缘，还是做你愿做的事情去吧！"赠郁氏著作数种而别。

　　徐悲鸿曾多次访问弘一法师这位艺坛前辈。有一次，徐悲鸿发现山上一棵已枯死多年的树木发出了新芽，颇为吃惊，于是问道："此树发芽，是因为您这位高僧来到山中，感动这枯树起死回生吗？"弘一法师答道："不是的。是我每天为它浇水，它才活过来。"徐悲鸿曾为大师作油画像，"以全力诣其极"，颇为深刻地表现了弘一大师的庄严与慈爱。

师魂　　常以"器识"自律的李叔同，也将其作为考验学生前途的标尺。刚到一师不久，学生刘质平的音乐天赋引起了他的注意。冬季的一天，杭州降下了少有的盈尺大雪，刘质平作曲一首，踏雪去向李叔同请教。李叔同细心阅读曲谱后，凝视着刘质平说："今晚八点三十五，请赴音乐教室，有话讲。现在先回去吧。"

　　刘质平摸不着头脑，又不敢多问，只得诺诺而退。晚上，风雪满天，愈刮愈烈，刘质平冒雪前往，按时到了教室门外，立于风雪廊下，静候先生。十多分钟后，教室内电灯齐亮，李叔同拿着手表走出门外，指着手表对刘质平说："时间无误，你可以回去了。"显然，李叔同一直在观察这个学生：他在如此恶劣的天气中是否能够守约？他的品质德行是否能经得起考验？刘质平给了他满意的答案，由是二人开始了长达一生并延及后世的深厚情谊。在李叔同的关怀帮助下，刘质平终成一代音乐教育名家。而每每回忆起与李叔同的师生情缘，他总会感慨地说道："我与先生之间，名虽师生，情深父子。"

　　丰子恺在回忆他的老师时写道："李先生的人格和学问，统制了我们的感情，折服了我们的心。他从来不骂人，从来不责备人，态度谦恭，同出家后完全一样，然而个个学生真心的怕他，真心的学习他，真心的崇拜他。

我便是其中之一人。因为就人格讲，他的当教师不为名利，为当教师而当教师，用全副精力去当教师。就学问讲，他博学多能，其国文比国文先生更高，其英文比英文先生更高，其历史比历史先生更高，其常识比博物先生更富。"

李叔同上音乐课时，有时有学生不唱歌而看别的书或者有学生随意把痰吐在地板上，李叔同没有立刻责备他们，等到下课后，他用很轻而严肃的声音郑重地说："某某等一等出去。"于是这位某某同学只得站着。等到别的同学都出去了，他用轻而严肃的声音向这某某同学和气地说："下次上课时不要看别的书。"或者："下次痰不要吐在地板上。"说过之后他微微一鞠躬，表示"你出去罢。"这某某同学出来后无一不羞愧满面。

有一次下音乐课，最后出去的学生无心把门一拉，发出很大的声音。他走了数十步之后，李叔同出门，和气地叫他进教室来，用很轻但很严肃的声音说："下次走出教室，轻轻地关门。"然后一鞠躬，送他出门，自己轻轻把门关上。

情事　李叔同很小的时候父亲就去世了，他是由母亲抚养长大的，所以他终生孝敬和怀念他的母亲。26岁时，母亲患了不治之症，与世长辞。

母亲去世以后，李叔同东渡日本，考入上野美术学校，成为中国第一位学绘画和音乐的留学生。学西洋画有人体写生课，于是李叔同便到职业介绍所雇了一位女学生到家中来当模特儿。

每到规定时间，这位姑娘便如约来到李叔同的寓所。她叫雪子，在音乐学院学习声乐。这位姑娘体态美好，配合默契。由于两人对艺术有共同爱好，便谈得很投机。慢慢两人相爱了，到叔同即将学成归国时，两人已是难分难舍，在征得姑娘父母的同意下，两人喜结良缘。

1910年秋，李叔同携雪子从日本回到上海，租了一套公寓，安排好小家庭。然后他只身北上，到天津老家去探望久别的亲人。李叔同18岁那一年，经媒人介绍已与津门茶业大户俞氏结婚，但李叔同并不爱俞氏，和她根本没感情。但尽管如此，俞氏还是为李叔同生了两个儿子。

李叔同回到天津不久，便到天津直隶工业学堂担任图画教员。不久又在上海城东女校和浙江师范学校任教，他每周往返于宁、杭两地。此时的李叔同已是两个妻子的丈夫，两个儿子的父亲，同时他还是一位出色的教员，一位不可多得的艺术家，可称得上是家庭、事业双丰收的成功男士。

然而，1918年，39岁的李叔同毅然披上袈裟出家于杭州虎跑定慧寺，成了一位十足的佛家弟子。艺术，原是李叔同的生命，如今他居然毫无留恋地全部抛弃，这让他的朋友、学生们唏嘘不已。

李叔同出家前曾写信告知天津家中，哥哥很是反对，认为丢下妻子和两个儿子，是不负责任。而俞氏却没有一句话。俞氏还好，还有两个儿子做伴。可怜的是雪子，结婚后，李叔同经常在外地教课，两人聚少离多，如今连一个孩子也没有。当她得知叔同出家的消息后，终日痛哭不止，她实在割舍不下叔同。便亲自到杭州，恳求叔同再见一面。叔同就是不见，他恐怕自己刚割断的情缘又会因此割舍不下。雪子无奈，在寺门口彷徨痛哭到黄昏，之后，凄凄惨惨地独自回到日本。

轶事　李叔同做了和尚，学生丰子恺仍跟他有来往。弘一法师曾到丰家，丰子恺请法师就坐。法师把藤椅轻轻摇动，然后慢慢坐下去。多次如此后，丰问何故，法师答说："这椅子里头，两根藤之间，也许有小虫伏动，突然坐下去，要把他们压死，所以先摇动一下，慢慢地坐下去，好让它们走避。"

李叔同一向漠视世俗观念下的人际关系准则，他的"不近人情"，在出家前就屡有表现。留学日本时，有一次他约欧阳予倩早8点到其家。两人的住所相距甚远，欧阳予倩因电车耽搁，迟到了几分钟。名片递进去后，不一会儿，李叔同从二楼打开窗户，对欧阳予倩说："我和你约的是8点钟，可是你已经过了五分钟，我现在没有工夫了，我们改天再约吧。"说罢关窗而去。欧阳予倩也只好掉头回去。

李叔同在浙江第一师范当教师的时候，卧室的外面安上个信插，他不在的时候，送来信件就搁在信插里。他早起晚睡有一定时间，很少改变。一天晚上，他已经睡了，忽然学校收发员来叩房门，说有电报，他在里面回说："把它搁在信插里。"到第二天早上，他才开房门取看电报。有人问他："打电报来总有紧急事情，为什么不当晚就拆看呢？"他说："已经睡了，无论怎么紧急的事情，总归要明天才能办了，何必急呢！"

1936年春，弘一法师到青岛讲律。市长沈鸿烈和名士朱子桥将军慕名请他吃饭，事先曾约定好。未料弘一法师当天爽约，托人带来一张纸条，上写打油诗一首：

> 昨日曾将今日期，短榻危坐静维思。为僧只合居山谷，国士
> 筵中甚不宜。

沈鸿烈读罢，表情有些难看，他认为一个堂堂大市长，请个穷和尚吃饭，对方居然不给面子，让他下不来台；朱子桥将军看了纸条，则欣喜若狂，说："今天得到一张极珍贵的墨宝，收获可不小啊！"

名曲

《送别》

> 长亭外，古道边，芳草碧连天。
> 晚风拂柳笛声残，夕阳山外山。
> 天之涯，地之角，知交半零落。

一斛浊酒尽余欢，今宵别梦寒。

《送别》曲调取自约翰·p·奥德威作曲的美国歌曲《梦见家和母亲》。李叔同在日本留学时，日本歌词作家犬童球溪采用《梦见家和母亲》的旋律填写了一首名为《旅愁》的歌词。而李叔同作的《送别》，则取调于犬童球溪的《旅愁》。《送别》不涉教化，意蕴悠长，音乐与文学的结合堪称完美。歌词以长短句结构写成，语言精练，感情真挚，意境深邃。

这首广为传唱的歌曲的背后还有一段凄楚的故事：

李叔同在俗时，"天涯五好友"中有位叫许幻园的。有年冬天，上海大雪纷飞，天地一片凄凉。许幻园站在门外喊出李叔同和雪子小姐，说："叔同兄，我家破产了，咱们后会有期。"说完，挥泪而别，连好友的家门也没进去。李叔同看着昔日好友远去的背影，在雪里站了整整一个小时，连雪子小姐多次的叫声，仿佛也没听见。随后，李叔同返身回到屋内，把门一关，让雪子小姐弹琴，他便含泪写下《送别》这一传世佳作。

《送别》一词写的是人间的离别之情，述的是人间的美好之缘，构筑的却是人生无常的迷蒙况境。是啊，花开花落，生死无常，何况离别呢！在这首清词的丽句中，蕴藏着禅意，是一幅生动感人的画面，作品中充溢着不朽的真情，感动着自己，也感动着熟悉的陌生的人们。

名言　　无心者公，无我者明。

自古仁人志士，以儒济世、以道修身、以佛治心，可谓是智慧通达。

以淡字交友，以聋字止谤；以刻字责己，以弱字御侮。

事不可做尽，言不可道尽。

学一分退让，讨一分便宜；增一分享用，减一分福泽。

恩怕先益后损，威怕先松后紧。

涵容以待人，恬淡以处世。

必有容，德乃大；必有忍，事乃济。

以虚养心，以德养身，以仁义养天下万物，以道养天下万世。

不为外物所动之谓静，不为外物所实之谓虚。

刘念台云："涵养，全得一缓字，凡言语、动作皆是。"

应事接物，常觉得心中有从容闲暇时，才见涵养。

逆境顺境看襟度，临喜临怒看涵养。

人生最不幸处，是偶一失言，而祸不及；偶一失谋，而事幸成；偶一恣行，而获小利。后乃视为故常，而恬不为意。则莫大之患，由此生矣。

于作事，必克己谨严，要做到极致。于生活，应戒绝奢华，一切从简。

不自重者取辱，不自畏者招祸。

事当快意处须转，言到快意处须住。

物忌全胜，事忌全美，人忌全盛。

以冰霜之操自励，则品日清高；以穹窿之量容人，则德日广大；以切磋之谊取友，则学问日精；以慎重之行利生，则道风日远。

名诗

归　燕

几日东风过寒食，秋来花事已阑珊，
疏林寂寂变燕飞，低徊软语语呢喃。
呢喃。呢喃。雕梁春去梦如烟，绿芜庭院罢歌弦，乌衣门巷捐秋扇。
树杪斜阳淡欲眠，天涯芳草离庭晚。不如归去归故山。
故山隐约苍漫漫。呢喃呢喃，不如归去归故山。

落　花

纷，纷，纷，纷，纷，纷，……
惟落花委地无言兮，化作泥尘；
寂，寂，寂，寂，寂，寂，……
何春光长逝不归兮，永绝消息。
忆春风之日暄，芬菲菲以争妍；
既乘荣以发秀，倏节易而时迁。
春残，览落红之辞枝兮，伤花事其阑珊；
已矣！春秋其代序以递嬗兮，俯念迟暮。
荣枯不须史，盛衰有常数；

人生之浮华若朝露兮，泉壤兴衰；

朱华易消歇，青春不再来。

清 凉 歌

清凉月，月到天心，光明殊皎洁。今唱清凉歌，心地光明一笑呵！

清凉风，凉风解愠，暑气已无踪。今唱清凉歌，热恼消除万物和！

清凉水，清水一渠，涤荡诸污秽。今唱清凉歌，身心无垢乐如何？

清凉，清凉，无上，究竟，真常！

评价 林语堂："李叔同是我们时代里最有才华的几位天才之一，也是最奇特的一个人，最遗世而独立的一个人。"

张爱玲："不要认为我是个高傲的人，我从来不是的，至少，在弘一法师寺院转围墙外面，我是如此的谦卑。"

夏丏尊："综师一生，为翩翩之佳公子，为激昂之志士，为多才之艺人，为严肃之教育者，为戒律精严之头陀，而以倾心西极，吉祥善逝。"

俞平伯："李先生的确做一样像一样：少年时做公子，像个翩翩公子；中年时做名士，像个风流名士；做话剧，像个演员；学油画，像个美术家；学钢琴，像个音乐家；办报刊，像个编者；当教员，像个老师；做和尚，像个高僧。"

马寅初：“言人之所欲言，言人之所不敢言”

马寅初

传略　马寅初（1882—1982），汉族，浙江嵊县（今嵊州市）人，中国当代经济学家、教育学家、人口学家。

1901年考入天津北洋大学（今天津大学）选学矿冶专业。1906年赴美国留学，先后获得耶鲁大学经济学硕士学位和哥伦比亚大学经济学博士学位。1914年回国，先后在北洋政府财政部当职员、在北京大学担任经济学教授。1919年任北大第一任教务长。1921年国立东南大学（1928年更名国立中央大学，1949年更名国立南京大学，不完全等于现在的南京大学）分设上海商科大学，他出任上海商科大学（现上海财经大学）第一任教务主任，曾兼任中国银行总司券（总发行人）等职。1927年到浙江财务学校任教并任浙江省省府委员。1928年任南京政府立法委员，1929年后，出任财政委员会委员长、经济委员会委员长，兼任南京国立中央大学、陆军大学和上海国立交通大学教授。1938年初，任重庆大学商学院院长兼教授。1940年12月6日被蒋介石逮捕。1946年9月，到上海私立中华工商专科学校任教。1949年8

月，出任浙江大学校长，并兼任中华人民共和国中央人民政府委员等职。新中国建立后，他曾担任中央财经委员会副主任、华东军政委员会副主任、北京大学校长等职。1957年因发表"新人口论"方面的学说而被打成右派，1960年1月4日，被迫辞去北大校长职务。党的十一届三中全会后得以平反。1979年9月，担任北大名誉校长，并当选为第五届全国人民代表大会常务委员会委员。1981年2月27日，当选为中国人口学会名誉会长，1981年3月29日，当选为中国经济学团体联合会第一届理事会顾问。一生专著颇丰，特别对中国的经济、教育、人口等方面有很大的贡献。主要著作有：《通货新论》、《战时经济论文集》、《我的经济理论哲学思想和政治立场》、《中国国外汇兑》、《中国银行论》、《中国关税问题》、《资本主义发展史》、《中国经济改造》、《经济学概论》、《新人口论（重版）》。

早在50年代初，马寅初就注意并开始研究中国人口增长过快的实际问题。在著名的《新人口论》中，较系统地论述了中国的人口问题。提出了"我国人口增长过快"的命题，认为1953—1957年，中国人口很可能已超过1953年人口普查得出的年增殖率为20‰的结果。如果按1953年统计的20‰的增殖率估算，"三十年后同实际的人口数字一比，就会差之毫厘而失之千里了"。并分别从加速积累资金、提高科学技术、提高劳动生产率和人民的物质文化水平以及增加工业原料等方面，对控制人口的必要性、迫切性进行了论述：①人口增长与资金积累的矛盾。他认为，因为中国人口多，消费大，所以积累少，只有把人口控制起来，使消费比例降低，才能多积累资金；②搞社会主义，就必须提高劳动生产率，多搞大工业，搞农业电气化、机械化，然而，为安排好多人就业，就不得不搞中小型工业，农业搞低效率劳动，实际上是拖住了高速度工业化的后腿；③和工业原料的矛盾。大办轻工业可以有效地积累资金，但是轻工业原料大多数来自农业。由于人口多、粮食紧张，就腾不出多少地种诸如棉花、蚕桑、大豆、花生等经济作物。同时，也由于农产品出口受到限制，就不能进口很多的重工业成套设备，影响了重工业的发展；④全国人均不到3亩耕地，大面积垦荒短期内又做不到，"就粮食而论，亦非控制人口不可"。他尖锐地指出，控制人口实属刻不容缓，不然的话，日后的问题会很棘手，很难解决。政府对人口若再不设法控制，难免农民把一切恩德变为失望与不满。他提出了定期举行人口普查，把人口增长纳入第二个、第三个五年计划的建议。

倔犟　马寅初的倔犟是出了名的。马寅初常对人说："言人之所言，那很容易；言人之所欲言，就不太容易；言人之所不敢言，就更难。我就言人之所欲言，言人之所不敢言。"

马寅初因写《新人口论》而受批斗、围攻时，他的犟脾气又来了，说："我对我的理论有相当把握，不能不坚持，学术的尊严不能不维护！……我虽年近八十，明知寡不敌众，自单身匹马，出来应战，直至战死为止，决不向专以压服不以理说服的那种批判者们投降。我个人被批斗是小事，没什么，不过我想的是国家和民族的大事，相信几十年以后，事实会说明我是对的。"

温厚　马寅初的孙子马思泽回忆祖父，一次马思泽和弟弟们在院子里玩，突然看见一窝蚂蚁正在搬家，几个小孩子顿时兴奋起来，手捻脚踩，开始"剿灭"蚂蚁。马寅初正好走出来散步，看见后，用手杖戳地，愤怒地对几个孙子说："这也是生命啊！"

马寅初的外孙女马思奇回忆："当他（马寅初）看到我们逗弄小昆虫、小动物时，他会一边急切地用拐杖敲着地一边阻止我们不要弄伤它们，让这些小家伙们能够自由自在地在大自然中漫步；他还时常提醒我们，按时去给从外面溜进院子里的小猫喂点食物，以免饿坏了那些无家可归的生灵。……他极为喜爱院中绿绿的树木和花草，嘱咐我们在玩耍时不要碰伤树上的嫩枝和地上的小草……"

1953 年，马寅初到杭州莫干山休养，一天，他的派克钢笔不见了，他轻轻说了一声，结果被工作人员听见，反映到疗养院保卫科。保卫科立即找到为马打扫房间的服务员谈话。马寅初知道后，极不高兴："我只说钢笔不见了。不见，不等于说被人偷了。保卫科怎能这样胡乱怀疑这位服务员呢？"他立即让保卫科停止这种做法。之后，他在某件衣服的口袋中找到了钢笔，心中更加不安，一再对服务员道歉说："都是我的错。"服务员感动得热泪盈眶。

某一年冬，北大的暖气用煤不够了，马寅初怕学生受凉，便驱车到煤炭部找部长要煤。煤炭部长深觉为难，因为各单位都缺煤，便让门卫挡驾，说"部长不在"。马回答说："没关系，我就在门口等他回来。"将车停在煤炭部的大门前，摆开了坐等的架势。部长无奈，只能答应供应煤炭。

义正 　1939 年，马寅初因当面责难孔祥熙引起蒋介石的不满，蒋对时任重庆大学校长的叶元龙怒气冲冲地说："你好糊涂，怎么可以让马寅初当院长呢？你知道他在外面骂孔祥熙吗？骂孔祥熙就等于骂我。"又命令叶道："下周四陪他到我这儿来，我要当面跟他谈谈。他是我的师长辈，又是同乡，总要以大局为重！"叶回校后，怕碰钉子，便让马的学生叶沛婴去找马。马听后，火冒三丈："叶元龙陪着我去见蒋介石，我不去！要我去，除非宪兵来请！""委员长是军事长官，我是个文职，文职不去拜见军方！再说，我给委员长讲过课，他是我的学生。学生不来拜见老师，倒叫先生去拜见学生，岂有此理！假如真有话要说，叫他来找我！"叶元龙不敢把马寅初说的话如实向蒋介石说，只好托辞说马寅初不敢来，蒋说："我是想同他谈谈经济问题。你回去告诉他，以后有时间，随时都可以来找我。"但马寅初对此根本不予理会，始终未去见蒋。

中央银行会计处的处长金国宝对叶元龙说："奉孔院长之命，拟请马老担任财政部次长。"叶深知马寅初的为人，便对金说："你万万不可以给马先生说这个话！"金不信，果然碰了钉子，马答复道："你们想弄个官位把我嘴巴封住，办不到！"此后，蒋介石又几番派人上门游说，但都被马寅初严词拒绝。

1947年冬，一群特务深夜闯入中华工商专科学校搜查，马寅初对杀气腾腾的特务们声色俱厉地说："我是不怕你们的，你们的老头子蒋介石我也当面训斥，还怕你们？你们深更半夜闯进学校来干什么？统统给我滚出去！滚出去！"这些来势汹汹的特务只好灰溜溜地走了。

《文汇报》记者曾就通货膨胀和物价问题采访马寅初。马寅初劈头便说："我倒还是敢讲，你们是不是敢登？"记者们面面相觑，说不出话来。马说："一张报纸嘛，总该为老百姓说说话，要敢讲真话，不畏强暴，不畏强权……"

马寅初曾对学生们说："以前我给蒋介石个别讲过经济学，他根本不懂什么叫通货膨胀，物价为什么会上涨这一类普通经济常识。因为蒋介石是行伍出身，只懂得立正稍息那一套。他喊一声立正，他的部下官兵就不敢稍息。打内战他是内行，但是搞经济就是外行。这个物价就不听蒋介石的命令，他喊立正，而物价还是要向前跑。"

按干支历法，马寅初生于马年马月马日马时，加上姓马，从小就被乡里传为"集五马于一身"的神童。因为马寅初提出"新人口论"，一些人诬蔑他是人口学家马尔萨斯的追随者，称他是"中国的马尔萨斯"。这样一来，马老又多了一个"马"，成了"集六马于一身"者。对此，马老坚定自豪地说："我这匹'马'啊，是马克思的'马'！"

真正的民族英雄惟十九路军足以当之
其以民族英雄自居者
对之能勿无愧於心乎？

马寅初

马寅初为十九路军题字

马寅初："言人之所欲言，言人之所不敢言"

激愤　马寅初是浙江嵊县人，嵊县人亦柔亦刚，以柔美见长的越剧便发源于此，此地又多出绿林好汉，有"嵊县强盗"之说。上个世纪40年代初，马寅初批评国民党腐败政治。蒋介石气急败坏，骂马寅初是"嵊县强盗"，马寅初立即回应自己是"嵊县强道"，是强大的道理。

1940年春季的一天，陆军大学来人，请马寅初为行将毕业的将官班作关于战时经济的演说，并称将官班学员多有从前方调来受训的，对战时经济不甚寥寥，要求讲得深入浅出。

马寅初欣然应邀，演讲中以数字加实例佐证，详细介绍了财经危机的种种表现。在讲到出现这种现象的根源时，他慷慨激昂地说："众所周知，中华民族已到了生死存亡的紧急关头，照理全国上下应有力出力，有钱出钱，同心同德共赴国难，将小日本扫出国门之外。但现在不是这样，现实情况是下等人出力，中等人出钱，上等人既不出力，也不出钱，还要囤积居奇发国难财！"

台下掌声响起，马寅初呷了口清茶，提高了声音说："告诉各位，还有一种上上等人，他们利用权势及掌握的经济机密，从事外汇投机，翻手成云，覆手成雨，顷刻之间获利巨亿，大发超级国难财。"

说到这里，马寅初索性一"骂"为快："发国难财的上上等人猪狗不如！我可以直言不讳地告诉诸位，这种猪狗不如的上上等人，就是孔祥熙和宋子文等人！"

竟有如此胆量，在如此场合指名道姓斥责炙手可热的皇亲国戚，将官们因惊异而窃窃私语，继而鼓起掌来。演讲结束，将官们列队恭送，争着与马寅初握手道别，表敬仰爱慕之情。

1940年11月10日，马寅初应黄炎培的要求在重庆市实验剧院演讲，这次，他冒着惹来杀身之祸的危险，把儿女带到演讲现场，把炮口直接对准了蒋介石：

"多少武人死于前方，文人在后方无所贡献，该说的话就应说出来，蒋委员长不许我讲话，要我去见他，他为什么不能来见我？我曾为他讲过课，学生就不能来看老师吗？他不敢来见我，是因为害怕我的主张。有人说委员长领导抗战，是我国的民族英雄，但是照我看，只能说是家族英雄，因为他包庇他的家人亲友，危害国家民族。"

角落里有混进来的特务高喊："不许污蔑领袖！"马寅初炯炯双眼直射喊声响起的地方，对着人群中的特务说："我马某人愿效谭嗣同先生，可以毫不惭愧地说，我自横刀向天笑！为了抗战，英勇的数十万将士在前方流血牺牲，我们文人在后方无所贡献，也应当不惜死于后方，把应该说的话大胆地说出来。如果我惨遭毒手，也让他们（妻子儿女）知道我是怎么死的，从而把我今天讲的话，当做赠给他们的一笔遗产！"演讲一结束，听众不期而集马寅初身边，簇拥着他离开会场，又推派代表，护送他直到家中。

此次演讲后，马寅初接到一封恐吓信，信上只两句话："若再行攻击政府，当以手枪相对。"马寅初将恐吓信公之于众，大义凛然地说："所有指责全系事实，有实据可查，非讲不可！"

马寅初终于将蒋介石激怒了，1940年12月，蒋介石命令手下秘密关押马寅初。即使在牢房里，马寅初仍寻找"演讲"的机会，他向看守他的特务、看守们讲战时经济，讲四大家族的腐败。渐渐地，特务、看守们开始同情他，对他的监视越来越松。他可以在牢房里自由看书看报，还可以给家人写信。有位名叫陈凤超的副官听了马寅初的"演讲"，深受教育，决定不为蒋介石卖命，找了个机会跑回老家浙江务农去了。1981年，陈凤超还从浙江赶到北京看望马老，并对马老说："我之所以能有今天，完全是由于马老教育的结果。特来表示衷心的谢意。"

1944年冬，历经近5年囚禁、软禁的"政治犯"马寅初终于恢复了自由，但仍被实行"三不准"：不准任公职，不准演讲，不准发表文章。1944年12月22日，在朋友的邀请下，马寅初出席了"星期五聚餐会"。他一身中式便服，一出场就对惊愕的听众侃侃而谈："各位，前人有诗说，百亩庭中半是苔，桃花净尽菜花开。种桃道士归何处，前度刘郎今又来。我说，政府伎俩施用尽，老马犹在今又来！"

1945 年 3 月，重庆伊斯兰青年教会请马寅初去演讲，演讲一开始，马寅初便说：

"你们当中免不了有人要成为社会领袖，你们人人都有做大总统的机会。你们人人皆可以做什么袖，什么长！但是一旦成了什么袖，什么长，可千万要想着天下的老百姓，要使人民心悦诚服，大家拥护。不要使拥护你的人群，只限于少数的亲友！不要为自己私党，为几个亲戚朋友谋私利，让他们弄到几十万万、几百万万元到美国去享受。这样一个自私自利的领袖，中国并不需要！"

"可有的人不这么想。他总以什么抗战领袖自居，说我想做汉高祖、明太祖，还有什么祖的。人们告诉他，那不行了！那是一百年、几百年前的事了，现在的世界潮流是和平与民主，你那套现在行不通了！他却说：我就要这样做！"这末一句是蒋介石的口头禅，马寅初模仿老蒋说出这句话，使得听众心领神会，一阵大笑。

马寅初接着说："像这种人，一脑瓜壳的自我，一脑瓜壳的自私，外面的世界潮流一点也装不进去，拿他有什么好比的呢？只能说他是一个'真空管'！对了，真空管！就是你们在试验室里做实验用的真空管。真空管是肚子里空空的，没有东西，对外面的东西却又坚决地抗拒不让进来。"

"真空管"的比喻十分传神地刻画了蒋介石一意孤行的形象。此后，"真空管"一词在重庆流传开来，成了蒋介石的代名词。

1947 年 5 月，南京学联邀马寅初在南京中央大学举行演讲。中央大学就在国民党总统府附近，马寅初去演讲，等于在总统府眼皮底下"造反"。国民党特务送来装有子弹的恐吓信，很多亲友劝马寅初不要去南京，但他说："我不能让反动分子说，他们让我不出门，我就乖乖地待在家中。我就是要和他们对着干，不让我去，我偏去。"

在演讲中，马寅初又一次把"炮口"对准蒋介石："大家知道，民主这个词，在欧美叫做'德谟克拉·西'，我们就是要争取这个'德谟克拉·西'。蒋介石也喊要实行民主，并且召开了国民党代表大会，制定了什么宪法，竭力标榜民主。但是他这个民主，与全国人民要求的民主背道而驰，因此，我们可以把他所实行的民主叫做'德谟克拉·东'吧。"顺手拈来的一个"德谟克拉·东"，辛辣又诙谐，引来全场一片笑声和掌声。

廉俭　　马寅初的侄女马芬姑回忆，马寅初在外面做了大官，回家时，总是到离家十几里的三聚潭下车，然后步行回家，从不坐轿。他把长衫撩起来挽在腰间，脚上穿一双"蒲草鞋"，肩上背着"钱搭"，钱搭里装的鼓鼓的。看见侄儿侄女们，也便喊道："你们这般'小叫花子'。我是'大叫花子'，我在外面'要饭'，你们这班'小叫花子'向我'要饭'。"然后从钱搭里掏出橘子分给他们。

1936 年，马寅初在杭州时，常带着儿子去澡堂洗澡。服务员见马氏父子夏天穿的背心总是有洞，忍不住疑惑地问道："马先生是省府委员、经济学博士，还穿这么破旧的衣服？"马风趣地说："夏天背心的破洞穿着很凉快。"到了冬天，他的长袍很是破旧，但这次，他却解释说："衣服的作用在于保暖，新旧没有什么关系，只要能穿就行，不必讲究！"服务员哭笑不得。

马寅初在浙江省财政厅任职时，一日，有人到马家找马寅初，马寅初不在家，来人便对在马家打杂的老潘说："老兄，我是德清县来的，有桩事想请你帮帮忙。这 300 块银洋给你吸烟，这 1000 块银洋是送给马先生喝茶的。小弟被提名为县长，报到省里已一个多月，至今尚未批下。马先生德高望重，又与批放县长的某君是莫逆之交，望老兄在马先生面前美言几句，请他帮我在某君处催一催。倘若事成，定当重谢。"话说完便告辞离去。马寅初回来，老潘如实禀报。不待他讲完，马寅初已眉头紧锁，大骂道："真是无耻之极！这像蚊子叮菩萨——找错了人。这种人，今天用 1300 块银洋来打通关节，万一当上县长，一定也是一个贪官污吏。单凭这一点，他就没有资格当县长。老潘你千万牢记，今后绝不能收这种臭钱，你马上把这笔钱如数还给他。"老潘只好将钱如数归还。

有人曾奉命劝说马寅初，说可以将北碚立法院的好房子让给他居住，想购买黄金，只要他提个数字，就可以照办，如果要去美国考察，不论长住或短期都可以，经费不成问题。对此，马寅初发表声明："一、在此国难当头，我绝不离开重庆去美国考察；二、为了国家和民族的利益，我要保持说话的自由，国民党政府的立法院没有多大意思，我绝不去北碚居住，并要逐渐同立法院脱离关系；三、不搞投机生意，不买一两黄金，一元美钞。有人想要封住我的嘴，不让我说话，这办不到！"

情事　马寅初于 1882 年出生在浙江绍兴一个酿酒作坊的家庭。马寅初在 19 岁的那年暑假，由父母做主，与家乡的一个农家姑娘结婚。这个姑娘叫张团妹，后改名为张桂君。她与马寅初同龄，长得还算清秀，但却目不识丁，最让马寅初父母和他自己满意的是，这个姑娘为人善良、贤惠，善解人意，通情达理，孝敬公婆，手脚勤快，而且与妯娌们相处得也很和谐。

马寅初不嫌弃她没有文化，而她为嫁给一个家境殷实、读洋学堂的丈夫也深感满足，因此夫妻俩的感情如胶似漆。第二年，她为马寅初生了个儿子，马寅初是怀着当父亲的欣喜心情与爱妻分别，北上天津，到北洋大学读书的。马寅初十分喜爱这个儿子，临行前抱着儿子亲了又亲，依依难舍。不料在他走后不久，一位亲戚抱着他儿子上街时，不慎摔倒在地。孩子受到惊吓，发起高烧，求医治疗，不见疗效，竟然夭折。马寅初为此十分伤心。在他百岁高龄时，还时常念叨这个早夭的爱子。

1907 年马寅初从北洋大学毕业后，被保送到美国耶鲁大学读硕士。第二年，张桂君为马家生了个女孩，取名马仰曹。

1916 年，马寅初获得了哥伦比亚大学的经济学博士和哲学博士学位，回国后到北大任经济学教授。1917 年，马寅初回嵊县家乡度假时，很盼望他香火传承的父母，为没有孙子而着急万分。于是就为儿子又娶了一个 13

马寅初晚年与家人合影

岁的小姑娘王仲贞。王仲贞小学毕业，比马寅初小 22 岁，而且俊俏娇美，待人处事也很通情达理。

张桂君为马家先后生了三个女儿，王仲贞却为马家生了两儿两女，使得马寅初的香火得以传承。

马寅初对这两个妻子一视同仁，总是由两个妻子陪伴着就餐、散步或上街购物。有时马寅初外出度假，她们也都与他同行，从来没有过厚此薄彼的事情发生。正因如此，张桂君与王仲贞相处得非常融洽。她们以姐妹相称，互敬互爱，互相体贴，一心一意地侍奉丈夫，从来不计较个人得失。后来马寅初的住宅需要大修，马家搬出租房居住，两房妻子才分居两处。即使这样，马寅初也经常去看望住在大女儿家的张桂君，张桂君也常去看望马寅初和王仲贞。1954 年大女儿病逝后，马寅初将张桂君接回家，与王仲贞一起生活，直到他 101 岁逝世。

轶事　马寅初讲课很少翻讲义，讲得激动时，往往走下讲台，挥动胳膊，言词密集，如同阵雨。一些坐在前排的学生说："听马先生上课，须撑雨伞。"

孔祥熙过五十岁大寿，给马寅初发了请柬。马寅初赴宴时，提了三斤挂面两斤肉。寿宴上，有人想巴结孔祥熙，提议大家讲笑话。马寅初首先站起来说："我不会讲笑话，只会讲故事，我先为大家讲一个故事助兴，怎么样？"大家拍手叫好。马寅初接着说："从前有兄弟三人，老大叫年纪，老二叫学问，老三叫笑话。有一天，父亲叫他们兄弟三人上山砍柴。晚上回来后，老大年纪砍了一把，老二学问一点儿也没有，老三笑话倒是砍了一担。"这个故事实际上是讽刺孔祥熙"年纪一把，学问全无，笑话一担"。众人心知肚明，顿时鸦雀无声。孔祥熙听后，无可奈何。

任北京大学校长期间，马寅初得知中文系教师郭良夫在燕园临湖轩举行婚礼，便抽空前去祝贺。郭良夫当时只是一名普通教师，见校长亲自前来祝贺，心情非常激动，便同新娘一道向校长敬酒。马寅初也十分高兴，举杯对新娘风趣地说："我想请新娘放心，因为根据新郎的名字，他一定会成为好丈夫。"众人报以热烈的掌声。

马寅初喜欢以"兄弟"自称，而且，不分场合，也不论谈话对象的年龄大小、职位高低。1951 年，古稀之年的马寅初就任北京大学校长。在北大师生欢迎马寅初的大会上，马对师生们说："兄弟很荣幸来到北大做校长。兄弟要和大家提出三个挑战：第一，兄弟要学俄文。……第二，兄弟要骑马、爬山。……第三，兄弟冬天洗凉水澡。"

每逢北大开全校大会时，马寅初总是笑容可掬，用他那浓浓的江浙音，讲上几句"兄弟我，代表北京大学……"之类的开幕词。然后，他便打开随身携带的小马扎，打横坐在报告人的身边，同全校师生在一起认真听讲。

北大每逢除夕都在大膳厅举行全校新年团拜会，新年钟声一响，校长马寅初准时出现在全校师生面前，或因兴致佳好，或因酒后微醺，总是红光满面，必以"兄弟"自称，向全校师生祝贺新年。

养生 马寅初非常注意体育锻炼，从十几岁开始，一直到百岁高龄，从未间断。他喜爱的体育运动多种多样，如太极拳、太极剑、骑马、游泳、跑步等。他还常常利用节假日进行爬山运动。北京郊区的一些山峰，他都登过；杭州的北高峰、桃源岭等也都留下过他的足迹。他在 76 岁时，还健步登上过连年轻人也感到吃力的北京西山上的"鬼见愁"呢！

至于步行锻炼，则是他几十年来的老习惯了。他每天早晨都要在院子里跑步 50 圈，每圈约 60 米，累计起来相当于 3 公里的路程。在他 87 岁那年，一条腿突然不能走路，再也不能爬山和跑步了，但他并未因此而放弃锻炼，改为拄着拐杖走路，每天 3 次，总共要走上五六公里。当下雨或不能到室外活动时，他就在家里扶着茶几转圈。

在 91 岁高龄那年，他患了直肠癌，唯一的办法是将肿瘤切除，但考虑到马老的年龄，医院并不准备为其实施手术，而是采取保守治疗的方法。马老本人及其家属却认为马老年纪虽大，体质却比较好，坚持要动大手术。这样一来，医院院长也做不了主，请马老家属向周恩来总理请示，总理当即作了"应从手术考虑"的批示，又同意从天津请来三位医生。结果手术获得了成功，创造了医学史上的奇迹。动过大手术以后，马老仍很乐观，当时他的两条腿完全瘫痪了，从此才不得不放弃下肢运动而坐上了轮椅。在这种情况下，他仍以顽强的意志和惊人的毅力进行锻炼。每天早上，他让家人推他到院子里去绕一圈，边呼吸新鲜空气，边做上肢运动。

马寅初的生活很有规律。每天白天工作，早晨起床后按时锻炼，中午小睡一会儿，晚上睡前洗个澡。一日三餐按时进食，他从不吃零食，在饮食上也不过分地去挑拣，从不暴饮暴食，每餐饭吃八九分饱就停筷。马老从不抽烟，不吃过热的食物，也不饮酒。

从以上不难看出，马老健康长寿的主要秘诀有三点：心胸宽阔、豁达大度；长年坚持体育锻炼，从不间断；生活有规律，坚持良好的饮食习惯。

马老对长寿充满了信心，他曾对人说："从前是人生七十古来稀，如今是人生七十多来兮"，"若无他故，我必活百年。"1982 年，马老去世，正好活到了 100 岁。

马一浮："唯诚可以感人，唯虚可以接物"

传略　马一浮（1883—1967），名浮，字一浮，浙江会稽（今浙江绍兴）人。中国现代思想家，与梁漱溟、熊十力合称为"现代三圣"，现代新儒家的早期代表人物之一。于古代哲学、文学、佛学，无不造诣精深，又精于书法，合章草、汉隶于一体，自成一家，丰子恺推崇其为"中国书法界之泰斗"。

1898 年应绍兴府试，名列榜首，中第一名秀才。1900 年，与谢无量同到上海，入同文学堂学习英、法、德、日语文。并与

马一浮

谢无量、马君武等组织"翻译会社"，创办"翻译世界"杂志。1902 年，应聘赴美，于美国使馆留学生公署任文牍职，此间曾到过英国和德国。翌年离美赴日，1904 年 11 月回国，从事翻译和著作。

1904 年，借居杭州广化寺，专心阅读儒释道家典籍和西方尼干，对佛教教义禅理、道教玄学以及欧美文史、哲学等，都曾涉猎，又精研书法，自成一家。1913 年，教育总长蔡元培请他出任教育部秘书长，任职三个月，对蔡元培废止儒学持异议，离职回杭，埋头钻研佛学、哲学等，与苏曼殊、

李叔同等往来论学。1914 年，倡议成立"般若学会"，其宗旨在超越于虚幻不实的世俗认识，以证悟般若智慧。自 1918 年始，一直独居杭州，刻苦钻研古籍。

1937 年抗战爆发，避难入川。1939 年，在四川乐山县乌龙寺，创办"复性书院"，招收学生三十余名，自任主讲，培育了一批国学研究的人才。同时集资刻书，数年之间，刻印儒学著作 28 种，为研究中国传统文化保存了珍贵的文献。1946 年返回杭州，将复性书院也一并迁杭，但因经费无来源，讲学难以展开，主要以刻书为主。

1953 年，出任浙江省文史馆馆长，并先后当选省人民代表大会代表、省政协常委、全国政协委员、中央文史研究馆副馆长。1967 年 2 月逝世。所著后人辑为《马一浮集》。

天资　马一浮自幼聪明颖悟，记性过人，享有"神童"、"怪兽"之誉。他 8 岁初学做诗，9 岁能诵《文选》、《楚辞》。10 岁时，其母指庭前菊花命作五律，限麻字韵。他应声而就，曰："我爱陶元亮，东篱采菊花。枝枝傲霜雪，瓣瓣生云霞。本是仙人种，移来高士家。晨餐秋更洁，不必羡胡麻。"他母亲听后高兴地说："此诗虽有稚气，颇似不食烟火语。汝将来或不患无文，但少福泽耳。"

母亲去世后，父亲曾延聘一位有名望的举人来家教授马一浮以经书。但不几天，这位举人就因发现马一浮的才智大大超过了自己而只好退避三舍，辞馆另就。从此，他父亲便只好任其自学。

1898 年，15 岁的马一浮与周树人、周作人等一同参加绍兴（时称会稽）县试，结果名列榜首。当时他写的文章系全集古人佳句而成，天衣无缝，宛若己出。因此被求才若渴的社会贤达汤寿潜（后来任浙江都督和孙中山临时政府交通总长）看中，选为快婿。

丰子恺在《桐庐负暄》中说："无论什么问题，关于世间或出世间的，马先生都有最高远最源本的见解。他引证古人的话，无论什么书，都背诵出原文来。……先生所能背的书，有的我连书名都没听说过。"

熊十力曾在当时的《时事新报》"学灯"上撰文，深为马一浮淡于名利不求闻达，"深窥百家之奥而世人莫知其姓名"而惋惜。

旷逸　马一浮一生不求闻达。1911年辛亥革命成功，蔡元培任孙中山临时政府教育总长，请他担任秘书长。但他因不习惯官场应酬，做了一周多便宣告："我不会做官，只会读书，还是回西湖。"从此不再涉及仕途经济。不久蔡元培任北京大学校长，请他担任文科学长，他也婉辞而推荐了好友谢无量。浙江大学想请他讲学，但鉴于前例，竺可桢到了马宅两次也不敢贸然开口。1937年抗战爆发，浙大迁至江西泰和，竺可桢以由浙大出面为马先生运藏书为契机登门礼聘，马一浮被竺可桢尊师重教精神感动，才以大师名义在浙大讲学并随浙大内迁。

有一次，时任东南五省联军统帅驻扎杭州的孙传芳慕名来访，马一浮不肯接见。家人鉴于孙传芳当时的权势便打圆场说："是否可以告诉他您不在家？"马断然说："告诉他：人在家，就是不见！"无奈，孙传芳只好悻悻而返。

抗战期间，孔祥熙的母亲去世，孔派人找到马一浮，请马替其母写一篇歌功颂德的墓志铭，马一浮婉拒。孔祥熙并不死心，再派人向马一浮请求，并许以黄金若干两为酬劳。这次，马一浮听说是金钱交易，顿时从椅子上站起来，冷冷地说："我从不为五斗米折腰，请回吧！"来人只得悻悻而返。

1938年，马一浮在浙大讲学时说："今之所谓知识分子，古之所谓士也……士者，事也，好能为社会服务之称……富贵不足以益，贫贱不足以损，若此则可谓士矣。"

1938年8月，马一浮避日寇西迁，在四川乌云山复兴书院任主讲和总编纂。国民党政府想借马先生的声望，收买人心，装点门面，开始同意给复兴书院拨款，后迟迟没行动。马一浮为解决经费，来到重庆。蒋介石知道后，为取得礼贤下士的名声，特邀召见。马一浮再三推辞，后不得已才由陈布雷陪同，去见了一面。

马一浮到蒋介石处后，蒋略事寒暄，便向马一浮请教治国之道。马一浮正色道："唯诚可以感人，唯虚可以接物，这是治国的根本之法。"又说："务请以国家民族为重，捐弃宿怨前嫌，联合各党各派，共同抵御外侮。"其言刺耳，说得蒋介石默默无语。马一浮讲完后起身告辞。此后国民党政府仍不给书院经费，马一浮靠刻书卖字维持生计和捐款书院。

李叔同的学生、新加坡佛学院院长广洽法师对马一浮极其敬仰，每次回国，见马一浮自奉甚俭，总想送点钱财以补不足，但马一浮笑着说："和尚是吃十方的，我怎么能连和尚的东西也收下，吃起十一方来呢？"因而广洽法师对他也愈益敬仰。

义愤　　1905年，汤寿潜为了抵制帝国主义侵略，夺回浙江铁路建筑权，在旅沪浙江同乡会支持下与张元济等成立浙江铁路公司，自任沪杭铁路总理。由于当时杭州拱辰桥是日本租界，工业发达，经济繁荣，因此汤寿潜最初把沪杭铁路终点站定在艮山门并准备从艮山门再铺一支线到拱辰桥。一天，马一浮到岳父家作客，汤寿潜见爱婿从欧美游学归来，道德文章颇有建树，名气很大，便把铁路图纸交给他请他参议。谁知马一浮看后却一把将图纸撕成两半。"这是为啥？"幕僚们大惊失色忙问何故。马一浮说："中国人造铁路要为中国人着想。为什么不把终点站定在羊市街闹市区北端附近，再铺一支线到南星桥，以便水陆衔接和今后铁路南延，而要把终点站定在艮山门，铺支线到拱辰桥租界去方便日本人呢？"汤寿潜觉得他的话言之有理，不但不以他撕图纸为无礼，还按他的方案把艮山门改为货运站而在羊市街北端城内即今天的杭州城站建了一个终点站。

1907年秋瑾被害时，马一浮义愤填膺，作《悲秋四十韵》一诗共80

句 400 言，表达了自己"终古轩亭恨，崇朝皖群谋"的哀思。1912 年，民国成立，浙江人民追慕徐锡麟壮烈，将他遗骸从安徽归葬杭州孤山时，他又撰《烈士徐君墓表》赞扬徐锡麟"布衣穷巷之士，哀愤郁积，抱咫尺之义，犯险难蹈白刃不顾，必死以求自达，而非有利天下之心，志苦而计成，迹诡而意纯，虽匹夫之节，君子有取焉"的牺牲精神。

佳话　1941 年秋，马一浮的挚友谢无量到四川乐山复性书院看望马一浮，相见甚欢。一日，马一浮通知书院学人齐集尔雅台谒见谢先生，请谢先生向诸生开示。马一浮的学生张德钧骄矜自负，想考考谢先生的学问，首先发问："什么是无明？"无量微笑未答。马一浮觉得张生此问出于胜心，必须折之，乃代谢先生答曰："你这一念，便是无明。何不返躬自看。"张生惭而失色。在座诸生，莫不敛容。

熊十力听说马一浮游学美、英、德、日诸国研究西方哲学回来，将治学重点转向儒学，曾借住广化寺，青灯黄卷，三年之内足不出户，尽读四库全书三万六千余卷，便很想见见马一浮。他回忆说："马一浮清末就很有名气。我既然在杭州，就很想见他。但是找这个人介绍不肯，找那个人介绍拒绝。这些人的意思是说，马一浮谁也不见，他还见你！不得已，我自己写了一封信并附著作，直接找马一浮。很久得不到消息，我就很气。终于有一天，马一浮来了。我就说，我写信给你，为什么不回信？马说，你如果只有一封信，我就可以写了回信。但你附有著作，我一定要把你著作读完之后才回信。你看，我现在不是来了吗？"马一浮的认真坦诚感动了熊十力。从此，熊十力就把马一浮视为知己。

1951 年 4 月，陈毅到杭州，由教育厅长刘丹陪同亲自到郭家河头拜访马一浮。当时马一浮正午休，家人想唤醒他，被陈毅阻止。家人请陈毅进屋，陈毅怕打扰大师午休，便站到了屋檐下。过一会下起了毛毛雨，待马一浮醒来赶忙请进时，陈毅、刘丹等人衣帽鞋袜皆沾湿了。陈毅在礼叙以后便开门见山地说：过去人家掌权您老不肯出山。现在我们（人民）当家了，您老总不能袖手旁观吧！马一浮为陈毅这种礼贤下士的精神和豁达爽朗的风度所感动，终于应邀担任了华东文物管理委员会委员，后来又担任了浙江省文史馆的第一任馆长。"不恨过从简，恒邀礼数宽。林栖便鸟养，舆论验民欢。皂帽容高卧，缁衣比授餐。能成天下务，岂容一枝安。"事后，马一浮写了这首《赠陈毅副总理》的诗，生动地记叙了陈毅"马门立雨"的感人情景。

　　1957年，苏联领导人伏罗希洛夫访华时，在周恩来的陪同下，到杭州蒋庄拜访马一浮。周向伏罗希洛夫介绍说："马一浮先生是我国著名学者，是我国唯一的理学家。"伏氏问马一浮："您在研究什么？"马答道："读书。"伏氏又问："现在做什么？"答："读书。"伏氏想请他出去走走，他仅答以："恕不奉陪。"

　　授道　　马一浮一直倡导古典书院式的教育形式，反对现代教育方式。他认为，只有像宋明时代的古典式的书院，在优美宁静的山水间，有从容和闲暇的环境，才能宣讲儒家学术。

　　马一浮反对现代学校的另一个原因。是因为现代学校将学术分科细化。他认为，中国现代学校学术分科很多，学者往往执著于某一偏狭的领域，抓不住个根本的东西，不能融会贯通。他说："古人论学主通，今人论学贵别，今之所谓专家者，得之于别而失之于通。因此读书之道，不能为纷歧多变的现象所迷惑，要从中抓住一个根本的东西。"马一浮认为，这个根本的东西，就是"六艺"。

　　马一浮认为："国学者，六艺之学也。"此处之"六艺"指"六经"，即诗、书、礼、乐、易、春秋。马一浮更喜欢用"六艺"这一名称，并用它广义地指六类或六个部门的文化学术或教化。

　　马一浮曾自费到南洋群岛（今新加坡）考察闽人办的"道南学堂"，

对其颇为赞赏。此后，他在与弟子寿景伟、刘百闵等的通信中，流露出想找一处山水胜处，创办一所古典式书院的想法。后弟子们将马的这一愿望，辗转传达到国民党最高当局，当局表示认可，决定在四川乐山开办复性书院，实现马一浮创办书院的愿望。复性书院设在四川省乐山县的乌山上，位于岷江、青衣江、大渡河交汇处，风景绝佳。山上的"尔雅台"，相传是晋人郭璞注解《尔雅》的地方。

1939年1月底，马一浮欣然赴川应聘书院主讲。在赴川之前，马一浮提出，书院必须是完全属于社会性的纯粹学术机构，不受政府干涉的自由讲学。他提出三个条件：一、书院不列入现行教育系统；二、除春秋祭奠先师外，不举行任何仪式；三、不参加任何政治活动。当局一一赞同。

马一浮拟定的《复性书院简章》规定，书院宗旨为"专明吾国学术本原，使学者得自由研究，养成通儒"，书院设主讲一人，请的教师应是国内知名学者。书院学生不求仕宦，不营货利，不起斗争。

马一浮认为，讲学是弘扬大法，启迪后学，不敢不敬。故书院极为重视礼仪。正式讲学前，书院举行了隆重的开讲典礼，马一浮盛服立讲舍（乌尤寺之旷怡亭）前正中位，讲友、都讲及诸执事分立左右，学生在后依序立，由引赞王静伯唱先行谒圣礼，师生向先师位北面三礼，梵香读祝复三礼，谒圣礼毕，次行相见礼。礼毕，马一浮方开讲。以后，马一浮每次开讲前，都先写好讲稿，命人誊清，将旷怡亭清扫干净，将鲜花一束置瓶中放在讲桌上。开讲时，学人齐集后，由都讲乌以风捧讲稿随侍在后，俟马一浮升座定位，再将讲稿双手捧持顶礼以献。

1941年5月25日，书院停止讲学，从此专事刻书。刻书的主旨，是要使儒学有传，智种不断。马一浮多次对弟子们说："多一刻一板，多印一书，即是使天地间能多留一粒种子。"

1946年5月，马一浮回到杭州，暂借西湖葛音山庄为临时书院院舍，继续卖字刻书，以维持书院。此后通货膨胀加剧，物价飞涨，马一浮勉强维系书院至1948年，才彻底放弃。

论学 马一浮在浙大讲学的第一天就开宗明义告诉研究国学的学生，研究国学目的"在使诸生于吾国固有之学术得一明了之认识……对国家社会乃可担当大事。"后来又在《赠浙江大学毕业诸生序》中一再希望学生毕业后"行其所学，对于国家社会能尽其在己之责任。"并在《论六艺该统摄一切学术》、《论西来学术亦统于六艺》等讲演中宣告："今日欲行六艺之道，并不是狭义的保存国粹，单独的发挥自己民族精神，而是要使此种文化普遍的及于全人类，常新全人类习气上之流失，而发其本然之善，全身性德之真……世界一切文化之最后归宿，必归于六艺。而有资格为此文化之领导者，中国也。"

马一浮专门有一篇文章叫《释学问》。其中写道："人人皆习言学问，却少有于此二字之义加以明晰之解说者。如见人读书多、见闻广，或有才辩、能文辞，便谓之有学问。古人所谓学问，似乎不是如此。此可说是有知识，有才能，若言学问，却别有事在。知识是从闻见得来的，不能无所遗；才能是从气质生就的，不能无所偏。学问却要自心体验而后得，不专恃闻见；要变化气质而后成，不偏重才能。知识、才能是学之资藉，不即是学问之成就。唯尽知可至于盛德，乃是得之于己；尽能可以为大业，亦必有赖于修。如此，故学问之事起焉。是知学问乃所以尽知尽能之事，而非多知多能之谓也。学问二字，今浑然不别，实际上学是学，问是问，虽一理而有二事。浅言之，学是自学，问是问人。自学要自己证悟，如饮食之于饥饱，衣服之于寒暖，全凭自觉，他人替代不得。"

伤情 1898 年，16 岁的马一浮在绍兴县试中一举夺魁，声名大噪。时浙江名士汤寿潜（民国时曾任浙江省第一任都督、交通总长），对马一浮极为欣赏，将长女汤仪（字润生，私谥孝）许配给马一浮。

1899 年，17 岁的马一浮娶汤仪为妻。婚后，马一浮在绍兴府城觅得房屋，与妻子一起居住，并以秀才身份进入府学，继续学业。

汤仪比马一浮大一岁，虽不识字，但温婉贤淑。她服侍有病的公公，对丈夫体贴入微，夫妻感情甚笃。婚后，马一浮耐心教汤仪识字读诗，他对妻子说："不能识字，比于盲瞽；不能读书，比于冥行。"

1901 年，在上海学习的马一浮接到家中来电，告知妻子病危。他忙连夜动身返乡，于两日后回到家中，却只看见亡妻的灵柩。马一浮的肝肠俱碎，不吃不睡，不哭不语，只是在汤仪灵柩前，握着汤仪的手。直到汤仪下葬入土后，马一浮方悲哭出声。

此后，马一浮下定决心不再续弦。他说："吾见室人临终后之惨象，惊心触目，不忍人睹，自此遂无再婚之意。"

当时，一些世阀大户家的女子，仰慕马一浮的为人，通过各种方式将爱慕之情传达给他。但马一浮坚决表示不再续娶。他毅然在报刊上登出了婉拒友人为他作伐续弦的公开信，云："浮德非虞鳏，生无立锥之地；才谢孔父，已邻衰白之年。分当枯木寒岩，自同方外；此而犹议婚姻，私亦讶其不伦。"

马一浮此后与岳家一直保持着良好的关系。岳父汤寿潜逝世后，汤仪的哥哥汤孝佶曾对马一浮谈及汤寿潜的遗愿："亡女缘悭福浅，希望马先生能再继画眉之乐，不要再孤灯独对地苦待自己了。"但马一浮却不为所动，坚持不再续娶。马一浮由此赢得了汤家上下的敬重，其晚年生活，一直是由汤仪的侄女汤俶方照料。

马一浮曾作《哀亡妻汤孝辞》，寄托自己的哀思："孝归我三十一月，中间迭更丧乱，无一日不在悲痛中，浮未有与卿语尽三小时者。然浮所言他人所弗能解者，卿独知其意。……卿既死，马浮之志、之学、之性情、之意识，尚有何人能窥其微者！"

养生　　马一浮之所以能高寿，除了乐天知命、豁达洒脱的人生态度之外，还与他的生活习惯有关。马一浮日常起居作息很有规律。他通常都是早睡早起，天未亮就醒来，躺在床上构思东西。起床后，盘腿打坐，做静气功。然后略吃早餐。马一浮有个习惯，吃饭的时候喜一人独吃，不与家人共餐。他喜欢吃硬食不吃烂软的食物，用完餐即漱口。饭后便开始一天的工作。或看书，或临帖，偶尔也会客。马一浮有午睡的习惯，但通常时间不会太长。马一浮一生没有其他嗜好，唯喜吸烟、喝茶。早年吸水烟、旱烟，后来改卷烟。茶，是云南普洱茶。需用紫砂壶搁在方形的铜炭炉上烧得滚烫。马一浮住陋巷、服布衣、吃斋饭，生活清苦，但由于他善于调节，加之又精通医道，故能物尽人性、颐养天年。

马一浮积毕生之经验，总结出了一个"食要少、睡要早、心要好、事要了"的《养生四字诀》，十分值得后人实践效仿。

名言 读书如人行远，必假舟车。舟车之行，须由轨道，待人驾驶。驾驶之人，既须识途，亦要娴熟。不致迷路，不致颠覆，方可到达。故读书之法，须有训练，存乎其人。书虽多，若不善读，徒耗日力。不得要领，陵杂无序。不能入理，有何裨益？所以《学记》曰："记问之学，不足以为人师也。"古人以牛驾马，有人设问曰："车若不行，打车即是？打牛即是？"此以车喻身，以牛喻心。车不自行，曳之者牛。肢体运用，主之者心。故欲读书，先须调心。心气安定，自易领会。若以散心读书，博而寡要，劳而少功，必不能入。以定心读书，事半功倍。随事察识，语语销归自性。然后读得一书，自有一书之用。不是泛泛读过。须知读书，即是穷理博文之一事。然必资于主敬，必赖于笃行。不然，则只是自欺欺人而已，必涵养纯熟，然后气自常定，理自常明。逢缘遇物，行所无事，毫不费力。然其得力处，皆在平日读书穷理工夫不间断，于不知不觉之中，滓秽日去，清虚日来，气质自然清明，义理自然昭著，此正孟子所谓集义也。

读书非徒博文，又以蓄德，然后能尽其大。盖前言往行，古人心得之著见者也。蓄之于己，则自心之德与之相应。

　　大凡一切学术，皆由思考而起，故曰学原于思。思考所得，必用名言，始能诠表。名言即是文字，名是能诠，思是所诠。凡安立一种名言，必使本身所含摄之义理明白昭晰，使人能喻，谓之教体。必先喻诸己，而后能喻诸人。因人所已喻，而告之以其所未喻，才明彼，即晓此，因喻甲事而及乙事，辗转开通，可以助发增长人之思考力，方名为学。故学必读书穷理，书是名言，即是能诠，理是所诠，亦曰"格物致知"。物是一切事物之理，知即思考之功。《易·系辞传》曰："唯深也，故能通天下之志。"换言之，即是于一切事物表里洞然，更无睽隔，说与他人，亦使各各互相晓了，如是乃可通天下之志，如是方名为学。

诗话
　　诗以道志而主言，在心为志，发言为诗。凡以达哀乐之感，类万物之情，而出以至诚恻怛，不为肤泛伪饰之辞，皆诗之事也。

　　诗者，志也。志能相通，则无不喻。但用事须有来历，体格气韵亦别有工夫，此则非学之深且久，未易骤悟。今人不学诗，诗教之用不显。然其感人不在一时，虽千载之下，有闻而兴起者，仍是不失不坏也。

　　诗以道志，亦是胸襟自然流出，然不究古今流变，亦难为工。须是气格超、韵味胜，方足名家。

　　诗以道志，须"清明在躬，志气如神"方是好诗，不可强也。

　　诗，第一要胸襟大，第二要魄力厚，第三要格律细，第四要神韵高，四者备，乃是名诗。古来诗人具此者亦不多，盖诗之外大有事在。无一字无来历，亦非畜养厚，自然流出，不能到此境界，非可强为也。世俗人能凑一二浅薄语，便自命诗人，此实恶道。

　　诗教甚大，而世之名为诗人者，其诗则小。果能闻道，

马一浮书法作品

虽不能诗，何损；诗虽工，而无当于性情之正，何益？汉魏以降，诗人多如牛毛，语其至者，一代不过数人，一人不过数篇。吾夙昔耽诗，每恨其多，不可胜读，然粗知其利弊，为之而不谬于古人，不溺于流俗，非用力十余年，殆未易语。但非谓诗不可学，亦弗谓可不学也。性之所近，以余力求之可耳，勿以是自喜也。

诗以感为体，必有真情实感，然后下笔，诗味自有不同。自古以来，历代诗人多如牛毛。然真正到家，一代不过数人；精心之作，一人不过数篇。诗学甚大，不仅文词雕琢。学诗得其门径，亦须十年功夫。若言诗学精微，则是终身之事。

古之所以为诗者，约有四端：一曰幕俦侣，二曰忧天下，三曰观无常，四曰乐自然。诗人之志，四者摄之略尽。若其感之远近，言之粗妙，则系于德焉。

诗词

雨

才闻一路哭，有听满城讴。
唯有檐前雨，声声不断愁。

观　物

无用为时贱，忘身自古难。
风高知野旷，雪尽入春寒。
山鸟频惊猎，江船逆上滩。
物情良不远，避世敢求安？

行 客 叹

我行嗟已久，客路尚劳形。

万古空潭月，寒天欲曙星。

无言来去水，相见短长亭。

岁晚增离思，平芜草更青。

怅 望

白首复春前，羁栖似旧年。

雪侵松骨瘦，风带犬戎膻。

高鸟连云栈，轻鸥下水船。

怀归兼念乱，怅望绿杨边。

刘师培：一只屡被世事"拖下水"的国学界凤凰

传略　刘师培（1884—1919），字申叔，改名光汉，号左盦，笔名韦裔，又署光汉子。江苏仪征人。

其曾祖刘文淇、祖父刘毓崧、伯父刘寿曾，以为《春秋左氏传》作新疏而列名《清史稿》儒林传。自幼秉承家学，十二岁，毕读五经及四子书，十八岁，补县学生员，1902年中举。

1903年，到北京参加会试，未中。归途中在上海停留，想找个教员职务以谋生；乃结识章太炎、蔡元培等"爱国学社"的反满

刘师培

志士，受他们的民族革命思想之影响，一时兴起，改名为刘光汉，表示自己有"攘除清庭，光复汉族"的决心。以"光汉子"署名，发表《中国民族志》和《攘书》等文，论述异族入侵和各族融合的历史；强调"夷夏之防"，宣传"非我族类，其心必异"，鼓吹民族革命。1904年，经蔡元培介绍加入光复会，与蔡氏合办《俄事警闻》，鼓吹"拒俄运动"，后改《警钟日报》，为主笔。1905年春，《警钟日报》被查封，避居浙江平湖。半年后化名金少甫，到芜湖皖江中学和安徽公学等处教书。其间，与陈独秀、

章士钊、苏曼殊结交，创办《白话报》，运用其小学考据之素养，研究、倡导语言文字之改革。

1907年春，应章太炎之邀，携妻何震东渡日本，到东京任《民报》编辑。结识孙中山、黄兴等人，加入同盟会，发起成立亚洲和亲会，以"韦裔"、"豖韦之裔"的笔名先后发表《普告汉人》、《悲佃篇》、《辨满人非中国之臣民》等文。宣传"宗旨在反对帝国主义，期使亚洲已失主权之民族，各得独立。""今日之讨满，乃种族革命与政治革命并行者也。"继而与何震创办《天义报》、《衡报》，鼓吹女权主义、共产主义、无政府主义，撰有《共产党宣言序》。同年与何震双双归国，投奔两江总督端方幕府。1908年于《神州日报》公布所谓章太炎上端方书，诬章太炎亦叛变革命，致使同盟会分裂，章氏从此与孙文、黄兴、汪精卫等人分道扬镳。1909年夏，在上海向端方密告浙江革命党人准备起义的计划，致使革命党联络机关被破坏，同盟会员张恭被捕，起义失败。事后端方任命他为两江督辕文案兼三江师范教习。1909年底，端方调任直隶总督。1910年，赶到天津，任直隶督辕文案、学部谘议官等职。

1911年9月，做为参议官随端方带兵入四川，镇压保路运动。11月下旬，端方在资州被起义官兵杀死，他也在资州被革命军拘捕。章太炎、蔡元培先后致电大总统府，要求保释刘师培。获释后任成都国学院副院长，还在四川国学学校讲授《左传》、《说文解字》等课，作《废旧历论》等文。

1913年，至山西太原阎锡山幕府，任高级顾问。1915年至北京，为袁世凯利用，与杨度、孙毓筠、严复、李燮和、胡瑛等六人组织筹安会，撰写文章鼓吹帝制。10月袁世凯明令其署理参政院参政；11月又授刘"上大夫"。1916年6月，洪宪帝制失败后，被迫流落天津。

1917年，应北京大学校长蔡元培之聘，任北京大学文科教授，先后开设"六朝文学"、"文选学"等课程，有《中国中古文学史》讲义传世，为近现代中国文学史研究首屈一指之巨著。1918年，新文化运动逐步高涨，而他坚决反对新文话、白话文运动，他集合同道，"慨然于国学沦夷，欲发起学报以图挽救"，意把《国粹学报》和《国粹汇编》复刊，以对抗《新青年》。

1919 年 1 月，与黄侃、朱希祖等人成立"国故月刊社"，成为国粹派。刊行《国故月刊》，为总编辑。他"昌明中国固有之学术"，以对抗新文化运动。同年 11 月 20 日病逝于北京，年仅 36 岁。

著有《左盦集》八卷、《左盦外集》二十卷、《左盦诗录》四卷、《词录》一卷及论经学（以小学、左传学为主）、史学（开创近代中国学术史体）、文学（主张"六朝文"，维护扬州学派骈文之文统）专著七十四种，收入 1934 年宁武南氏刊本《刘申叔先生遗书》中。

刘师培学术造诣很高。他曾主张以字音求字义，用古语明今言，用今言通古语，通过古文字结构探究中国的"人群进化"。他认为古代文词仍不可骤废，主张"近日文词，宜区二派：一修俗语，以启瀹齐民；一用古文，以保存国学；庶前贤矩范，赖以仅存"（《论文杂记》），这种观点，至今对文学史及文学理论研究也是极有价值的。

投逆　1907 年，同盟会发生了以章太炎为首的"倒孙风潮"。刘师培与日本浪人北一辉、和田三郎结为至交，在"倒孙风潮"期间扮演着极不光彩的角色，他们阴谋刺杀孙中山，幸而未能得逞。刘师培迁怒于拥护孙中山、反对集会表决的同盟会总干事刘揆一，于是唆使和田三郎和北一辉在僻静的小巷对刘揆一拳脚相加。

"倒孙风潮"终告平息，同盟会的内讧却造成了无法弥合的裂痕，两位革命党的泰山北斗孙中山与章太炎由同仇敌忾的战友一变而为不共戴天的冤家对头。刘师培对孙中山的反感更激化为鄙夷和仇恨。刘师培的心理变化，用陶成章的话来概括，则是："因见孙文受外贿，心轻之。寻又以与会中办事争权，大恨党人。"刘师培本人将自己脱离革命阵营的缘由归结为"失望"二字，他说："东渡以后，察其隐情，遂大悟往日革命之非。"

所谓"隐情"即指革命党人在公生活与私生活两方面的缺失。

刘师培"外惧党人，内惧艳妻"，1907年底，由何震出面联络，他作《上端方书》，表示今后"欲以弭乱为己任，稍为朝廷效力，兼以酬明公之恩"，并献"弭乱之策"十条，甘愿变节，充当清廷暗探，踏上了背叛革命的不归路。1909年，刘师培夫妇在上海诱捕革命党人陶成章未遂，又将浙江起义的机密出卖给端方，致使革命机关天宝栈遭到破坏，金华龙华会魁首张恭被捕入狱。浙江志士王金发忍无可忍，决定锄奸，他持枪闯入刘师培的寓所，刘氏跪地求饶，答应离开上海，保证竭力营救张恭，这才侥幸捡回一条性命。1909年夏，王金发在上海击毙了汪公权。受此惊吓之后，刘师培不知改悔，反而公开入幕，为端方考订金石，兼任两江师范学堂教习。又拜徐绍桢为师，研究天文历法。端方调任直隶总督，刘师培紧紧追随，担任直隶督辕文案、学部谘议官等职。

1911年，端方前往四川，出任川汉铁路大臣，派兵残酷镇压保路运动，在资州（今四川资中）被哗变的新军击杀。刘师培亦遭到羁囚，身为南京临时政府教育总长的蔡元培在不知其音信的情形下，与章太炎联名在《大共和日报》上刊登《求刘申叔通信》，称："刘申叔学问渊深，通知今古，前为宵人所误，陷入樊笼。今者，民国维新，所望国学深湛之士提倡素风，任持绝学。而申叔消息杳然，死生难测。如身在地方，尚望先一通信于国粹学报馆，以慰同人眷念。"在得知刘师培下落后，蔡元培又以教育部名义致电四川，要求将刘护送来部，"以崇硕学"。

武昌起义后，安徽省宣布独立，陈独秀任都督府秘书，查得刘师培下落后，冒党人之大不韪，联名挥毫上书大总统，义保刘光汉（师培）：

> 大总统钧鉴：仪征刘光汉累世传经。髫年岐嶷，热血喷溢，鼓吹文明，早从事于爱国学校、《警钟日报》、《民报》等处，青年学子读其所著书报，多为感动。今为共和事业得已不日观成者，光汉未始无尺寸功，特惜神经过敏，毅力不坚，被诱金任，

坠节末路，今闻留系资州，行将议罚，论其终始，实乖大法，衡其功罪，或可相偿，可否恳请赐予矜全，曲为宽宥，当玄黄再造之日，延读书种子之传，俾光汉得以余生；著书赎罪，某等不啻身受大法矣。谨此布闻，伏待后命。

在章太炎、蔡元培、陈独秀的呼吁下，刘师培得以获释，在成都国学院短期讲学，然后于1913年6月，前往山西，担任友人南桂馨的家庭教师。后由南氏介绍，刘师培投靠阎锡山，任高等顾问。阎锡山赏识刘师培的学问，将他推荐给袁世凯。作为筹安会"六君子"之一，刘师培鼓吹帝制，不遗余力，作《君政复古论》、《联邦驳议》等"雄文"，辞采渊懿，出尽风头。在"洪宪王朝"的独幕丑剧中他担任参政员，被册封为上大夫，享受过极其短暂的荣华富贵。"洪宪王朝"垮台后，刘师培原本在北京政府所拟的通缉名单内，由于李经羲作保，他和严复被剔出了名单。刘师培在北京待不住，只好蛰居天津租界，贫病交加，惶惶不可终日。

1917年，蔡元培执掌北京大学，实行"兼容并包"的办学方针，他力排众议，聘请刘师培为中国文学教授，讲授中古文学、《左传》、《三礼》、《尚书》和训诂学。

1919年8月，刘师培肺病日益严重，卧床不起，11月20日，因肺结核病逝于北京，年仅36岁。咽气前，他派人把黄侃叫至病榻前，吃力地嘱托道："我一生应当论学而不问政，只因早年一念之差，误了先人清德，而今悔之已晚。"

刘师培因风云际会而笑傲江湖，也因立场不稳风大浪急而落水，不得不依附于人（端方、阎锡山、袁世凯），为之火中取栗。他屡次"下水"，被人视为"扬雄、华歆之流"，这是知识分子没有生活独立、学术独立、人格独立的代价，徒然令人慨叹："卿本佳人，奈何做贼！"徒然令人感到惋惜："向使君委身学术，不为外缘所扰，以康强其身，而尽瘁于著述，其所成就宁可限量？惜哉！"（蔡元培语）

反目　刘师培十九岁中举，踌躇满志，翌年进京参加会试，自以为"今科必中"，从此官运亨通，前途一帆风顺，却不料名落孙山。懊丧之余，刘师培口无遮掩，对考官对朝廷甚至对光绪皇帝、慈禧太后都多有微词。官府将他视为危险分子，要拿他治罪。刘师培在扬州难以立足，索性逃到上海。

在上海，刘师培与章太炎等人一起发表反清言论，积极参与《俄事警闻》、《警钟日报》和《国粹学报》的编辑工作，为《中国白话报》撰稿，用通俗易懂的浅白文言，向民众宣传民族革命主张。并先后加入中国教育学会、光复会、同盟会、国学保存会等进步组织，迅速成为一名激进的革命党人。

1907年春，刘师培应章太炎的盛情邀请，东渡扶桑，结识孙中山、黄兴、陶成章等革命领袖，留在同盟会东京本部工作，与章太炎等人组织"亚洲和亲会"，发表一些火药味十足的文章，其排满反清的激烈程度丝毫也不逊色于章太炎。1907年6月8日，刘师培的文章《辨满人非中国之臣民》在《民报》第十四期发表，章太炎的读后感是："申叔此作，虽康圣人亦不敢著一词，况梁卓如、徐佛苏辈乎？"章太炎是清末民初著名的古文经学大师，他一向自视甚高，目无余子，这回识获巨才伟器的喜悦却溢于言表。

1908年初，章太炎与刘师培夫妇合租一处房屋，同住的还有刘师培妻子何震的表弟汪公权。何震是有名的交际花，刘师培不善应酬，于是何震常与表弟出双入对，章太炎察觉二人关系暧昧，便私底下告诉刘师培，要他多留一点神，别让汪公权与何震弄出丑闻来，影响自己的清誉。刘师培的母亲非但不信，反过来大骂章太炎不安好心，挑拨离间。1908年5月24日，刘师培窃得章太炎的一枚私章，伪造《炳麟启事》，刊登在上海的《神州日报》上，其词为："世风卑靡，营利竞巧，立宪革命，两难成就。遗弃世事，不撄尘网，固凤志所存也。近有假鄙名登报或结会者，均是子虚。嗣后闭门却扫，研精释典，不日即延请高僧剃度，超出凡尘，无论新故诸友，如以此事见问者，概行谢绝。特此昭告，并希谅察。"大意是章太炎对革命已失去信心，打算从此不理世事，专研佛学。章太炎得知此事后非常气愤，他在同年6月10日的《民报》上刊登《特别广告》，斥责《神州日报》捏造事实，诟骂刘氏夫妇是清廷密探。他们的关系彻底闹僵，友情随之破裂。不久，便发生了"毒茶案"，有人在茶中下毒，谋害章太炎。事情败露，调查结果出来，是汪公权下的黑手，舆论一片哗然，刘师培夫妇陷入四面楚歌的尴尬处境。在此期间，日本政府应清政府的要求，查禁《民报》等报刊，《天义报》也未能幸免。刘师培回国后，对章太炎怨恨难消，他把章太炎要他与两江总督端方联系筹款以作远赴印度游资的五封书信影印寄给同盟会领导人黄兴，揭发章太炎的"阴私"，说什么章氏曾答应两江总督端方，只要拨给二万元，便可舍弃革命宣传，去印度出家。刘师培在背后捅上这样一刀，以章太炎的火烈性子，昔日的友情自然是扫地以尽。

1911年，端方前往四川，出任川汉铁路大臣，派兵残酷镇压保路运动，在资州（今四川资中）被哗变的新军击杀。已投靠端方的刘师培陷入樊笼，遂成惊弓之鸟。

此时，章太炎第一个站出来，尽弃往日嫌隙，顾念刘师培学问精湛，人才难得，作《宣言》，为他争取一线生机，其大旨为："昔人曾云明成祖，'城下之日，弗杀方孝孺，杀之，读书种子绝矣'。……今者文化凌迟，宿学凋丧，一二通博之材如刘光汉（师培）辈，虽负小疵，不应深论。若拘执党见，思复前仇，杀一人无益于中国，而文学自此扫地，使禹域沦为夷裔者，谁之责耶？"这篇《宣言》硬是将刘师培从鬼门关活生生地又拉了回来。

章太炎一度反感刘师培，反感的是刘某受妻子何震挟持，做出一些亲者痛、仇者快的事情，愤恨刘某缺少骨气，而不是在学术地位上非要与刘师培争个高下，分出老大老二不可。刘师培心胸褊狭，或许嫉妒章太炎的名头在自己之上，至于章太炎，他的自信已足可保证他不再计较别人的品评。章刘交恶，以及后来重修旧好，都可看出章太炎的光明磊落，他指责刘师培投逆并非信口雌黄，他对刘师培的呵护也可谓竭尽所能。

为师　　1917 年初，蔡元培出长北京大学，随即聘请陈独秀任北大文科学长。陈独秀就职不久，想起了避居天津的刘师培。陈独秀到天津看望刘师培，落魄的刘师培住在庙里，身体羸弱，情形十分狼狈。陈问刘愿不愿教书，刘师培表示教书可以，不过身体太坏，需要短期休养。于是陈独秀向蔡元培提议待刘师培稍事休养后，聘请他为北大教授。这时，也在北大教书的黄侃也极力向蔡推荐刘师培。于是，一贯主张"兼容并包"办学方针的蔡元培便同意了。

蔡元培聘请刘师培到北大担任教授，面临巨大的舆论压力。据钱玄同回忆，以刘师培前后思想违异，不但同盟会和国民党人士对其不满，就是旧派诸老也白眼视之，唯有蔡元培对其"终无恶意及非议"，并对不愿与刘师培为伍的北大同仁说："我希望你们学辜先生的英文和刘先生的国学，并不要你们也去拥护复辟或君主立宪。"

正是由于蔡元培有海纳百川的气度和宽厚仁义的性格，使得刘师培在人生的最后几年，有了一个安心传承学问的机会，使他以国学大师的身份为北大贡献了多方面的学术成就。

刘师培进入北大后，出任中国文学门（1919 年改为中国文学系）教授，兼任文科研究所的指导教师。1918 年春天，北大附设国史编纂处，刘师培兼任国史编纂处纂辑员。

据李帆《刘师培与北京大学》一文可知，1917 至 1918 学年，在北京大学，刘师培担任的课程有："中国文学"（一年级、二年级每周各三小时）、"中国古代文学史"（二年级每周三小时）。听刘师培讲课的学生有罗常培、杨振声、俞平伯、傅斯年、许德珩、郑天挺、罗庸、夏承栋、陈钟凡、张煊等，大都在后来卓有成就。

杨亮功在北大读书时，刘师培教中古文学史。杨亮功迷恋魏晋六朝文学，就是受刘师培的影响。"他编有《中国中古文学史讲义》。但上课时总是两手空空，不携带片纸只字，原原本本地讲下去。声音不大而清晰，句句皆经验之言。他最怕在黑板上写字，不得已时偶尔写一两个字，多是残缺不全。这位国学大师书法确是相当拙劣。课堂上他绝少批评新文学，他主张不妨用旧有的文章体裁来表达新思想，这是用旧瓶装新酒的办法。……刘先生在北大授课时肺病已到第三期，身体虚弱，走起路来摇摇欲倒，真是弱不禁风。他在刮风下雨的时候，照例请假。"

在罗家伦的回忆中，谈到当时北大新旧思潮斗争激烈，但刘师培并没有卷入。"至于旧派方面，刘师培在学问方面是公认为泰斗的，他赋性柔弱，对于此类问题不去计较。"

冯友兰也回忆道："当时觉得他的水平确实高，像个老教授的样子，虽然他当时还是中年。他上课既不带书，也不带卡片，随便谈起来，就头头是道。援引资料，都是随口背诵。当时学生都很佩服。"

刘师培的讲义以《中国中古文学史讲义》最为著名，成了经典之作。鲁迅曾赞誉道，中国文学史一类"我看过已刊的书，无一册好。只有刘申叔的《中古文学史》，倒要算好的，可惜错字多"。《中国中古文学史讲义》"对于我们的研究有很大的帮助。能使我们看出这时代的文学的确有点异彩"。鲁迅的看法可说是代表了当时不少专家的共识，并非过誉。

师友　　刘师培因失节无人理睬，一度在家赋闲。黄侃向北大校长蔡元培荐刘，蔡对刘曾附袁的不端行迹有虑，拒绝。黄侃竭力劝争："学校聘其讲学，非聘其论政，何嫌何疑？"蔡终被说服。故黄、刘一度在北大成为同事、朋友，过从日密。

1919年春天，刘师培的病情加重，他隐隐约约看到死神的阴影在悄悄逼近。一天，他和黄侃在一起闲谈，不由得流露出自己"四世传经，不意及身而斩"的遗憾。黄侃知刘师培膝下无子，安慰他说："你在北大授业，还用担心你的学问没有传人吗？"刘师培叹息道："北大诸生恐怕难以担当此任。"黄侃说："你觉得谁能继承你的学问？"刘师培答道："像你这样足矣！"黄侃听后，猛然站立，正色相告："只要你不认为我有辱门墙，我就执弟子礼。"第二天，黄侃用红纸封了十块大洋，来到刘师培家，磕头拜师。刘师培站起来，接受了只比自己小两岁的黄侃做了关门弟子。

其实，黄侃拜师刘师培，是有原因的。当刘师培、章太炎与黄侃在一起时，他们可以无话不谈，而章与刘则经常共同讨论经学，可当黄侃在座，刘师培就不谈经学了。黄侃猜测，如果不拜师，刘师培是不会轻易把经学传授给他的，出于对学问的崇敬，黄侃磕头拜了刘师培为师。所以，当章太炎问他为何拜刘师培为师时，黄侃便直言："余于经学，得之刘先生者为多。"

刘师培和黄侃的关系，在师友之间。在大节方面，黄侃却是当仁不让的。1915年，刘师培召集北京学术界的名士开会，商议支持袁世凯登基称帝的问题。到会的人一方面害怕袁世凯的报复，一方面又碍于刘师培的情面，彼此默不作声。当刘师培说完自己的想法之后，只有黄侃不客气地说："如是，请刘先生一身任之。"说罢拂袖而去，众人也就随之退了。

1918年冬，刘师培病重，自知来日不多，叫人请黄侃来，将一册手抄本交于黄侃说："苦心二十余年，仅得有此，此学非君不传，君其保之。"黄侃离开北大时，刘师培正处弥留之际，他十分难过，"以跪地表示谢恩。"1919年11月刘师培去世，得知此消息后，黄侃作《始闻刘先生凶信，为位而哭，表哀以诗》，诗最后两句云："抚躯若槁木，泻泪因江流。哭寝礼虽毕，奉手恩难酬。"刘师培去世次年，黄侃在武昌写了一篇悼文《先师刘君小祥奠文》，中有"悲哉小子，得不面墙，手翻继简，涕泪浪浪！"之句。由于刘师培是英年早逝，在这篇祭奠文章中，黄侃写道："贤士夭年，可数而悉，颜回韩非，贾谊王弼。如我夫子，岂非其一，尚藉鸿名，慰斯幽室。"黄侃又将刘师培的墓志铭拓片装裱后挂于书室，"朝夕面对，如见师恩"。

黄侃的弟子陆宗达藏有黄侃手写一纸条，夹于其所批点《尔雅义疏》中。纸条上所书为某字之注释，最后两句为"忆昔申叔师亦未明此义，以之问侃，侃未能解。今此字义虽明，而师殁已数年，不觉泫然。"刘师培虽然去世多年，黄侃仍念师恩，人已逝，情犹在，黄侃事师，可谓民国学者之典范！

轶事　刘师培从小聪明过人，记忆力极强。"为人虽短视口吃，而敏捷过诸父，一目辄十行下，记诵久而弗渝。"有一次，冶春后社诗人程善之从上海购得新出版的蒙古地图，回到扬州府中学堂后，邀请刘师培、方地山二人共同浏览。时近晌午，佣人来喊他们吃午饭，程善之先去，等了许久还不见刘方二人。于是程去催促。一会儿，刘师培来了，但方地山未至。程再催，方地山说，还缺十数个地方。程善之不解其意，直等到方地山也来吃饭时，程问为何姗姗来迟。方答曰："我刚才默记地名，尚有疑误，重新检查一下。"程善之大惊，一张蒙古全图有千把个地名，而且个个佶屈聱牙，仅一两个时辰，怎可能记住？饭后，刘师培与方地山二人各取一块漆牌，持粉笔，默绘地图。等到完成后，与原图比较，方地山有六七处错误，而刘师培只有一处错误！程善之大为叹服。

刘师培为人不修边幅，蓬首垢面，衣履不整，看上去活像一个疯子。他住在北京白庙胡同大同公寓。一天，教育部旧同僚易克枲来访，见他一面看书，一面咬馒头，他面前摆着一碟酱油，却因专心看书，把馒头错蘸在墨盒里，送到嘴里去吃，把嘴和脸都涂得漆黑一片，看上去又像一个活鬼。

刘师培携母带妻，与同盟会员苏曼殊一起，渡海来日本。章太炎听闻手舞足蹈，呵呵大笑，说："申叔（刘师培）来了，吾道不孤矣！"汪精卫问："申叔是何人，使你欣喜如此？"章太炎说："兆铭呀，你不知道，此人是真正的绝世之才，国学界的凤凰，革命派中的狂人，更难得的是，他的年龄只有二十二岁。"汪精卫诧异道："二十二岁？那他的学问能有多高，竟可称其为国学界的凤凰？"章太炎微笑不答，一副陶醉至极的样子，瞑目吟诗道："刘生今健在，东亚一卢骚。赤手锄非种，黄魂赋大招；人权光旧物，佛力怖群妖；倒挽天瓢水，回倾学海潮。"吟完了诗，章太炎大睁双眼，说："这是别人赞他的诗，将他比作东亚的卢骚，你说他厉害不厉害？"

周作人在《知堂回想录》中调侃过刘师培的"一笔烂字"，"申叔（刘师培）写起文章来，真是'下笔千言'，细注引证，头头是道，没有做不好的文章，可是字写得实在可怕，几乎像小孩子描红，而且不讲笔顺。北方书房里学童写字，辄叫口号，例如'永'字，叫道：'点，横，竖，钩，挑，劈，剔，捺。'他却是全不管这些个，只看方便有可以连写之处，就一直连起来，所以简直不成字样。"

有趣的是，刘师培对自己的字却自我感觉良好，说："我书之佳趣，唯章太炎知之。"有一次，他与黄侃聊天，谈着谈着就哭起穷来，觉得当教授没劲还不如下海卖字算了，还一本正经地征求黄侃的意思，黄侃此时已拜在刘门下，想想刘师培的书法实在不敢恭维，又不好意思驳他的面子，憋了半天，才说了一句："先生只要签刘师培三个字，就有人肯出钱买了。"

熊十力："吾以为人不孤冷到极度，不堪与世和谐"

传略　　熊十力（1885—1968），汉族。
湖北省黄州府黄冈县（今黄冈市团风县）人。
著名哲学家，新儒家开山祖师，国学大师。
原名继智、升恒、定中，号子真、逸翁，晚
年号漆园老人。

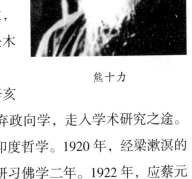

熊十力

少时因家庭困窘，曾为人牧牛，随掌教
私塾的父亲听讲"四书五经"。11 岁丧父，
随长兄亦耕亦读。6 岁时曾在其父之友何圣木
处附读过半年，此后全靠勤奋自学。

18 岁到武昌投军，参加了 1911 年的辛亥
革命，后又追随孙中山参加护法战争。后弃政向学，走入学术研究之途。
潜心研究思想学术，探讨中国古典哲学和印度哲学。1920 年，经梁漱溟的
介绍，在南京支那内学院从欧阳竟无大师研习佛学二年。1922 年，应蔡元
培之邀到北京大学任讲师。

1923 年开始写作《新唯识论》，前后四易其稿。1932 年出版文言文本《新
唯识论》。但此书一出，即刻遭到佛学界人士尤其是内学院师友之群起攻
击。其师欧阳阅后痛言："灭弃圣言，唯子真为尤"，措辞严厉。欧阳弟

子刘衡如更著《破新唯识论》对熊氏其书进行系统驳斥，熊十力立即应战，著成《破〈破新唯识论〉》一书，对刘氏之斥逐一破解。

抗日战争时期，避难于四川，曾讲学于马一浮主办的乐山复性书院、梁漱溟主办的北碚勉仁书院和武汉大学（当时因抗战而迁至乐山）。1947年返回北大。1948年赴浙江大学作短期讲学，次年到广州直至解放。

1950年初到北京，任北大教授，并为中国人民政治协商会议特邀代表，并为第二、三、四届中国人民政治协商会议委员。1954年，因各种原因，渐感孤独，同时亦难耐北方冬天寒冷干燥的气候，遂于是年底移居上海。定居上海后，仍笔耕不辍，1956年完成了《原儒》一书的下卷，并将上下卷同时印刷出版。全书共33万余字，重点发掘了儒学中有价值的部分，并按照自己的理解，以"六经注我"的精神，重新阐释了儒学经典和儒学史。这一巨著是他作为新儒家学者的又一重要成果，继此书之后，又以超凡的毅力和速度完成了《体用论》、《明心篇》、《乾坤衍》等著作的撰写，前后共8种，凡130万言。1968年5月23日，因患肺炎而心力衰竭，在上海虹口医院病逝。

风度　　熊十力曾在南京研习佛学三年，他潜心苦修，心无旁骛，颇有创获。可在生活中他却十分穷困，甚至穷得只剩下一条长裤。白天，他穿着裤子，晚上，他把裤子洗了，当晚晾干。翌日接着穿。后来到四川办书院的时候，他还是穷得只有一条裤子。有时翌日裤子未干，他就在外面套一件长衫。有人来时，他就一袭长衫来待客，因而被称为"空空道人"。但他却不以为然，毫不在乎。不论是何人来拜访他，他都以此形象接见，坦然自若。

有一次，熊十力问弟子徐复观的读书心得。徐说这书没什么了不起的，那书有许多错误。熊十力听着听着，突然大吼一声："笨蛋！你读书总是盯着别人的短处，长处一点都学不来，还能有长进吗？"

李耀先去拜见老师熊十力，在熊家用餐。李一口气吃了九个汤圆，碗里还剩一个，他怕不礼貌，勉为其难又吃了半个，实在吃不下去了。正在为难之际，只听熊十力在桌上猛击一掌，怒喝道："你连这点东西都消化不了，还谈得上做学问，图功事？"犹如当头棒喝，李顿时汗流浃背、豁然开朗，肚量为之一宽，最后半个汤圆很容易就吃下去了。

一次，人们听到熊十力在屋里大声叫喊，高声大笑！事后，有人问他怎么回事，那么大吼大笑的。熊笑道："是郭沫若从重庆来看我。郭沫若耳聋，不大声说话他听不到，我们骂蒋介石，骂蒋该死骂得高兴！"

熊十力的夫人傅既光曾说，他们婚后度蜜月，熊先生利用蜜月读完一部二十四史。熊夫人见熊先生读书一页一页翻得很快，怀疑他是否看清了内容，就考验他，选二十四史中的一件事，夫人只讲头儿，让熊先生讲出其事。结果，熊先生不但能讲述其事，而且能说出此事在第几卷。

江西德安是熊十力的第二故乡，1914年以后，他曾在此定居。有一次，村里有人杀猪，请熊十力去吃肉，为了表示尊重，还请了一些人作陪。他去时饭还没熟，肉卖完了，卖肉的账单放在桌上。他见桌子上有水，将肉单子看了一下便擦了桌子。

吃饭时，主人问："卖肉的单子呢？"

熊十力说："还有用吗？"

主人说："怎没用呢，一百多斤肉，全是赊去的没给现钱。"

熊说："有用，我报给你听，你再记。"便某某一斤四两，某某三斤二两报了出来。报完了，主人把算盘一打，高兴地说："嗨，一两也不错！"熊十力过目不忘的本领令在座之人皆目瞪口呆。

中国哲学会请熊十力担任该会委员，熊提出两个条件：不开会，不改造思想。他对学生说："我是不能去开会的，我是不能改造的，改造了就不是我了。"又说："马一浮写信给我，说他自己是'确乎其不可拔'！我回信说我也是'确乎其不可拔'！他以为我到北京，就'尽弃其所学'了！"

每次政协开会，熊十力只是"三到"：开幕到、照相到、闭幕到，其余时间，均不到会，而是在宾馆与友朋聚谈。某次，一位领导突然莅临会议，全场起立相迎，唯熊十力独自岿然不动。

熊十力怕坐飞机，据他说是怕把飞机坐坏了，所以每次都坐火车。但他又无法忍受车厢里的暖气，因此每次北上开政协会议，他便把车窗打开，风呼呼地往里灌，一车厢的人都受不了。服务员向陈毅反映，说熊十力是个怪老头，不好伺候。陈哈哈一笑，说："咱们国家有几个熊十力？不就一个吗？想法子照顾一下嘛！让他自己住一个包厢好不好？"

1956年，政协召开知识分子会议，熊十力原不在邀请之列，其学生杨玉清在一次小组讨论会上说："过去曾有人说：'可惜今天称得上士的人，只有马一浮、梁漱溟、熊十力二三人而已。'梁先生今天在座，马先生也由杭州到北京来了，只有熊先生还在上海。"于是政协与上海方面联系，邀请熊担任特邀代表。陈毅派人去熊家通知时，熊正在洗澡，他对来人说："我是不能坐飞机的。"于是，上海安排其坐当日火车北上。

1949年11月中旬，熊十力接到了老朋友董必武、郭沫若联名发来的电报，电邀熊先生北上，共商国是。熊十力在给董、郭的回函中说，自己非事功之才，不宜做官，"如不以官府名义相加，而听吾回北大，课本、钟点、及不上堂、冷天南行、暖时北还，一切照旧例，否则不欲北行。"

熊十力晚年时，有一次王元化来访，恰好他在沐浴。王大窘。熊毫无拘谨，说进来进来，王进屋后，熊十力依然赤身坐在澡盆里，一边洗澡，一边与王讨论学问。

孤冷　　人谓我孤冷。吾以为人不孤冷到极度，不堪与世和谐。——熊十力曾这样解释"孤冷"。

熊十力好静。20世纪30年代，他所住的沙滩银闸路西一个小院子，门总是关着，为免闲人打搅，门上贴着一张大白纸，上面写着："近来常常有人来此找某某人，某某人以前确是在此院住，现在确是不在此院住。

我确是不知道某某人在何处住，请不要再敲门。"看到的人都不禁失笑。

熊十力好独处，他曾告诫徐复观，要想做学问，生活上要和妻子隔开，"你和太太、孩子这样亲密，怎能认真读点书？……吾少弱病……平生强远妇人，此全神第一着也"。熊十力说这番话的时候，与夫人就没住在一起。五十年代初，熊十力住在银锭桥，住在上海的夫人想到北京来住一段日子，熊十力却怎么也不肯答应。

熊十力的性格颇似嵇康，对于来访的达官贵人，从不回访。在重庆市，郭沫若常常带着桂圆和鸡鸭去看望他，郭曾书一笺云："愿吾夫子，永恒健康，爱国讲学，领袖群伦。"

1922 年，熊十力到北大哲学系任讲师，由于他为人不会与人俯仰，只是埋头做学问，所以他一直到抗战爆发，离开北平为止，还是个讲师。他从不参加系里的开学典礼、毕业典礼、迎新送旧的活动。不论何人来访问，他从不对人聊天气等寒暄之语，一开口，就是学问。除了前来请益的学生外，汤用彤、林宰平、蒙文通、贺麟、张东荪等人都与其往来，但从来都是他们到熊家，熊从不回访。

熊十力在北大任教期间，同事吴稚晖、李石曾等人组织了一个"八不会"，即入会者必须遵守八条戒规：不抽烟、不喝酒、不嫖、不赌、不吸毒、不做官、不贪财、不阿谀。吴、李认为熊十力安贫乐道，一心求学，是"八不会"的当然人选，要熊十力参加。熊十力说："你们'八不'还要搞个组织，这是结党营私，我加个'不要组织'，我要来个'九不'。"因此没有参加这个"八不会"。

狷狂　少时，熊十力口出"狂言"道："举头天外望，无我这般人。"令其父兄诧异不已。

熊十力原名熊继智，十力本是佛家术语，专指如来佛祖的十种智力，他以十力为号行于世，可见其狷狂之盛。

熊十力在自己著作上署名"黄冈熊十力造"，颇引起一些议论，因为在印度只有被尊为菩萨的人才可以用这说法，据传他也曾经自称"熊十力菩萨"。

1911年，武昌起义后，熊十力任湖北都督府参谋。当年12月，熊十力与吴昆、刘子通、李四光聚会武昌雄楚楼，庆祝光复，史称"黄冈四杰"。聚会期间，李四光曾书"雄视三楚"，熊十力则书："天上地下，唯我独尊。"

熊十力狂妄，殷海光拜访他，谈起冯友兰、胡适和金岳霖，熊十力对三人都不放在眼里，他说胡适的科学知识不如"老夫"，冯友兰不识字，金岳霖所讲是戏论。听罢此语，即使对熊十力盛气凌人已有所闻的殷海光也深感意外。

1944年，有一次徐复观和熊十力先生谈天，熊十力说章太炎除了文章写得好，及懂一点小学外，并无学问。徐复观还听说熊十力在杭州时看到章太炎谈佛学的文章，批上"尔放狗屁"四个大字。

熊十力有一次在朋友家吃饭，朋友的孩子想吃桌上的一块肉，熊十力却立刻夹到自己碗中，说："我身上负有传道的责任，不可不吃，你吃了何用？"然后坦然吃下。

有人拿自己的文章给熊十力看，熊十力却说："你拿书给我看干什么？你应该看我的书，就是不看我的，也应看圣贤的书，你的狗屁东西算什么作品呢？"

哲学家牟宗三记叙他与老师熊十力的初见。那是1932年冬，熊十力"胡须飘飘，面带病容，头戴瓜皮帽，好像一位走方郎中，在寒风瑟肃中，刚解完小手走进来"。言谈中，他忽一拍桌子，大喊："当今之世，讲晚周诸子，只有我熊某能讲，其余都是混扯。"再看熊十力，眼睛瞪起，"目光清而且锐，前额饱满，口方大，颧骨端正，笑声震屋宇，直从丹田发"。此情此景此人，牟宗三以"真人"二字冠之。

熊十力从来不管是谁，将军也好，高官也罢，想教训就教训，一点面子不留。徐复观当年官拜少将，身在蒋介石的侍从室，红得发紫。1943年，徐复观初次拜见熊十力，请教应读何书。熊叫他读王夫之的《读通鉴论》。徐说那书早年已经读过了。熊十力不高兴地说，你并没有读懂，应该再读。不久后，徐再见熊十力，说已经读完。熊问有什么心得？徐便接二连三地说出许多不太满意处。熊十力未听完便斥骂道："你这个东西，怎么会读得进书！任何书的内容，都是有好的地方，也有坏的地方。你为什么不先看出它的好的地方，却专门去挑坏的？这样读书，就是读了百部千部，你会受到书的什么益处？读书是要先看出它的好处，再批评它的坏处，这才像吃东西一样，经过消化而摄取了营养。比如《读通鉴论》，某一段该是多么有意义；又如某一段，理解是如何深刻；你记得吗？你懂得吗？你这样读书，真太没有出息！"徐复观后来回忆恩师时说："这对我是起死回生的一骂。"

广东省主席陈铭枢是熊十力在南京支那内学院的同学。他得知熊十力贫病交困，请他去广东，他不去；送钱，他也不要。最后，陈铭枢提出每个月给他生活费30元大洋，按月寄送。熊十力坚辞不成后，勉强接受了。寄了几个月之后，陈铭枢手下的出纳不知什么原因，一连三个月没给熊十力寄钱。熊十力勃然大怒，马上写了一封注明"交陈铭枢亲启"的信。陈拆开一看，没有别的，只有一张纸，上面满满地写了一百个"王八蛋"。陈哭笑不得，问明情况后，赶紧把出纳开除了，并迅速给熊十力补寄了三个月的生活费。

熊十力与张难先私交甚笃。张任湖北财政厅厅长时，常有人来求熊，希望能通过他求得一官半职。熊不胜其烦，于报端刊登启事云："无聊之友朋，以仆与难先交谊，纷诉介绍，其实折节求官，何如立志读书；须知难先未做官时，固以卖菜为生活者，其乐较做官为多也。仆本散人，雅不欲与厅长通音讯，厅长何物？以余视之，不过狗卵孵上之半根毫毛而已。"

1946年春，避居川中著书授徒多年的熊十力返回湖北老家，借住在汉口王孟荪先生家中。此时蒋介石正欲乘船还都南京，途经武汉，得知熊十力在汉口，便差人去请，想当面谈谈，看老夫子能为党国帮些什么忙。熊大师一听顿时光火："要我去看他，他是什么东西！"不去。蒋介石也不生气，让陶希圣打电话给湖北省主席万耀煌，让其赠资百万给熊十力，以助其办哲学研究所。然而熊并不领情，说："我熊某对抗战无寸功，愧不敢当。"

蒋介石过50岁生日时，由邵力子出面请熊十力到他的府邸参加祝寿。宴会开始时，熊十力旁若无人，毫不谦让地坐了正席。酒酣之际，众高官显贵轮流书词吟诗，为蒋介石唱赞歌。轮到熊十力时，他哈哈大笑了一阵，挥起笔来边写边吟："脖上长着瘿葫芦，不花钱买篦梳，虮虱难下口，一生无忧，秃秃秃，净肉，头。"写完这首倒宝塔诗后，熊十力哈哈大笑，接着提起裤带连走带跑，装着急待解手的样子离开了。

义举 清朝末期，清朝提督兼第八镇统制张彪在武昌横行霸道，无恶不作。当时在武昌任教的熊十力为了杀一杀张彪的威风，便组织一些学生在街上张贴"杀死张彪，为民除害"的标语。张彪气急败坏，四处追查，当他查出策划者是熊十力后，气得拍桌打椅，破口大骂，命令部下将武昌城围个水泄不通，一定要捉拿熊十力治罪。别人替熊十力担心，熊十力却泰然自若说："别担心，没事儿。"第二天清早，熊十力化装成"新娘子"，坐着花轿，一路上热热闹闹，大大方方地出了武昌城。

有一年，熊十力回乡时患了重感冒。因他不让人请医生，两个乡友便劝他去试试"鸡神菩萨"。他强打精神跟着乡友来到一座破祠堂里，只见神汉手舞足蹈，口中念念有词。然后，上坛请"鸡神菩萨"显灵。可那"神鸡架"乱晃一气，连一个字也没有划出来，神汉急得团团转，只好搪塞道："你们来的人多，响声大，惊动了'菩萨'。"熊十力勃然大怒："骗人的东西，愚弄百姓！"说罢，一脚踢翻了"供案"。

熊十力在去南京支那内学院学习之前，在他的岳丈家研究佛学有好几年。有一次，他的岳丈听说有一个人称"大仟法师"的和尚来武汉讲学，前往求教的人很多，便对他说："你研究佛学，去听听大仟法师的讲学吧！"

教诲　　熊十力曾寄语弟子唐君毅说："又告君毅，评唯物文，故不可多作。而方正学、玉洴、郑所南、船山、亭林、晚村诸先贤民族思想之意，却切要。此一精神树不起，则一切无可谈也。名士习气不破除，民族思想也培不起。名士无真心肝，无真实力量，有何同类之爱，希独立之望乎？此等话说来，必人人皆曰早知之，其实确不知。陶诗有曰：摆落悠悠谈。此语至深哉！今人摇笔弄舌，知见多极，实皆悠悠谈耳。今各上庠名流，有族类沦亡之感否？"此教导唐君毅一直留在身边，引为座右，到香港后，便放在自己办公桌玻璃板下，时时自省。

熊十力曾语诚张中行：每日于百忙中，须取古今大著读之。至少数页，毋间断。寻玩义理，须向多方体究，更须钻入深处，勿以浮泛知解为实悟也。

1922 年，由梁漱溟推荐，熊十力到北大任教。熊十力喜欢在自己家里给学生上课，并曾在哲学系办公室门口贴了一封信，写道："师生蚁聚一堂，究竟有何受益？"他改而采取古代师生朝夕相处的书院式方法教学，许多学生上门问学比去上课还多，被人称为不上课的名教授，弟子亦满天下。

冬天，熊十力的室内不生炉火，听课的学生只好全副冬装前来听讲。按课程安排，每次熊十力连讲两节课，但他一讲起来，便如长江大河，一泻千里，每次没有三、四小时，不会下课，而且中间不休息。他从不坐着讲课，而是站在屋子中间，在听讲者面前指指划划。每讲到精彩处，他便意兴陡发，情不自禁地随手在听者头上或肩上重重一拍，然后哈哈大笑，声振堂宇。因为出手太重，久而久之，学生听他讲课，都不敢坐第一排。但有人躲到最后一排，他就从最后一排拍起。

熊十力书法作品

熊十力：『吾以为人不孤冷到极度，不堪与世和谐』

147

诤言　　中国学人有一致不良的习惯，对于学术，根本没有抉择一己所愿学的东西。因之，于其所学，无有甘受世间冷落寂寞而沛然自足不顾天不顾地而埋头苦干的精神于中的生趣，如此，而欲其学术有所创辟，此比孟子所谓缘木求鱼及挟泰山以超北海之类，殆尤难之又难。

学者最忌悬空妄想，故必在周围接触之事物上用其耳目心思之力。然复须知，宇宙无穷，恃一己五官之用，则其所经验者已有限。

少年就学时，则穷理致知是一件大事。此却靠读书补助。于此得着门径，则志气日以发舒。否则空怀立志，无知能以充之，毕竟是一个虚馁的汉子。

有真志者不浮慕，脚踏实地，任而直前。……不知而信之，惊于其声誉，震于其权威，炫于社会上千百无知之徒之辗转传说，遂从而心醉焉。此愚贱污鄙之尤。

为学，苦事也，亦乐事也。唯真志于学者，乃能忘其苦而知其乐。盖欲有造于学也，则凡世间一切之富贵荣誉皆不能顾。甘贫贱，忍澹泊，是非至苦之事欤。

忠信可以习礼，笃实可以为学。尽力所至，莫问收获，只问耕耘。著书是不得已。如蚕吐丝，如蜂酿蜜，非有所为而为之也。

知识之败，慕虚名而不务潜修也；品节之败，慕虚荣而不甘枯淡也。

妙文

说　食

战事虽云结束，吾国人似少生气，最可伤痛。余以为，国人生命上缺乏营养，此不可不注意也。

佛家有四食之说，愿为国人陈之。四食者，一曰段食，二曰触食，三曰思食，四曰识食。

段食者，谓人所食动植等品，是物质故，物有分段，名以段食。

触食者，感通之谓触，天地感而万物化生，圣人感人心而天下和平，宇宙万有皆互相通，无有隔碍，故《易》曰："六爻发挥，旁通情也。"感通之义大矣哉！人而无感则拘于四体，与禽兽不异，《礼记》所谓"人化物也"。人化物则生命绝，是故君子不徒注重段食，而贵触食。触食即感通之谓食。一日无感通为食，虽段食醉饱而实顽然一物，四海困穷，生民疾苦，皆所不喻，块然而尸居，冥然而罔觉，是即无感通，是谓缺触食。

思食者，造作之谓思，即以创造为食。鸟兽营巢聚粮，但是占有冲动。人类则自市井匹夫匹妇，田畴货币，种种敛聚，乃至奸狡大盗，载狂心，执荡志，乘权处势，劫持众庶，以逞其兼并之欲。细者为一己，大者为一国家、一族类，将横噬六合，终亦自毙。此皆占有冲动，无所异于鸟兽。夫人为万物之灵，裁成天地，参赞化育，皆人之责。人道极尊，当转化占有冲动，而为创造胜能。如学术上之灵思独辟，宗教上之超越感，道德上极圣洁极崇高之价值，不期而引人起瞻天仰日之信念，政治与社会上重大之革新，使群众同蒙其福利，凡此皆谓之创造。人生一息而缺乏创造胜能，则占有冲动乘机思逞。占有冲动横溢，人则物化，而丧其生命。故创造者，资养生命之粮，不可一日不具。思者，所以次触食而言之。

识食者，了别之谓识。云何了别？明于庶物，察于人伦，而上彻万化之源。是故知一己之生命与宇宙大生命是一非二。了于此者，常能置一身于天地万物公共之场，不以私害公，不以形累性。孔子"坦荡荡"，佛氏"大自在"，唯其了别故也。了别以为食，而生活乃富有日新，放乎无极。故次思食，而以识食终之。

四食者备，而人乃得全其生命，而人乃成为人。今人唯贪段食，乃至贪淫、贪利、贪权、贪势，皆段食之推也。触、思、识三食，今人皆不是务，生命无滋养，则行尸走肉而已，岂不哀哉！（摘自《十力语要》卷三）

黄侃：一个乖僻和学问成正比的怪杰

黄侃

传略　黄侃（1886—1935），湖北蕲春人，生于四川成都。初名乔馨，庠名乔鼐，后更名侃，字季刚。晚自署量守居士。国学大师、著名语言文字学家、训诂学家和音韵学家。

1903年，15岁时考入武昌文华书院（现华中师范大学附属中学），在校即与同乡田桐、湖北黄安（今红安）董用威（即董必武）、湖南桃源宋教仁等同学议论时政，批评当局，宣传反清、反君主专制等革命思想，因此被开除学籍。后以故人之子的身份去见当时的湖广总督张之洞（其父黄云鹄曾与张之洞相往来），张赏识其才，乃资助其官费留学日本。在东京师事章太炎，受小学、经学，为章氏门下大弟子。并在日本参加了孙中山领导的同盟会。

1906年前后，曾先后在《民报》上发表《哀贫民》、《哀太平天国》等一系列文章，鼓吹革命。1907年，在《民报》第18期上发表《论立宪党人与中国国民道德前途之关系》一文，历数立宪党人"好名"、"竞利"，指出他们讲立宪，"无非希冀权位，醉心利禄而已矣！"政治上的堕落，势必给国民道德带来极坏的影响，以致亡国。

1910年，由于同盟会的活动，国内各地革命力量蓬勃兴起，湖北革命党人函促其回国举事。他回国后，再三分析当时的情势，吸取湖南起义失败的教训，认为举事时机尚未完全成熟，当务之急是做好宣传发动的准备工作。于是，他深入鄂皖边广大穷乡僻壤，号召人民组织起来，以国家兴亡为己任，推翻清朝的统治，成为著名的群众领袖。

1911年初，武汉文学团体"文学社"成立，社员都是新军和社会各界的革命中坚，他不但力举其事，而且还亲自审定了会章。同年7月，针对当时一些改良派提出的所谓"和平改革方案"，愤然提笔为《大江报》撰写时评，标题为《大乱者，救中国之妙药也》，署名"奇谈"。此文见报后，震撼江城，清廷惶惧，这一著名时评，大大激发和鼓舞了革命新军及各地人民群众的士气和义愤，成为后来武昌起义的导火线。

1914年后，历任北京大学、国立东南大学（1949年改名国立中央大学，1952年改名南京大学）、武昌高等师范（武汉大学前身）、山西大学、东北大学、北京师范大学、金陵大学等校教授，一生治学勤奋，主张"为学务精"、"宏通严谨"。

黄侃有一句经典名言：五十之前不著书。这句话半个世纪后还在武汉大学校园内广为流传，成为他治学严谨的证明。黄侃生前，章太炎曾多次劝他著书立说，但他始终不为所动。可惜在他年方五十时，未及撰成鸿篇巨著就过早地谢世了，留下大批未经整理的点校笺识古籍的遗稿。这些遗稿经人整理，在其逝后才陆续得以出版，主要有：《黄季刚先生遗嘱专号》（中央大学《文艺丛刊》1936年第2卷第2期）、《黄侃论学杂著》（中华书局上海编辑所1964年）、《集韵声类表》（上海开明书店1937年）、《日知录校记》（中央大学出版组1933）等。

至孝　　黄侃父亲去世后，每逢父亲的生日和忌日，乡风的一年三节，黄侃都要祭奠。父亲的著述甚多，黄侃未能予以刊布，深感愧疚。"今则年向四十，而先人著述，未获重刊流布，墓碑、祠主尚俱未立。此罪直擢发难数矣。"（1921.2.1，日记）1935年5月，黄侃检视先父手迹，触景生情，怀念慈父，不禁失声痛哭。

黄侃13岁时丧父，由生母周太孺人和慈母田太夫人抚育成人。两个母亲含辛茹苦，训子苦读。母亲曾问："汝亦知求生之道乎？"黄侃答："读书而已。"故黄侃"遭家难而志益坚，盖感于慈教者深也。"黄侃对慈母与生母一样孝敬。1908年黄侃在日本，生母病重，家中电召其还家侍疾。黄侃赶回国内，昼夜侍奉汤药，达六月之久，"母去世，他捶胸痛哭，哀伤欲绝，竟至跌在火盆上，衣燎炙股而不知。"甚至大恸至吐血。当时清政府大肆搜捕革命党人，因叛徒告密，两江总督端方听说黄侃在家乡，即密电湖广总督陈夔龙速捕之。派出的捕快已经出发，正在途中，黄侃得知消息，迅即离家，辗转回到日本。黄侃返回日本后，仍思母不已，乃请苏曼殊绘一图，名"梦谒母坟图"，自为之记，请章太炎写了题跋。这幅画也成了他的随身宝物，不离左右，直至终老。

1922年，黄侃曾执教的山西大学来函来电，催他赴校授课。黄侃告知慈母，母忽泣然流涕。"侃心如沸羹"，"足以不饥饿，亦决不能舍弃年垂九十之母而它行。"于是，他毅然辞去山西大学教席，改教武昌中华大学。最常被后人作为谈资的是，他迫于生计奔波于四川、东北、湖北、北京，总不忘携一具寿材同行。此棺是黄父当年在四川做官时自制，上有他亲撰的铭文："为子有一念忘亲，为臣有一念忘君，为官有一念忘民，天地鉴察，鬼神式凭。俾尔后嗣不能载寐载兴。"黄侃认为这是先父对子孙的宝贵训诫，应以铭记。此棺其父因尺寸小未用，留给田夫人。因慈母片刻离不开这具寿材，他便不厌其烦地带着慈母和寿材四处奔波。

辛讽　　黄侃曾与胡适同在北大讲学。但他对胡适抱有很深的敌意。敌意的由来一是他最看不惯胡适提倡白话文，反对胡适关于文学革命的主张；二是因为爱徒傅斯年被胡适"夺走"，傅斯年读北大时，常常在课堂上向老师发难，而且能指出老师讲课中的错误。黄侃非常赏识傅斯年，打算将自己的衣钵传给他。可是，胡适却将傅斯年、毛子水、杨振声、俞平伯等一帮学生从传统国学拉向新文化，投身到新文化运动的阵营中。

黄侃有一次在课堂中大声地说："胡适之说做白话文痛快，世界上哪有痛快的事，金圣叹说过世界上最痛的事，莫过于砍头，世界上最快的事，莫过于饮酒。胡适之如果要痛快，可以去喝了酒再仰起颈子来给人砍掉。"

在一次宴会上，胡适偶尔谈及墨学，滔滔不绝。此时，黄侃旁若无人地骂道："今之讲墨学者，皆混账忘八。"胡适赧然无语。过了一会儿，黄侃又骂说："就是胡适之尊翁，亦是混账忘八。"胡适大怒，谓其辱及先人。黄侃至此大笑说："且息怒，吾试君耳！吾闻墨子兼爱，是无父也，今君有父，何是以言墨学？余非詈君，聊试之耳。"举座哗然欢笑。

黄侃反对胡适提倡白话文。有一次，他在讲课中赞美文言文的高明，举例说："如胡适的太太死了，他的家人电报必云：'你的太太死了！赶快回来啊！'长达11字。而用文言则仅需'妻丧速归'4字即可，只电报费就可省三分之二。"

一日，黄侃道逢胡适，又问胡："胡先生你口口声声说要推广白话文，我看你未必出于真心？"胡闻言不解，问道："黄先生此话怎讲？"黄答："如果胡先生你身体力行的话，大名就不应叫'胡适'，而应改为'到哪里去呀'才对啊！"胡适听后，竟无言以对。

胡适著的《中国哲学史大纲》，仅成上半部，全书久未完成。黄侃曾在中央大学课堂上说："昔日谢灵运为秘书监，今日胡适可谓著作监矣。"学生们不解，问其原因？黄侃道："监者，太监也。太监者，下面没有了也。"学生们大笑不已。

章太炎在东京办《民报》时，陈独秀曾去拜访。章的弟子钱玄同、黄侃在座，听到客来，只好躲入隔壁的房里去。主客谈起清朝汉学的发达，列举戴、段、王诸人，多出于安徽、江苏，不知为何，陈独秀忽然提到湖北没有出过什么大学者，章太炎只能敷衍说：是呀，没有出什么人。这时黄侃在隔壁大声说："湖北固然没有学者，然而这未必不就是区区；安徽固然多有学者，然而这也未必就是足下。"陈独秀闻之十分尴尬，扫兴辞别。

黄侃去访当时的文坛领袖王闿运，言谈中，王对黄侃的诗文激赏有加，不禁夸赞道："你年方弱冠就已文采斐然，我儿子与你年纪相当，却还一窍不通，真是钝犬啊！"黄侃听罢美言，却傲性大发，辛讽道："您老先生尚且不通，更何况您的儿子。"

黄侃睥睨学术界二三十年，目空一切。甚至对章太炎的经学，他有时也会批评一声："粗！"一次马寅初去看他，谈到"说文"，他一概置之不理，再问，他便不客气地说："你还是去弄经济吧，小学谈何容易，说了你也不懂！"

一日，黄侃邂逅国民党元老戴季陶。戴问黄有什么近著可观。黄侃一本正经地说："我正在编《漆黑文选》，你的那篇大作被我收进去了。"戴季陶知道黄侃擅授《昭明文选》，这里的"漆黑"正是"昭明"的反义。戴季陶无端地被奚落一番，自认晦气。

嗜书　　黄侃一生严谨治学，嗜书如命，且很有心得，他读书非常认真，曾言，"要如一字不识人"，方能读书。意思是对书要存有敬畏之心，只有空腹以待，才能充分吸收。他读书喜欢随手圈点，许多书都不止圈点了一遍。他曾圈点《文选》数十遍，圈点《汉书》、《新唐书》等三遍。《清史稿》全书一百册，七百卷，他从头到尾，一卷一卷地点评加圈点，绝不跳过。

对于重要的书籍，黄侃总是正襟危坐地去点读。每次读书之前，记下启卷时日，读完，再记下时日。因此，他把读书时只是随便翻翻，点读数篇辄止者称作"杀书头"。他生平最恨"杀书头",说这种人一生都不会读好书,并且还关系他本人的寿命。黄侃曾说:"书是给人读的,尽管在上面批写,不要把它奉为神明似的。"他读清代著名经学家郝懿行的《尔雅义疏》,每篇几乎都写得满满的,认为郝氏不对的地方,他便打上一条"红勒帛"。

黄侃还喜欢夜读,夜间如果从他的墙外走过,可以看见从绿窗纱透出来的荧荧灯光。黄侃不装电灯,说怕失火。一个冬日的黄昏,朋友去拜访黄侃,只见黄侃家中已经点起最大的高足美孚灯来,他正坐在灯下读书,把眼镜移到眉毛上面,很是投入。黄侃眼睛高度近视,但能写蝇头小字,不论是行书正楷,行格整齐,大小均匀,甚至天地头写满了,连每行夹缝里,也批些小字。

黄侃在日记中常为琐事扰其读书而苦,又以能多读书为快。他日记中常记载:"假日,终日有人来,不能读书,甚苦。""客多,无暇看书,此日可惜。"如果一日中能多读书,他则非常高兴:"竟日得读书,最乐。""今日所览特多,也快也。"

关于黄侃读书之苦,许多学者津津乐道,但他并不以为苦事。有一次,黄侃与学生陆宗达闲聊,黄问陆:"一个人什么时候最高兴?"陆不知道老师此问何意,就乱猜一通,说这个最高兴,又说那个最高兴。黄侃听后,都只是摇摇头。最后,陆问老师答案是什么,黄侃笑着说:"是一本书圈点到最后一卷,还剩末一篇儿的时候最高兴。"这次谈话让陆宗达终生铭记于心。

黄侃的读书习惯,从不因人事、贫困或疾苦而改变。有时朋友来访,与之畅谈至深夜,朋友走后,他坚持在灯下校读,读毕才休息。黄侃英年早逝,临终前所读《唐文粹续编》,尚有一卷没有圈点完毕,他吐着血,叹息道:"我平生骂人杀书头,毋令人骂我也。"一面吐血,一面仍坚持着将此书圈点批校完毕。

黄侃不仅嗜书如命,而且爱书如命。他把"量守庐"三楼中六间房全部作为书房，陈书 20 余架，计十余万册。其中一部以 1600 元巨款所购《道藏》，据说全国仅有两部。

黄侃日记中有这样的记载："《四部丛刊》……自戊辰（1928）夏，节缩日用必需之资，以四百三十元决意买之，首尾四年，乃获全部，欣喜不已，夜以名酒庆之。"

黄侃曾说："要知我买书的快乐，便在打开包一阅之时，比方结婚吧，不也就在新婚燕尔之时最乐吗？"

广州中山大学曾苦劝黄侃前去任教，开出十分优厚的待遇，但黄侃始终不答应，黄侃自己说原因："我的书太多，不好搬运，所以就不去了。"

师道　　黄侃一生桃李满天下，他的弟子被称为"黄门侍郎"。他在北大讲《文选》和《文心雕龙》十分传神，吸引了大批其他系的学生。当时的北大学生冯友兰说："他上课的时候，听讲的人最多，他在课堂上讲《文选》和《文心雕龙》，这些书我以前连书名都没听说过。"黄善于吟诵诗章，抑扬顿挫，给人一种身临其境的美感，所以，学生们情不自禁地唱和，成了北大校园一种流行的调子，被师生们戏称为"黄调"。在当时，晚上的学生宿舍中，到处都可以听到"黄调"。冯友兰放假回家，还照着黄侃的路数，选了些诗文，给他的妹妹冯沅君（后成为知名作家）讲解，教她"黄调"，引她走上了文学的道路。

黄侃教学不拘一格，给"黄门侍郎"留下深刻印象。他讲学似天马行空，没有章法，讲到哪里算哪里，但又处处都是学问。学者程千帆对此深有同感："老师晚年讲课，常常没有一定的教学方案，兴之所至，随意发挥，初学的人，往往苦于摸不着头脑。但我当时已是四年级的学生，倒觉得所讲胜义纷纭，深受教益……"

黄侃"是一个有山水性情的人"，喜欢和弟子一起游览风景名胜，在游兴大发之际，经常吟诗抒发胸臆。喜欢利用游览中吃饭喝酒的机会，畅谈学问，海阔天空，于闲谈中给学生莫大启发。能作诗者深得他的欢心。在北京时，经常陪同他游玩的是孙世扬、曾缄二人。孙世扬说："先生好游，而颇难其侣，唯扬及慎言无役不与，游踪殆遍郊垆，宴谈常至深夜。先生文思骏发，所至必有题咏，间令和作，亦乐为点窜焉。"弟子与黄侃交游，获益匪浅。陆宗达因能喝酒能抽烟，深得黄侃喜爱，常和他一边吃一边论学，有时一顿饭要吃四五个小时，陆从中学到许多在课堂上学不到的东西。

黄侃曾在中央大学开设"文学研究法"课程，用《文心雕龙》做课本。他平时只管讲课，一向不给学生布置作业。临到期末考试，他又不肯看考试卷子，也不打分数。教务处一再催促他给学生打分数。黄侃被逼急了，就给教务处写了一张纸条，上书"每人八十分"五个大字。他的意思是学生总想得甲等，给九十分嫌多，七十分又非甲等。八十分正合适。教务处对他无可奈何，就依他所言打分了事。

黄侃讲授《说文解字》，学生都觉得晦涩难懂。因此，每次期末考试时，都有学生不及格。后来，有学生上他的课时，就投其所好，凑钱办了一桌酒席，请黄侃赴宴，黄侃欣然前往。这一招果然立竿见影，期末考试时，学生全部及格。校长蔡元培知道这件事后，责问他为何违反校规，吃学生的请。黄侃却理直气壮地说："他们这些学生还知道尊师重道，所以我不想为难他们。"

黄侃在中央大学任教授时，从不对学生提及当年革命事。他的学生绝少知道他和黄兴曾是一起浴血奋战的战友。黄侃去世后，他的得意弟子潘重规才醒悟他为何不言当年革命事，潘重规写道："他认为出生入死，献身革命，乃国民天职。因此他觉得过去一切牺牲，没有丝毫值得骄傲；甚至革命成功以后，不能出民水火，还感到深重罪疚。他没有感觉到对革命的光荣，只感觉到对革命的惭愧。恐怕这就是他终身不言革命往事的原因吧！"

同门 黄侃使酒任性，狂狷倨傲，常常和人产生矛盾，和同门也不例外。同为章门弟子的周作人，在《知堂回想录》中，称黄季刚"脾气乖僻，和他的学问成正比，说起有些事情来，着实令人不敢恭维"。黄侃与钱玄同、吴承仕闹矛盾，做出的出格之举正是周作人所说的"不敢恭维"。

黄侃与钱玄同先后同为北大、北师大的文字学教授，一山不能容二虎，在思想和学术上又存在巨大分歧，产生矛盾自然不可避免：钱玄同主张白话文，黄侃反对；钱玄同不无偏激地主张废汉字用罗马字，黄侃更是强烈反对。在这些问题上，两人一直针尖对麦芒，缠斗不休。

黄侃去世后，《立报》上曾登过一篇《黄侃遗事》，文中说："黄侃尝于课堂上对学生曰，'汝等知钱某一册文字学讲义从何而来？盖由余溲一泡尿得来也。当日钱与余居东京时，时相过从。一日彼至余处，余因小便离室，回则一册笔记不见。余料必钱携去。询之钱不认可。今其讲义，则完全系余笔记中文字，尚能赖乎？是余一尿，大有造于钱某也。'"

黄侃曾戏呼钱玄同为"钱二疯子"，有诗戏之曰："芳湖联蜀党，浙派起钱疯。"1932年，章太炎在北京讲学，黄侃也在北京。有一次，黄、钱二人在章太炎住处的客厅里相遇，与诸客坐着等候老师出来，黄侃忽然以戏谑的口气对钱玄同说："二疯！"钱非常不高兴，怒目而视。黄侃继续说："二疯！你来前！我告你！你可怜啊！先生也来了，你近来怎么不把音韵学的书好好地读，要弄什么注音字母、白话文。"钱玄同听后大怒，拍案厉声喝道："我就是要弄注音字母！要弄白话文！混账！"于是双方吵了起来。章太炎闻声，急忙出来调解，哈哈地笑着说："你们还吵什么注音字母、白话文，快要念日语了啊！"章太炎的圆场打得很巧妙，日本帝国主义步步入侵了，华北面临危机，还争什么呀？你们应该团结起来才是！

1935年黄侃病逝后，钱玄同撰写了挽联：

小学本师传，更紬绎韵纽源流，亹勉求之，于古音独明其真谛；
文章宗六代，专致力沉思翰藻，如何不淑，吾同门遽丧此隽才。

面对生死，矛盾早已消弭，唯剩同门之谊。钱玄同《致潘景郑书》："季刚兄作古，闻之心痛。弟与季刚自己酉年订交，至今已廿有六载。平日因性情不合，时有违言。惟民国四、五年间商量音韵，最为契合。廿一年之春于余杭师座中一言不合，竟至斗口。岂期此别竟成永诀。尤今思之，吾同门中精于小学文辞如季刚者有几人耶？上月曾有挽联寄交汪旭初（汪东）兄转中央大学之追悼会。今录一纸附奉。如《制言》第七期以后尚有对于季刚之挽辞，乞以此联附录纸尾，幸甚，幸甚。"由此可见，钱玄同、黄侃二人，虽心生罅隙，但钱对黄的敬重，却始终未改。

吴承仕与黄侃同为章门弟子，为人十分忠厚，而黄侃竟也与其产生了矛盾。1926年，吴承仕任北京师范大学文学系主任，邀请黄侃来北师大任教，为国文系讲授小学，兼中国大学及民国大学课。黄侃借住过师弟吴承仕的房子。1927年，有学生反映黄在课堂上对女生有不尊重之言，吴作为系主任善意地提醒黄侃注意一下自己的言辞。谁知黄侃竟怒而辞去教授之职。搬家时，黄侃竟架上梯子，用毛笔蘸浓墨在房梁上挥写"天下第一凶宅"，又在墙壁上画满带"鬼"字旁（诸如"魑魅魍魉魃魈"之类）的大字，弄得阴森森满室鬼气，才掷笔而去。

弟子　　在黄侃众多弟子中，有三位弟子关系特殊。一位是黄侃在武昌高师任教时的学生，也姓黄，名菊英。黄侃在武昌高师任教时，元配夫人王氏去世，黄绍兰女士继配。二人虽经山盟海誓而结合，但因小事而反目，以至分居。这时，黄菊英和他的大女儿同级，常到他家来玩，以父师之礼事黄侃，黄侃对这个女学生也很好。日子一久，竟生爱恋，不数月，二人突然宣布结婚。朋友们都以"人言可畏"劝他，他坦然地说："这怕什么？"

一位是黄焯，黄侃的侄子。黄焯作为黄侃学术的继承者，积累了黄侃论学及批校古籍的丰富资料，陆续整理出版。黄焯以其堂叔黄侃为榜样，"50

岁以前不著书"，所以他的著作皆在70岁以后结集而成，并陆续刊行于世。

另一位则是后来成了他的女婿的潘重规。黄侃曾和刘太希谈起近年考入中央大学的潘崇奎（重规）。黄侃兴奋地说，在众多试卷中，只有潘生，文笔精美，且字字是一笔不苟的正楷，近来还常常到黄侃住处请教。黄侃说此生可谓近代青年中之精金美玉，赞赏之情，溢于言表。非常巧合的是，刘太希也非常兴奋地告诉黄侃，潘生是他的外甥。黄侃也觉得这是奇缘，急忙询问潘生订婚否？当得知尚未订婚，黄侃说自己的女儿正待字闺中，与潘生堪成匹配。后来，潘崇奎果真娶了黄侃的女儿。

1929年11月27日，黄侃带领潘崇奎前往上海为章太炎先生祝寿，黄侃将潘崇奎引见给章太炎。章太炎问其所学，至为激赏，并为其易名重规。黄侃为此写了一横幅记其事，他还为爱徒易字为"袭善"，并题篆书"重规袭善"四个大字。对潘重规的青睐，从黄侃写给潘的四言诗中可见一斑："矫矫潘生，无磷无渣，心贯九流，知其始终。年方弱冠，智过老齿，不睹斯才，吾其已矣。"潘重规在纪念恩师的文章中说："一个浅学青年，受这样的提携爱护，真不知该如何努力，才能仰副厚望于万一。其后申之于婚姻，爱之如骨肉，更非寻常情谊所能比拟。"

谶言　章太炎生平清高孤傲，对黄侃却颇多嘉许，钱穆曾说："章氏去日本，从学者甚众，然皆务专门，鲜通学，惟黄侃一人，最为章氏门人所敬。"黄侃有"述而不作"之风，于是，章太炎便劝黄侃著书。黄侃却谓须待50岁后再从事纸笔。黄侃婉拒章太炎的那句话，也是有来历的。黄侃称道清代学者江永时说："年五十后岁为一书，大可效法。"由此可见黄侃对乾嘉学术精神有意识的继承。

1935年春，黄侃50岁生日，章太炎撰赠了一副贺寿联，并由苏州寄到南京。这幅贺寿联的上款为"季刚劬学有年，温温不试"。联语曰：

韦编三绝方知命；

黄素初裁可著书。

上联以孔子"五十读《易》"的典故，赞许黄侃研究学问非常刻苦，到知天命之年仍在勤奋学习；下联即用蔡邕《曹娥碑》的典故，希望黄侃今后可以潜心著述，写出"绝妙好辞"。章太炎写给黄侃的贺寿联，有嘉许、勉励和庆贺之意，对联下款写道："年五十当著书，今正其时，书以勉之。"但章太炎一时疏忽，此贺联内无意中竟藏了"黄绝命书"四字，黄侃接到这副贺寿联后，脸上骤然变色，内心"殊不怿"。果真在当年 10 月 8 日，黄侃因饮酒过量，导致胃溃疡失血过多而英年早逝。章太炎贺寿联竟成谶言，有人事后向章太炎点明，章太炎当即悔痛自责不已。

黄侃去世，章太炎获得噩耗后，连呼："这是老天丧我也！这是老天丧我也！"极其悲痛和惋惜，写下挽联：

辛勤独学鲜传薪，歼我良人，真为颜渊兴一恸；

断送此生唯有酒，焉知非福，还从北叟探重玄。

上联中传薪比喻师生递相传授，"歼我良人"语出《诗经·秦风·黄鸟》，而颜渊是孔子最为欣赏的弟子，章太炎以此来比拟黄侃和颜渊一样英年早逝，而他现在的心情就和当年孔子失去颜渊一样悲恸万分。下联为黄侃去世惋惜，"断送"出自韩愈《遣兴》"断送一生唯有酒，寻思百计不如闲"，北叟暗含塞翁失马的典故，重玄指微妙幽深的哲理，源于《老子》"玄之又玄，众妙之门"。

轶闻　辛亥革命后，袁世凯筹谋称帝，赠黄侃 3000 大洋和一枚金质嘉禾章，授意他写《劝进书》。大洋，黄侃照单全收，用于游山玩水；《劝进书》只字不写，并把那枚金质嘉禾章挂在家中猫的脖子上。

黄侃本是辛亥革命先驱人物。当初的同盟会员，后来不少在南京国民政府中位居要津。黄侃大多不与往来，唯与居正有所过从。时任司法院长的居正，曾因反蒋被囚南京汤山，众人疏之，黄侃念旧谊常去囚地探视。不料，居正东山再起，黄侃反倒不去走动了；倒是居正常去造访他。居正问黄侃何至于此。黄说："君今非昔比，宾客盈门，权高位重，我岂能作攀附之徒！"不过，后来为保释共产党员汪楚宝，黄侃不得不托请居正，居正也很爽气地帮了忙。

1927年后，黄侃任教于南京中央大学，绰号为"三不来教授"，即"下雨不来，降雪不来，刮风不来"。这是他与校方的约定。每逢老天爷欲雨未雨、欲雪未雪时，学生便猜测黄侃会不会来上课，有人戏言"今天天气黄不到"，往往是戏言成真。

田炯锦《在北大六年琐记》中写道："有一天下午，我们正在上课时，听得隔壁教室门窗有响动，人声鼎沸。下课时看见该教室窗上许多玻璃破碎，寂静无人。旋闻该班一熟识同学说：黄先生讲课时，作比喻说：好像房子要塌了。方毕，拿起书包，向外奔跑，同学们莫名究竟，遂跟着向外跑。拥挤的不能出门，乃向各窗口冲去，致将许多玻璃挤碎。"

在中央大学兼课的名流颇多，教授们大都西装革履，汽车进出，最起码也有黄包车。唯黄侃进出，每着一件半新不旧的长衫或长袍，一块青布包几本常读之书。

当时中央大学规定师生进出校门要佩戴校徽，黄侃偏偏不戴。一天，黄侃穿一件半新不旧的长衫，腋下一块青布包裹着几本书，来到校门前，门卫见这个衣着寒酸的人没有校徽，就要看他的名片，黄侃怒道："我本人就是名片，你把我拿去吧。"后来校长出来调解，门卫道歉才算了事。

一个雨天，其他教授穿胶鞋赴校，而黄侃却穿一钉鞋。"钉鞋"又称"木屐子"，即以桐油反复油浸后的牛皮为鞋帮，厚木块为鞋底，再钉上铁钉防滑。这种钉鞋在乡下走烂泥路极佳，而在城里走水泥路就不太合适了。课后，天放晴，黄侃便换上便鞋，将钉鞋用报纸包上挟着出校门。新来的门卫不认识黄侃，见此公土气，且携带一包东西，便上前盘问，并要检查纸包。黄放下纸包而去，此后几天一直未去上课。系主任见黄教授连续几天未到校，以为生病，便登门探望。黄则闭口不言，系主任不知所以然，赶快报告校长。校长亲自登门，再三询问，黄才说："学校贵在尊师，连教师的一双钉鞋也要检查，形同搜身，成何体统。是可忍，孰不可忍？"校长再三道歉，后又托名流们劝驾，但黄终未去中央大学授课。

冯友兰在《三松堂文集》自序中写道："当时北大中文系，有一位很叫座的教授，叫黄侃，他上课的时候听课的人最多。"

时任北大校长的蔡元培关爱黄侃这位大受欢迎的国学大师，特别在教授休息室为他购置了舒适的沙发，供他课余休息。当时也在北大任教的著名戏曲理论家、教育家吴梅有次课余坐在沙发上，恰好被刚下课的黄侃看到，于是质问吴梅："你凭什么坐在这里？"吴梅不甘示弱，道："凭词曲坐在这里。"一言不合，两人大打出手，最后教务处出面，把两人的课时调开，以减少两人见面。

黄侃有个"馋嘴"的毛病，并且毫不理会学校的规定，经常变换借口要学生替自己"买单"。学生们慢慢摸透了黄的脾气，知道在黄侃这里，"有菜一切好说，无酒寸步难行。"黄侃讲课时，有一个习惯，每每讲到紧要之处就戛然而止，对学生说："这里有个秘密，专靠北大这几百块大洋的薪水，我还不能讲，你们要我讲，得另外请我吃饭。"

有一次，黄侃在饭店请客，隔壁有他的学生，听到老师的声音，过来问候，他就拉了学生说起来没完。学生也是在请客，还有客人等着，就说，老师放心，你这桌的钱我也结。黄侃才说，好，你回去吧。

黄侃在自己寓所的门上挂了一个小木牌，上面写"坐谈不得超过五分钟"。有一次，女学生舒之锐和程俊英去黄侃处借阅杂志，见到木牌后即准备离去，黄侃说："女学生不在此限，可以多坐一会儿。"

学生每届毕业，照例要印制精美的学谱，印刷费用通常都由教授捐助。

黄侃对这种常例不以为然，他既不照相，又不捐钱，待到学谱印出，学校一视同仁，也送给黄侃一册，留作纪念。黄侃收下册子后，却将它丢入河中，愤然骂道："一帮蠢货，请饮臭水！"

北大章门弟子们作柏梁体诗分咏校内名人。咏黄侃的一句是"八部书外皆狗屁"（八部书指《毛诗》、《左传》、《周礼》、《说文解字》、《广韵》、《史记》、《汉书》和《昭明文选》），尽显黄侃的名士风流。

黄侃晚年喜好《周易》，尤精于爻卦卜算之辞，自诩可借此致富。一日，他卜得上上卦，便去买彩票，竟然得中头彩。黄异常得意，逢人便说："今日所获，稽古力也。"后来，他用彩票收入在南京城郊蓝家庄九华村购买了一处宅院，并按照自己的设计推倒重建了一座三层楼的豪宅，并根据陶渊明《咏贫士》诗中"量力守故辙，岂不饥与寒"中之"量守"之意，为豪宅取名为"量守庐"。

"量守庐"建成不久，传闻国民政府要在"量守庐"一带建机场，黄侃的爱巢面临拆迁。黄侃直接去找时任行政院院长、在日本就已认识的汪精卫。一见面，黄侃就直呼其名："汪兆铭，你做大官，有了官邸，有小汽车，我黄某一个蜗居，你都不肯放过，我要你院长下台！"汪精卫问明事由，笑着说："季刚兄，这件事好办，南京这么大，随便你选一个地方，我替你盖一栋满意的住宅，如何？"但是，黄侃却拒绝搬走，汪精卫无奈，只好让人把"量守庐"从机场范围内撤开。

钱玄同：一个催生新文化运动的性情中人

传略 钱玄同（1887—1939），原名钱夏，字德潜，号疑古，自称"疑古玄同"。后改名玄同，汉族，浙江吴兴（现浙江湖州市）人。语文改革活动家、文字音韵学家、中国"五四"新文化运动的倡导者之一、著名思想家。曾主张废除汉字。在新文学运动、新文化运动、国语运动、古史辨运动以及音韵学诸方面都作出了杰出的贡献。

钱玄同

1906年（清光绪三十二年），入日本早稻田大学，次年参加中国同盟会。在此期间，又师从章太炎学习声韵训诂。

1910年（宣统三年）春回国后，先后任嘉兴中学、海宁中学、湖州中学教员。辛亥革命后，在杭州教青专署任科员、视学。

1913年秋，在北京高师附中任教，1916年任北京大学、北京高等师范教授，主授音韵学。

1917年兼任《新青年》编辑，提倡文学改革，积极推动新文化运动。第一个提出《新青年》发表文章应"渐渐改为白话"，并表示从这时起自己一切文章通信躬身力行。这些意见，猛烈地冲击着封建文学的堡垒，促进了文学革命的深入。

1918 年，主编全国首创的白话文加注音符号的小学一年级"国语"教科书，给北京高师附小孔德学校试教，这是我国革新语文教学的大胆尝试。曾研究方言，并和顾颉刚合作注《吴歌》音，和周作人合作注《越谚》音，和魏建功整理苏州方言的声韵部类。1926 年，与黎锦熙等制定"国语罗马字"的拼音法式，即现在通用的汉语拼音方案的前身。

1928 年任北师大国文系主任、教育部国语统一筹备会常委。1932 年，制定以北平字音为标准的《国音常用字汇》并由教育部公布。1934 年，在病中草成《第一批简体字表》，1935 年 8 月由教育部公布第一批 324 个简体字，为新中国成立后的文字改革工作奠定基础。

抗日战争爆发后，因病不能随校撤离，留居北平，1938 年春，恢复了旧名"钱夏"，表示"夏"而非"夷"，不做敌伪的顺民。他常间接寄语随北平师大迁至城固的好友黎锦熙等，说"玄同绝不污伪命"，多次坚拒日伪聘请。

1939 年 1 月 17 日忽然右脑部溢血，在德国医院逝世。

催生　钱玄同在向《新青年》撰稿的同时，也在为该杂志寻求合适、优秀的撰稿人。他自然不会忘记在东京的同窗好友周树人、周作人两兄弟，认为他们是国内少有的文学人才。钱玄同经常到宣武门外南半截胡同绍兴会馆的补树书屋，劝说周氏兄弟为《新青年》撰稿。周作人很快就有稿子交来，而其兄周树人却迟迟没有动手。钱玄同做事是不达目的绝不罢休的，为能约到周家兄弟的稿子，不厌其烦经常拜访他们。他与周树人又都十分健谈，常常是下午四五点钟开聊，一直要聊到深夜十一二点方散，中间的晚饭也从未使他们的谈话中断。

一次，钱玄同又身着长衫，提着皮夹，兴冲冲来到周树人的住处补树书屋。钱见周书桌上一沓沓抄写的古碑文，就问："你抄了这些有什么用？"答："没有什么用处。"钱又追问："那么，你抄他是什么意思呢？""没有什么意思。"从这几句对话不难看出，当时周树人正处于报国无门、救民无法、心中苦闷的境地。钱玄同再一次建议说："我想，你可以做点文章。"周树人说："假如一间铁屋子，是绝无窗户而万难破毁的，里面有许多熟睡的人们，不久都要闷死了，然而是从昏睡入死，并不感到就死的悲哀。现在你大嚷起来，惊起了较为清醒的几个人，使这不幸的少数者来受无可挽救的临终的苦楚，你倒以为对得起他们么？"钱玄同立刻争辩说："然而几个人既然起来，你不能说绝没有毁坏这铁屋的希望。"这句话切中要害，打动了周树人的心，使周走出隐默，终于动笔写了抨击吃人的旧礼教的白话文小说《狂人日记》，发表在《新青年》1918 年 4 月号上，署名鲁迅。从此，周树人一发而不可收，小说、杂文等作品不断，在同旧世界的斗争中，冲锋陷阵，所向披靡，成为文学革命的主将。

钱玄同是鲁迅《狂人日记》的催生者，其意义远超过了文学革命。

双簧　　1918 年，为扩大《新青年》的影响，引起社会更广泛的关注，特别是要对一些守旧派思想进行全面批判，编辑们煞费苦心。钱玄同和刘半农经过一番策划，决定以一反一正两种截然不同的观点写文章，引起争论，批驳那些腐朽落后的反对新文化运动的顽固派。

1918 年 3 月，钱玄同化名王敬轩在《新青年》上发表题为《文学革命之反响》一文，洋洋洒洒数千言，罗织新文化运动种种罪状，攻击主张新文化的人是不要祖宗。刘半农撰写了万余言的《复王敬轩书》，针对王敬轩所提出的所有观点一一加以驳斥，把实无其人的王敬轩批驳得体无完肤。这实际上是钱、刘二人演出的一场"双簧"戏，故意制造一场论战，以便把问题引向深入，唤起社会的注意。鲁迅后来称这场论战是一场"大仗"。

30 年代初，章太炎带着黄侃到北京讲学，钱玄同对老师毕恭毕敬，小心翼翼，对师兄却根本不买账。有一天，在章太炎住处，黄侃开玩笑地对钱玄同说："二疯，你来前，我告你！你可怜啊！先生也来了，你近来怎么不把音韵学的书好好地读，要弄什么注音字母，什么白话文。"钱玄同顿时翻脸，拍着桌子厉声说："我就是要弄注音字母，要弄白话文，混账！"章太炎闻声赶来，哈哈大笑，排解说不许再争什么注音白话文，都给我念日语字母。章的意思十分明显，想想当年在日本一起学习的同门之谊，有什么好吵的。

为师　钱玄同在北大、北师大、燕大皆授课，他的弟子众多，张中行先生就是他的学生之一。张中行回忆钱玄同时说，胡适"口才好，立着讲，总是准时开始，准时结束。……钱先生不然，用普通话讲，深入浅出，条理清晰，如果化声音为文字，一堂课就成为一篇精炼的讲稿。记得上学时期曾以口才为标准排名次，是胡适第一，钱先生第二，钱穆第三。"

钱玄同上课是从来不带讲义的，他的另一个弟子徐铸成回忆道："每次上课，他总先在课堂外等候了，钟声一响，立即走上讲坛，用铅笔在点名簿上一'竖'，就立即开讲。讲起来真是口若悬河，滔滔不绝。……他上课从不带一本书一张纸，只带一支粉笔，而讲每一个字的起源，从甲骨、钟鼎、大小篆、隶，原原本本，手写口谈，把演变的经过，旁及各家学说，讲得清清楚楚，使这样一门本来很沉闷的功课，讲得非常生动。"

钱玄同平生酷嗜读书，博闻强记。对所讲内容，非常熟悉，如数家珍。例如讲《春秋》，某公某年某月某事，左氏如何，公、谷如何，古文家某人某说，今文家某说，清、近人又如何说，某说是，某说非，理由如何等，就像讲故事一样。讲《说文》，某部首某字古文怎样写，甲金又怎样，许氏又是怎样把形体和解说弄错了，隶草又如何演变，后来又怎样变成了简体字，一路讲来，印象既深刻，兴趣也很浓……讲课时，常拿一本书，两手翻弄。同学们以为是讲稿或参考书……原来是一本《汉书》，和讲课内容毫不相干……又一次……却是一本空白的无字天书。

钱玄同在北京大学主讲文字音韵学课程，讲得很好，学生很爱听。有一次，他讲到广东音韵。课后，一位广东学生李锡予给他写了一封长信，对讲课内容提出了不同意见。下一节上课时，钱玄同一上讲台就面带笑容，客气地问："哪一位是李锡予同学？"李锡予站起来回答说："就是我。"钱点点头说："请坐，我见到你的信。你对广东音韵的解释是对的。我不是广东人，对广东音韵一知半解。我很感谢你纠正了我的纰漏。"接着，钱玄同在课堂上读了李锡予的信，让大家据此修改上一节课的讲课内容。最后，他还希望其他同学对讲课中的纰漏之处提出意见。同学们见钱玄同如此谦虚，大为感动。

钱玄同主张学生上课来去自由，学生来不来上课悉听尊便，在某些方面可以说是放任自流，"钱玄同先生每次上课时，从不看一眼究竟学生有无缺席，用笔在点名簿上一竖到底，算是该到的学生全到了"。

钱玄同甚至与学生称兄道弟，他的朋友黎锦熙说："他写给学生们的信，每称对方为'先生'，自己称'弟'，说'先生'只是男性的通称，犹英文的 Mr，但有些学生倒起了误会，说钱先生不认他为弟子，是摒之门墙之外，所以他后来就改称某某'兄'了。"

钱玄同在北大任教时，从不考试，每学期末批定成绩时，便按点名册的先后，起评60分、61分……如若选课的学生共40人，最后一人就得100分；若是40人以上，便重新从60分开始。

钱玄同做教授有一个最大的"陋习"：从不批改学生们的考卷。钱玄同曾先后在北京大学、北京师范大学、燕京大学等处任教，各校对这位大学者的这一"陋习"虽说无可奈何，但也各有对策。北京大学为此特意刻了一枚木质图章，上书"及格"二字。钱玄同收到考卷后，即直接送到教务室，由教务室统一盖上及格的图章，而后按照各人的名字分别记入学分档案。

北大的宽容态度，使钱先生对自己的做法愈发地得意，竟向外四处推广，及至他到燕京大学兼课时，仍旧照此办理。不料此番他碰了个钉子：学校方面竟将他送上的未判考卷原样退回。钱先生登时也来了脾气，毫不退让，又将考卷原封不动地退了回去。校方很是生气，警告钱先生，如再次拒绝判卷，将按照校纪对他进行惩罚，扣发相当数额的薪金。钱先生对此立即作书一封，言道："判卷恕不能从命，现将薪金全数奉还。"并在信内附钞票若干。

家事　　钱玄同出生时，父亲已62岁，哥哥已34岁，父兄对他管教甚严。他少年时父母双亡，一直跟随兄嫂生活，凡事必禀命于兄长。他对兄嫂十分尊敬，每到阴历年必携妻儿一起到哥哥家拜祖先。钱玄同到晚年，已80高龄的嫂子开始编著关于清代闺媛的诗文，他亲自去复印、校对，并为此书编了一个依"广韵"排列姓名的索引。他对与自己年龄相差无几的侄子们也十分友爱。

钱玄同反对包办婚姻，主张自由恋爱。但他与由哥哥包办的妻子徐婠贞关系非常和谐。妻子身体不好，他关心体贴，照顾周到。旧社会文人嫖娼、纳妾都是平常事，钱玄同从不嫖娼，说："如此便对学生不起。"有人以他妻子身体不好为由劝他纳妾，他严词拒绝，说："《新青年》主张一夫一妻，岂有自己打自己嘴巴之理。"他还说："三纲像三条麻绳，缠在我们的头上，祖缠父，父缠子，子缠孙，一代代缠下去，缠了两千年。新文化运动起，大呼解放，解放这头上缠的三条麻绳。我们以后绝对不许再把这三条麻绳缠在孩子们头上！可是我们自己头上的麻绳不要解下来，至少新文化运动者不要解下来，再至少我自己就永远不会解下来。为什么呢？我若解了下来，反对新文化维持旧礼教的人，就要说我们之所以大呼解放，为的是自私自利，如果借着提倡新文化来自私自利，新文化还有什么信用？还有什么效力？还有什么价值？所以我自己拼着牺牲，只救青年，只救孩子！"

钱玄同大力支持长子秉雄自由恋爱，多次表示做父母的绝对不干涉。1937年7月15日，他亲自发请柬邀请亲朋好友百余人到中山公园来今雨轩，为其长子举行订婚仪式。他即兴发表了热情洋溢的讲话，称赞自由恋爱是进步，并再次大声呼吁："反对包办式的婚姻！"后来，他又请黎锦熙等挚友为长子的《订婚纪念册》签名留念。

著名科学家钱三强是钱玄同的三儿子。钱玄同在家里，常向钱三强灌输民主与科学的新思想："对于社会要有改革的热情，时代是前进的，你们学了知识技能就要去改造社会。"钱三强上了中学后，有一次读了孙中山著的《建国方略》，书中提出要把黑暗、落后的旧中国建设成繁荣、昌盛的新中国，并具体设想了未来中国的蓝图。钱三强读完后自言自语地说："对，要使国家摆脱屈辱，走向富强，非建立强大的工业，非学科学不可。"当晚，他就把自己的想法告诉了父亲。钱玄同很支持儿子的想法，鼓励他去考北大理科预备班。

在北大预科学习时，钱三强旁听了清华大学教授吴有训、萨本栋讲近代物理和电磁学，还读了英国科学家罗素的《源子新论》，他深深地爱上了原子物理，转而考入清华大学，以优异成绩毕业。1937年，钱三强在钱玄同的鼓励下去应考公费留学生，并考到一个留学的名额。出国前夕，正巧钱玄同病重，是去是留，钱三强不知如何是好，父亲看出儿子的心事，鼓励他不要挂念家里，说："你学的学科，将来对国家有用，你还是出国好好学习吧！"就是在父亲的这种勉励和支持之下，钱三强在国外勤奋学习，学成归国后，经过努力，最终成为一代著名的核物理专家。

趣闻　1936年，钱玄同在北师大中文系讲传统音韵学，讲到"开口音"与"闭口音"的区别，一同学请他举一个例子，他说——北京有一位京韵大鼓女艺人，形象俊美，特别是一口洁白而又整齐的牙齿，使人注目。女艺人因一次事故，掉了两颗门牙，应邀赴宴陪酒时，坐在宾客中很

钱玄同手稿

不自在，尽量避免开口，万不得已，有人问话才答话。她一概用"闭口音"，避免"开口音"，这样就可以不露齿，从而遮丑，如这样的对话："贵姓？""姓伍。""多大年纪？""十五。""家住哪里？""保安府。""干什么工作？""唱大鼓。"

等到这位女艺人牙齿修配好了，再与人交谈时，她又全部改用"开口音"，于是对答又改成了："贵姓？""姓李。""多大年纪？""十七。""家住哪里？""城西。""干什么工作？""唱戏。"

学生听了都大笑。

钱玄同曾说："人到四十就该死，不死也该枪毙！"1927 年，钱玄同 40 岁生日时，胡适、刘半农等人想起钱当年的慷慨激愤之语，遂写就讣告、挽联、挽诗以及悼念文章，并发出预告，计划在《语丝》出一期"钱玄同先生成仁专号"，以图恶搞之。有外地朋友听说此事，还真就打电话到北平慰问钱的家属。

钱玄同 44 岁时，见有于某和虞某共出的唱和诗集名《于虞吁喁集》，因而表示自己要编一本《四四自思辞》，此后每隔 11 年推出一本集子。黎锦熙问他到 55 岁又叫什么，钱玄同说当叫《五五吾悟书》，至 66 岁则称《六六碌碌录》，77 岁为《七七戚戚集》。这些巧妙地运用了双声叠韵书名的书后来虽未编成，却很见钱氏机敏明快的性格。

章衣萍曾作文回忆钱玄同，"生平不懂接吻。一日，在苦雨斋闲谈，钱玄同问：'接吻应他先加诸伊乎？抑伊加诸他乎？两口相亲，究有何快乐和意义乎？'座上有客，欣然答曰：'接吻，有女的将舌头加诸男的口中者，有长吻，有短吻，有热情的吻，有冷淡的吻。'钱玄同闻之，喟然叹曰：'接吻如此，亦可怕矣。'"

妙文

恭贺爱新觉罗溥仪君迁升之喜并祝进步

人，总应该堂堂地做一个人，保持他底人格，享有他底人权，这才是幸福。一个人要是沦为强盗，瘪三，青皮，痞棍，土豪，地主，王爷，皇帝等等，他们底生活方面虽大有贫富苦乐的不同，但其丧却人底地位则完全一致，我认为这都是些不幸的人们。这些人们因为自己不幸而丧却人底地位，于是便不能完全享有人权，于是常常要做出许多没有人格的事来，于是好好地人们便要遭他底损害，于是他便被好好地人们所敌视了。

张三要损害李四，李四敌视张三，向他决斗，这是极正当的防卫，丝毫无可非议，所以一切革命反抗（不幸的人们称为"犯上作乱"）的行动，都是绝对不错的。但是再进一步想，敌人原来也是朋友ㄨㄚ！只因他一念之差以至做了不够人格的事，别人固然遭了他底损害，他自己也是很不幸兀ㄚ！

奋斗的时候，固然应该毁灭他底武器；但武器毁灭以后，还应该救济他：恢复他固有的人格和人权。据说一千九百多年以前有一个木厂子里的少掌柜的叫人们要爱敌人，他底理由怎样，且不去管它，我用断章取义的办法，很赞同这句话；但我以为在敌人有武器的时候是不应该爱他的，到了敌人的武器毁灭以后便应该爱他，爱他的第一步便是恢复他固有的人格和人权。

北京城里有一位十九岁的青年，他姓爱新觉罗，名溥仪，这人便是上列各种丧却人底地位的不幸人之一。原来他底祖宗在三百年以前不幸沦入帝籍，做了皇帝，不克厕于编户齐民之列。他家父传子，子传孙，传了好几代，经了三百多年，干了许多对不住人的事体。

到了十三年前，有些明白的人们起来向他家奋斗，居然把他家底武器毁灭了。但是还给这位青年留下那个极不名誉的名目叫做什么"皇帝"的，而且还任他住在一个不是住家的房子里，还任一班不要脸的东西常常弯了

—

钱玄同：一个催生新文化运动的牲情中人

腿装矮子去引他笑，低下脑袋瓜儿扮成叩头虫的模样去逗他玩，以至于把这位年龄已经到了应该在初级中学毕业的时候的青年，弄到他终日如醉如痴，成了一个傻哥儿；他在七年前还被那班不要脸的东西簇拥到外面来胡闹了一回，险些又要恢复那毁灭了的旧武器，再来做对不住人的事体。他弄到这样的地步，真是他底大不幸。你想，咱们可以自由住居，自由行动，为什么他不可以，咱们家底子弟可以入学校，得到相当的知识和技能，为什么他不可以？咱们可以得到选举和被选举的资格，为什么他不可以？在北京说北京，咱们底原籍无论是否北京，只要在北京住居几年以上，便可以得到北京市民底参政权，他家自从一六四四年到北京以来，到现在整整地二百八十年了，为什么他还得不到北京市民底参政权？他这样底不幸，不消说得，便是"皇帝"这名目害了他。"皇帝"这名目之不名誉，固与"青皮，瘪三"等等相同；而他底称号，"皇帝"之上还有"大清宣统"四字，这又好比青皮瘪三有那些"四眼狗，独眼龙，烂脚阿二，缺嘴老四"等等绰号一般。青皮瘪三改邪归正之后，总得好好地取一个平常人的名字：若仍旧称为"四眼狗"等等，怎能怪人家厌恶他，歧视他？（况且保存这等绰号，实在也真有些危险，因为他可以藉此再做青皮瘪三。）由是可知十三年以前毁灭他底武器而留下"皇帝"这个名目给他，真是不彻底的办法，不但他有时要借此胡闹，弄得咱们受累，并且使他因此而不克恢复他固有的人格和人权。咱们也实在对不住他。

这几年来，我常常对人家说，我很希望这位十九岁的青年肯力图向上，不甘永沦帝籍，自动的废除帝号，刻这样一个名片：以表示超出帝籍，上厕于民国国民之列。但我这希望终于希望而已。

现在爱新觉罗溥仪君自己虽然还未觉悟，未能自动的超拔自己，而有冯玉祥君，黄郭君，鹿钟麟君，张璧君等居然依了李石曾先生等明白人底建议，于一九二四年十一月五日派了人去劝告爱新觉罗溥仪君："大清宣统帝从即日起，永远废除皇帝尊号，与中华民国国民在法律上享有同等之权利"；"清室应按照原优待条件第三条，即日移出宫禁，以后得自由选择住居"。爱新觉罗溥仪君一一照办，立刻搬出那"不是住家的房子"而回到他底本生的老太爷底府上去住了。

好了好了！爱新觉罗溥仪君从此超出帝籍，恢复他固有的人格和人权了！"爱新觉罗溥仪君！我很诚恳的向您道喜：恭喜恭喜！恭喜您超升啦！"

我对于爱新觉罗溥仪君还要说几句祝望的话："您虽然是一位十九岁的青年，可是您以前处在一个很不幸的环境里，成日价和那班不要脸的假矮子假叩头虫鬼混，读那些于您不但无用而且有害的书如尚书之类，您底知识和技能大概要比一般的中学生差些吧。这不必讳言，也无须追悔。'往者不可谏，来者犹可追。'我听人说，您在那不幸的环境里，居然爱看《新青年》《晨报副镌》，康白情底《草儿》和俞平伯底《冬夜》之类，我觉得您还是一位有希望的青年。我祝望您，从今以后。可以好好地补习些初中程度底科学常识，选读几部白话文学底作品；过了一两年之后，大可去考高级中学或大学预科；将来更可上外国去留学，把您自己造就成一个知识丰富学问深造的人，您底幸福可就不可限量啦。您底先德玄烨先生在二百年以前的皇帝队里，总算是留心学问的人了，但是就现代的平民看来，他底学问也不过尔耳；您如今已经超升为现代的平民了，您肯用功上进，将来必定"跨灶"，这是无疑的。还有一层，听说您已经结婚了，而且因为您以前在那不幸的环境里，听说您已经有了姨太太了。咱们姑且'成事不说'，您既已结婚，便应该了解两性底关系，我现在要介绍两部好书给您：一部是ㄎㄚㄆㄣㄊㄜ底爱底成年，一部是ㄙㄊㄜㄆㄙ士底结婚的爱。至于二十四史里底皇后传外戚传之类，于您不但毫无用处，而且还大有害处，我劝您别去看它才好！"

一九二四，一一，六。

发表于《语丛》第 1 期 1924 年 11 月 17 日

刘文典：养生未羡嵇中散，疾恶真推祢正平

传略　刘文典（1889—1958），字叔雅，原名文聪，笔名刘天民。安徽合肥人。祖籍怀宁县。国学家，教育家。终生从事古籍校勘及古代文学研究和教学。

自幼入教会学校学习英语，1906 年入芜湖安徽公学学习，受到反封建民主革命思想的影响和熏陶，于 1907 年加入中国同盟会。1909 年赴日本留学，就读于早稻田大学，其间积极参加革命活动。1912 年回国，在上海于右任、邵力子等主办的《民立报》担任编辑，

刘文典

宣传民主革命思想。1913 年再度赴日本，1914 年加入中华革命党，并任孙中山秘书，从事反对袁世凯复辟活动。1916 年回国，由陈独秀介绍到北京大学任教，讲授《淮南子》研究、校勘学、先秦诸子研究等课程。研究诸子著作，发愤从事古籍校勘。1923 年出版专著《淮南鸿烈集解》，受到学术界极大重视，学术声誉由之大振。继《淮南鸿烈集解》之后，又从事《庄子》、《说苑》等书的校勘，写了《三余札记》。这段时间是刘文典在学术上最有成就的时期。

"五四"期间，站在新文化运动的一边，曾在陈独秀主办的《新青年》杂志编辑部担任英文编辑，翻译了《近世思想中之科学精神》、《叔本华自我意识说》、《富兰克林自传》、《美国人之自由精神》等外国学术论著。1927年，出任安徽大学文学院院长兼预科主任、校长等职。1929年任清华大学中国文学系教授、主任，同时在北大兼课。除从事教学工作外，还陆续校勘古籍。1939年，完成了《庄子补正》、《说苑斠补》等书的校勘编撰。著名学者陈寅恪为《庄子补正》作序。抗日战争爆发后，没有来得及与清华、北大等校撤离南下，滞留北平。期间，日本侵略者曾多次派人请他出来教学并在日伪政府做官，他都断然拒绝，表现了一个正直的中国知识分子的民族气节。

1938年逃离北平，辗转南下，历经磨难后到达昆明，在西南联合大学任教。1943年，被聘到云南大学担任文史系教授。1956年被评为一级教授，被推选为全国政协第一、二届委员。正当他准备完成计划中的学术著作时，不幸于1958年7月15日病逝于昆明。

刘文典一生主要从事高等教育和学术研究，在校勘学方面有很深的造诣，成就尤为突出。在高校开设过的课程有：《淮南子研究》、《庄子研究》、《先秦诸子研究》、《大唐西域记研究》、《论衡研究》、《杜甫研究》、《史通研究》、《校勘学》、《文选学》等，为培养从事传统文化研究的人才做出了重要贡献。主要著作有：《淮南鸿烈集解》、《庄子补正》、《说苑斠补》、《三余札记》、《群书校补》、《杜甫年谱》等。

风采　"叔雅人甚有趣，面目黧黑，盖昔日曾嗜鸦片，又性喜肉食。及后北大迁移昆明，人称之谓'二云居士'，盖言云腿与云土皆名物，适投其所好也。好吸纸烟，常口衔一支，虽在说话也粘着嘴边，不识其何以能如此，唯进教堂以前始弃之。性滑稽，善谈笑，唯语不择言。"（周作人，《北大感旧录·刘叔雅》）

"有一年，余适与同车，其人有版本癖，在车中常手夹一书阅览，其书必属好版本。而又一手持卷烟，烟屑随吸随长，车行摇动，手中烟屑能不坠。"（钱穆，《师友杂忆》）

"三十年代初，他在清华大学任国文系主任，在北京大学兼课，讲六朝文，我听过一年……他偏于消瘦，面黑，一点没有出头露角的神气。上课坐着，讲书，眼很少睁大，总像是沉思，自言自语。"（张中行，《负暄琐话》）

"他的长衫特别长，扫地而行。像辛亥革命以前中国妇女所穿的裙子一样，不准看到脚，走路不能踩到裙边，只得轻轻慢移莲步。他偶尔也穿皮鞋，既破且脏，从不擦油。"（文中子，《刘文典："半个教授"》）

在清华园里，刘文典总是拖着一件破旧的及地长衫，像小脚女人一般挪动着小碎步，若有所思的样子。他极少开口，非得遇见熟人，他才轻轻哼一句。

每逢讲授诗歌，刘文典常常摇头晃脑、浅吟低唱，每到激越处则慷慨悲歌。他不仅自己吟诵，还要求学生模仿。有的同学不遵命，他虽不悦，但也不苛责，只是打比方点拨："诗不吟，怎知其味？欣赏梅先生（兰芳）的戏，如果只是看看听听而不出声吟唱，怎么能体会其韵味呢？"（傅来苏，《是真名士自风流》）

西南联大时，刘文典的学生李埏在向他借的一本《唐三藏法师传》的书页中，发现了一张老师用毛笔画的老鼠，遂要求老师解释。刘文典听后大笑不已，说自己在乡下看书时点香油灯，灯芯上的油会滴在灯盘上。一天深夜他在灯下看书时，见有老鼠爬到灯盘上明目张胆地吃起了盘子上的油。他本想打死它，但转念一想，老鼠是在讨生活，我读书也是为讨生活，何必相残呢？于是随手用毛笔画了一幅老鼠像夹在书中。李埏感慨："先生真有好生之德！"

1957年3月，刘文典在北京开全国政协会期间，在给次子刘平章的复信中称呼其为"kolya"，落款为"擦皮鞋者"。原来，开会期间他在书店看到《苏联画报》上有一幅名为《擦皮鞋者》的讽刺溺爱子女社会现象的漫画。画面上，一个满额皱纹、衣着褴褛的老头在严冬中蹲在地上为儿子"kolya"擦皮鞋。此时刘文典正好接到在成都读大学的儿子讨生活费的来信，想到自己对儿子的溺爱，不免自责。他没有摆出"老子"的架子，而是以一种幽默的方式来教育儿子。信中不提寄钱的事，反说自己在京费用大，钱已用完，要儿子汇点来解除经济危机。儿子平章读后，既感温馨又受教育。

气节　　1927年8月，刘文典受安徽省政府之聘，到安徽省首府安庆筹办安徽大学。安徽大学开始招生后，他任文学院院长兼预科主任，行校长之职。当时学潮很盛，学生们动辄罢课，当局极为敏感，这让刘文典很是为难。是时，有预科学生王某，江西瑞金人。某日国民党安徽省党部通知刘文典说预科学生王某是共产党员，要他对其严加监视。因说是"证据确凿"，刘遂命令校警丁某到王某宿舍进行搜查，还真搜出了"秘密文件"。刘文典于是立即叫传达室王裕祥送王某离校。当晚，便衣特务来校搜捕，扑了个空。学校向当局推诿，最后不了了之。王某因此得救，对刘感恩不已。对于当局迫害进步青年的行径，刘极为愤慨，顶撞对其发威的国民党当局官员道："大学不是衙门！"后来，这句名言不胫而走。

1928年，蒋介石以国民政府首脑的身份来到安庆，特地指名要视察安大，可是校方几次都拒绝蒋的光临。有人说，这不太好吧。刘文典说："我刘叔雅并非贩夫走卒，即是高官也不应对我呼之而来，挥手而去。蒋介石一介武夫耳，其奈我何？"

但蒋介石想要干的事刘文典岂能阻挡，1928年11月29日，蒋介石召见代行校长职权的安大文学院主任刘文典问话，并责令他尽快惩处肇事学生。

没想到刘文典根本不理他那一套，连主席也不愿喊，反而神情不屑地回答："事情没你想象得那么简单，我觉得其中尚有内幕。"蒋介石听了，勃然大怒："你这个新学阀，不将你撤职查办，对不起总理在天之灵！"

看见蒋介石扯起孙中山的大旗，身着灰布棉袍的刘文典"嗖"地站起身来，从容应答："提起总理，我和他在东京闹革命时，还不晓得你的名字呢。青年学生虽说风华正茂，但不等于理性成熟。些微细事，不要用小题目做大文章。如果说我是新学阀的话，那你就是新军阀！""你是总司令，就应该带好你的兵。我是大学校长，学校的事由我来管。"说到激烈处，两人互相拍桌大骂，一个骂"你是学阀"，一个骂"你是新军阀"。蒋介石恼羞成怒，当场打了刘文典两记耳光，并给他定了个"治学不严"的罪名，把他关进了监狱。

此事在全国的教育界、学术界引起了极大震动。安庆的学生举行示威游行，要求"保障人权"、"释放刘文典"。后来，由于国民党元老蔡元培等说情、力保，陈立夫又从中斡旋，蒋才以"即日离皖"为条件，释放了刘文典。刘文典离开安大后，于次年初拜访他的老师章太炎，并向老师讲述了安大事件始末。章太炎听罢，十分欣赏刘文典的气节，抱病挥毫写了一副对联赠之："养生未羡嵇中散，疾恶真推祢正平。"赠联巧妙借用汉末狂士祢衡击鼓骂曹的典故，颂扬了刘不畏强暴、疾恶如仇的气节。

"九一八"事变发生后，全国上下同仇敌忾。北平爱国青年学生因为国民党政府消极抗日，卧轨请愿。刘文典积极支持当时正在辅仁大学读书的长子刘成章参加请愿活动。刘成章因体质羸弱，卧轨时受了风寒，请愿归来后不幸患病亡故。

刘成章去世后，刘文典十分悲痛，更增加了他对日本人的痛恨。每次上课，刘都要先讲一段"国势的阽危"，激发学生的爱国热情。《教授印象记》中记载："然尚有一事更可以使我们对于刘先生表示极大的敬意的，就是刘先生爱国心的热烈，真是校内无二人！去年长城战事闹得极凶的时节，刘先生每次上国文班，必花一部分的时间，哭丧着脸向我们伸说国势的阽危，并且告诉我们赶快起来研究日本。"

因刘文典大骂蒋介石，一向反对蒋介石的粤系军阀陈济棠曾多次函请刘赴粤共谋大业，并汇来重金相请。刘婉言拒绝，将巨款退回，叹道："正当日寇侵华、山河破碎、国难深重之时，理应团结抗日，怎能置大敌当前而不顾，搞什么军阀混战？皮之不存，毛将焉附？"

1937 年，卢沟桥事变后，刘文典未能及时离开北平，日军得知他曾留学日本多年，多次利诱，劝他继续到北大任教，并在伪政府中任职。日本人还请了刘的好友知交来当说客，其中就有周作人。但刘文典说"读书人要爱惜自己的羽毛"，认定"气节不可污"，坚辞不就。

见劝说无效，日本人便采取强硬手段，两次派宪兵抄了刘文典在北平北池子骑河楼蒙福禄馆三号的家，将于右任、胡适、陈独秀、邵力子等人写给刘的信函都抄走了。刘与夫人张秋华安坐在椅子上，"身穿袈裟，昂首抽烟，怒目而视，以示抗议"。日本人知道他精通日语，便用日语问话，刘文典却不讲一句日语，翻译官责问他为什么对太君的问话一言不答，他怒道："我以发夷声为耻！"

困居北平期间，刘文典对于那些毫无操守，投降献媚于日本人之流特别反感，即使是至亲好友，他也不惜与之反目。刘文典的四弟刘管廷本来一直与他居住在同一寓所内，多年来兄弟之间感情融洽。但刘管廷后来在冀东某日伪政府谋到一个差事，得知此事，刘文典十分气愤，他先是以有病为由"不与管廷同餐"，后来又说"新贵往来杂沓不利于著书"，将其四弟赶出家门，并从此不再往来。这期间，刘文典常以唐代诗人被迫在安禄山处做官失节的事告诫自己说："国家民族是大节，马虎不得，读书人要爱惜自己的羽毛。"后在友人的帮助下，刘文典只身辗转来到西南联大。见到比他晚到昆明的吴晓铃教授，刘文典便向其打听与他同样困居北平的周作人景况。吴晓铃说周作人以"家中还有老小"为托词未出来，刘文典气愤地说："他读过不少的书，怎么那样不爱惜羽毛呀！"

恃才　刘文典长期潜心研究《庄子》。1939 年，他终于出版了《庄子补正》（附《庄子琐谈》）一书，共计十卷，轰动了学术界，达到了他学术生涯的最高时期。陈寅恪为之作序，推崇备至地说："先生之作，可谓天下至慎矣……先生此书之刊布，盖将一匡当世之学风，而示人以准则，岂仅供治《庄子》者之所必读而已哉！"陈寅恪人称"教授之教授"、"大师之大师"，能为此书作序赞誉，刘文典顿时身价倍增。

刘文典一贯恃才自傲，以国内有名的庄子研究专家自称。他每次上课讲《庄子》时，开头第一句总是说："《庄子》嘛，我是不懂的喽，也没有人懂！"言下之意是如果他不懂《庄子》，别人就更不懂了，可见其自负之情。

在西南联大时，曾有人向刘文典问起古今治庄子者的得失，他大发感慨，口出狂言说："在中国真正懂得《庄子》的，只有两个人。一个是庄周，还有一个就是刘文典。"

刘文典曾说"别人不识的字，我识，别人不懂的篇章，我懂。你们不论来问什么问题，我都会予以解答。"

刘文典在西南联大任教时，常常对人说："联大只有三个教授，陈寅恪是一个，冯友兰是一个，唐兰算半个，我算半个。"

刘文典并不否认自己狂傲。他曾反省自己："以己之长，轻人之短，学术上骄傲自大，是我的最大毛病。"

刘文典曾讲元好问、吴梅村诗，讲完称："这两位诗人（元遗山、吴梅村）的诗，尤其是吴梅村诗，老实说，比我高不了几分。"

西南联大青年教师陶光是刘文典的得意门生。因教务繁忙，陶久没去拜见老师。某日，陶拨冗专门拜访。一见面，刘文典就劈头盖脸地把他一顿臭骂，说他是"懒虫"、"没出息"、"把老师的话当耳边风"。陶光被骂得莫名其妙，忍无可忍正要反击时，刘文典一拍桌子，更加大声说："我就靠你成名成家，作为吹牛的本钱，你不理解我的苦心，你忍心叫我绝望吗？"口气由硬变软。陶光听到老师是想把自己当做"吹牛的本钱"后很受感动，几乎破涕为笑。师生的情谊从此更深了。后来刘文典特地请陶光为自己的著作题签。

刘文典在北大兼了两门课程：汉魏六朝文学和校勘学。校勘学是选修课，感兴趣的学生不多，教务处就将这门课的授课地点安排在中文系的教员休息室。刘文典受此怠慢，心中不快，头一次开讲，中文系又忽略了课前准备，于是刘文典借题发挥，动了脾气和肝火，皱着眉头发牢骚："这个课我教不了！我没法子教！"众人慑于这位狂名灌耳的教授的傲劲，不敢吱声，面面相觑，束手无策，眼看就要陷入僵局。没想到，教员休息室的工友是个机灵人，他端上沏好的热茶，用纯粹的京片子来解围："那哪儿成！像您这样有学问的先生，北京大学有几位？您不教，谁教啊！"这话听去顺耳之极，惬意之极，刘文典果然转嗔为喜，一边吸着烟卷，一边打开讲章，众人这才长舒了一口气，放下心头那块悬石。

相轻　　刘文典是研究古典文学的，对新文学很轻视，自然也瞧不起白话文作家。但无论在清华国文系，还是在西南联大国文系，都是白话文作家云集的地方，闻一多、朱自清、杨振声、俞平伯、陈梦家、李广田等都曾与刘文典共过事。这让刘文典很是恼火。当人们问到他对某某作家的看法时，他总是撇撇嘴，王顾左右而言他地敷衍一阵，最后却总要说一句："文学创作不等于学术研究的能力！"

在这些白话文的作家中，刘文典选择了沈从文作为出气对象。他公然讲道："陈寅恪才是真正的教授，他该拿四百块钱，我该拿四十块钱，沈从文只该拿四块钱。"他甚至不顾场合地奚落沈从文。有一次，警报一响，大家一窝蜂地往外跑，刘文典当然也随大家跑，这时，他扭头一看，发现他素所藐视的沈从文跑得比谁都快，立即就恼火了，顾不得自己气喘吁吁，转身呵斥道："你跑什么跑？我刘某人是在替庄子跑，我要死了，就没人讲《庄子》了！学生跑是为了保存下一代。就你这么个人，还跑什么跑？"后来沈从文升教授的时候，刘文典还是老大不情愿，说："我是他的老师，如果他都可以做教授，那我岂不要做太上教授了吗？"

相重　晚年，刘文典曾说过一句自我评价的话："我最大的缺点就是骄傲自大，但是并不是在任何人面前都骄傲自大。"能够让刘文典始终肃然起敬的人，其实只有一位，那就是国学大师陈寅恪。

刘文典生前一直敬佩精通十四种语言的陈寅恪。他公开承认他的学问不及陈氏之万一，多次对学生说：自己对陈氏的人格、学问不是十分敬佩，是十二万分的敬佩。他曾经多次在课堂上情不自禁地竖起大拇指说："这是陈先生！"然后，又翘起小拇指，对着自己说："这是刘某人！"

刘文典极为崇拜陈寅恪，每当听到有人说陈寅恪的不是时，刘文典一定要维护陈先生，破口大骂道："没长眼睛的狗东西！陈先生是当之无愧的大学者，是'教授中的教授'，闭着眼睛都能把你们撂倒，哪轮得到你们来教训他！"

刘文典和陈寅恪曾在西南联大共事。一日，刘文典跑警报时，忽然想起陈寅恪身体羸弱，视力不佳，行动更为不便。便匆匆率领几个学生赶赴陈的寓所，一同搀扶陈往城外躲避。同学要搀刘，刘不让，大声叫嚷："保存国粹要紧！保存国粹要紧！"让学生搀扶陈先走。

奇师　刘文典自安徽大学来到清华大学，很多学生都想见识一下这位大名鼎鼎敢于顶撞蒋介石的刘教授。该上刘文典的课了，许多学生慕名早早地来到教室，不料，走进教室的却是个穿得脏乎乎的半旧长衫的又干又瘦的小老头儿，憔悴得可怕——只见他两颧高耸，双颊深陷，面色黧黑，目光浑浊，瘦骨伶仃，全不像一般清华教授那样的洋气潇洒。那瘦骨伶仃的样子，亦全无壮年人模样——这小老头儿，就是敢于顶撞蒋介石的大名人刘文典么？然而，刘文典一开口，就让学生们疑虑顿消，个个听得如醉如痴。

课堂上，刘文典的声音总是尖锐而无力，如饥鼠寒猿。因为体弱，他总是坐着上课，双眼半眯，而后开口。"九一八"事变之后，他在辅仁大学念书的儿子因参加学生运动而丧命，刘文典为排解内心悲痛，吸食烟土并上了瘾。但他仍在吞云吐雾之余继续用功。为了让国人了解日本的狼子野心，也了解日本的文化背景，他彻夜译书。书是一章章弄出来，人却一日日瘦下去。当他翌晨出现在课堂时，已然步履凌乱。"诸位，很抱歉，我已经没力气再说话了。"他如实道来。学生闻之一惊，知道缘由后不仅谅解了他，而且更加钦佩他了。

除了讲《庄子》，刘文典讲《红楼梦》亦是一绝。有一次，刘文典要讲《红楼梦》，原定在一间小教室开讲，后因听者甚众，改为大教室，还是容不下，只好改在联大教室区的广场上，学生席地而坐，洗耳恭听刘教授高论。

其时天已近晚，讲台上燃起烛光。不久，刘文典身着长衫，缓步走上讲台，坐定。一位女生站在桌边用热水瓶为他斟茶。先生从容饮尽一盏茶后，霍然站起，有板有眼地念出开场白："宁—吃—仙—桃——一口，不—吃—烂—杏—满筐！仙桃只要一口就行了啊……我讲《红楼梦》嘛，凡是别人说过的，我都不讲。凡是我讲的，别人都没有说过！今天给你们讲四个字就够了。"于是他拿起笔，转身在旁边架着的小黑板上写下"蓼汀花溆"四个大字。

刘文典讲课时，同样大名鼎鼎的吴宓有时也会前去听讲，而且总是坐在最后一排。刘教授闭目讲课，每讲到得意处，便抬头张目向后排望，然后问道："雨僧（吴宓的字）兄以为如何？"每当这时，吴教授照例起立，恭恭敬敬地一面点头一面回答："高见甚是，高见甚是。"两位名教授一问一答之状，惹得全场暗笑不已。

一次，刘文典教学生写文章，仅授以"观世音菩萨"五字。学生们不明其所指，他解释说："观"乃多多观察生活，"世"乃需要明白世故人情，"音"乃讲究音韵，"菩萨"，则是要有救苦救难、关爱众生的菩萨心肠。学生们听后方恍然大悟。

刘文典在西南联大开《文选》课，不拘常规，常常乘兴随意，别开生面。他讲《文选》，一年只能讲其中两三篇文章，这其中又必讲《文赋》。几千字的《文赋》他一讲就是两个月——在说到《文赋》中某个字用得好用得妙时，他这么表白："《文赋》有多种讲法，讲一年亦可，讲一月亦可。例如此句此字，真乃一字千金！要不是它真好，古人与我非亲非故，我又何必这么捧他？"

傅来苏回忆刘文典讲课："开宗明义，讲清课题后，即不再翻阅书本，也没有讲稿或教案之类，即兴抒发，或作文字的训诂，或作意境的描绘。有时作哲理上的探讨，有时作情感上的抒发，引经据典，汪洋恣肆，忽如大江之决堤，忽如神龙见首不见尾。口渴了，端起小茶壶呷上两口，润润嗓子，讲累了，点燃一支烟，猛吸几口，靠在椅背上闭目养神。兴浓时，会击节而歌，无所顾忌。兴之所至，说文论诗，出口成章，左右逢源，挥洒自如，又是几乎到了忘我的境界。"

一次，刘文典讲李商隐的《锦瑟》，对于"锦瑟"是乐器还是"小妾"进行了一番考证。他认为"锦瑟"不可能是令狐楚（或其子）的"小妾"，因为李商隐不可能不顾及师生情谊或师兄弟的情谊。后他又说诗的"先"韵是"沉重的长叹而非意切的嚎啕"，一时来了兴致，边吟边感慨，下课铃响了，亦沉醉其中。而讲下节课的教授早在教室门外等候了。大概过了20分钟，刘文典的感情才平息下来，掏出怀表一看，"哦、哦"了两声，收拾书本，慢慢走出教室。

刘文典上课前，先由校役提一壶茶，外带一根两尺来长的竹制旱烟袋，讲到得意处，就一边吸着旱烟，一边解说文章精义，下课铃响也不理会。有一次，他却只上了半小时的课，就忽然宣布说，今天提前下课，改在下星期三晚饭后七时半继续上课。原来，那天是阴历五月十五，他要在月光下讲《月赋》一篇。有学生追忆：届时，在校园里月光下摆下一圈座位，他老人家坐在中间，当着一轮皓月大讲其《月赋》。

据刘文典的学生王彦铭回忆，他在西南联大开"吴梅村研究"课时，到课的人并不多，稀稀拉拉坐着十几个人，偌大的教室显得空荡荡的。但刘文典毫不在意，在教室桌旁的一把"火腿椅"（木椅，右侧有状若整只火腿的扶手，供笔记书写之用）上坐下来，照例先是点燃一支卷烟，深深吸上一口，操着安徽腔："今天我们只讲梅诗中的两句：'攒青叠翠几何般，玉镜修眉十二环。'"

任教西南联大期间，刘文典避居市郊官渡，离学校较远，每次上课刘文典都须步行到校。正如他在写给梅贻琦校长的信中所言："自千年寓所被炸，避居乡村，每次入城，徒行数里，苦况尤非楮墨之所能详。"尽管如此，刘文典却从不缺课。他说："国难当头，宁可被飞机炸死，也不能缺课。"

新中国成立后，刘文典年事渐高，云南大学为了让他集中精力进行学术研究，一度没排他的课，但他坚持要上课，并声色俱厉地说："教授怎能不教书？不教书就是失职！"

陈寅恪：教授之教授　大师之大师

传略　陈寅恪（1890—1969），祖籍福建上杭，生于湖南长沙。中国现代历史学家、古典文学研究家、语言学家。

1902年随南京矿路学堂毕业的长兄陈衡恪东渡日本，入巢鸭弘文学院。1905年因足疾辍学回国，后就读上海吴淞复旦公学。1910年考取官费留学，先后到德国柏林大学、瑞士苏黎世大学、法国巴黎高等政治学校学习。1914年第一次世界大战爆发后回国，曾任蔡锷秘书。1918年冬获得江西官费资助，再度出国深造，

陈寅恪

先在美国哈佛大学随蓝曼教授学梵文和巴利文，后在1921年转往德国柏林大学，随路德施教授攻读东方古文字学，同时向缪勤学习中亚古文字，向黑尼士学习蒙古语。通过留学期间的学习，具备了阅读蒙、藏、满、日、梵、英、法、德和巴利、波斯、突厥、西夏、拉丁、希腊等十余种语文的能力，尤精梵文和巴利文。

1925年回国，受聘清华大学国学研究院导师，1928年清华学校改制为清华大学，应聘为中文、历史二系教授，并在北京大学兼课。在此期间主

要讲授佛经翻译文学、两晋南北朝隋唐史料和蒙古史料研究等课程。1930年以后，还兼任中央研究院理事、历史语言研究所研究员及第一组（历史）主任、故宫博物院理事、清代档案编委会委员等职。抗战爆发后，任教西南联合大学，主要讲两晋南北朝史、隋唐史专题和元白诗研究等。1939年受聘英国牛津大学汉学教授，因二战爆发未能成行，旋任香港大学客座教授，后接任中国文学系主任。1941年底香港沦陷，闭门治学。1942年7月到桂林，任教广西大学。1943年12月到成都，执教燕京大学。1946年再任清华大学教授。1948年底，任教广州岭南大学。

1952年院系调整，岭南大学并入中山大学，自此一直担任中山大学教授，为历史系、中文系讲授两晋南北朝史、唐史、唐代乐府等三门课程。1960年7月被聘任为中央文史研究馆副馆长。1969年10月7日病逝于广州。

陈寅恪的研究范围甚广，他对魏晋南北朝史、隋唐史、宗教史（特别是佛教史）、西域各民族史、蒙古史、古代语言学、敦煌学、中国古典文学以及史学方法等方面都作出了重要的贡献。他讲授的课程主要有《佛经翻译文学》、《梵文文法》、《两晋南北朝史》、《唐史》、《唐代乐府》、《唐诗证史》等。发表的学术论文近百篇，后经修订分别辑入《寒柳堂集》和《金明馆丛稿》（初编、二编）中。专著有《隋唐制度渊源略论稿》（1940）、《唐代政治史述论稿》（1941）、《元白诗笺证稿》（1950）、《柳如是别传》（1965）等。

名门　　陈宝箴，字右铭，江西义宁（今修水县）人，生于1831年。他20岁时参加了南昌的乡试，金榜题名，中了举人。这一年，洪秀全领导的太平军占领了永宁县。宝箴的父亲陈伟琳效法曾国藩组织乡勇创办了义宁团练。陈宝箴帮助父亲操办，由此开始了他的军旅生涯。陈伟琳病故后，义宁团练由陈宝箴带领。在与石达开作战时虽然义宁失守，他的团练损失严重，但他还是协助湖南的官军收复了失地，他因此受到咸丰皇帝的嘉奖，也得到曾国藩的赏识，将他奉为上宾。1865年在曾国藩就任直隶总督前夕，保举陈宝箴进京接受皇帝接见，被皇帝授予知府官职，到湖南候补。光绪即位后，陈宝箴在二十年间，由浙江、湖北按察使，升任到湖南巡抚，成为地位显赫的封疆大吏。

在他主政湖南期间，支持戊戌变法，湖南成了主张变法的基地，谭嗣同、梁启超都是他的好友，就连他的儿子陈散原也参与了变法的行动。不料，陈宝箴却受到戊戌变法的株连。当时，光绪皇帝的老师文廷式，因反对慈禧垂帘听政而被驱逐出宫。慈禧发动宫廷政变后，下令缉拿文廷式，文廷式从江西逃到湖南，陈宝箴假意捉拿，实则派人通报消息，令其逃匿。这样陈宝箴就以"滥保匪人"的罪名，被革职了。1898年陈氏父子回到南昌西山（今新建县）岘庐隐居，自号"神州袖手人"。1900年夏历六月二十六日，慈禧派闵炯率兵弁到西山岘庐宣太后密旨，赐陈宝箴自尽。陈宝箴北面匍匐受诏，然后自缢殉职。随即闵炯令兵弁取其喉骨，奏报太后。慈禧之所以在幽禁光绪，通缉康梁，处决"六君子"之后，还对陈宝箴下毒手，是因为外国舆论胁迫慈禧让权，慈禧恼羞成怒，不仅派人铲平了康有为和梁启超家的祖坟，还对同情变法的高官予以追究。陈宝箴就难逃厄运了。

陈宝箴的儿子陈散原，名三立，字伯严，散原是他的号。生于1852年。少而博学，诗文俱佳，思维机敏，愤世嫉俗。30岁参加乡试时，不按八股文应试险遭淘汰。幸好主考官陈宝琛审读了他的考卷，为其才华所感动，从落第试卷中抽出，补为举人。36岁时，在会试时中进士。

1895年秋，父亲陈宝箴任职湖南巡抚时，他奉诏辅佐父亲推行新政。他协助父亲创办《湘报》，办时务学堂、算学馆，还广为交游，结识梁启超、谭嗣同、黄遵宪等新派人物，集思广益，以求"三湘富强之道"。当年被誉为"维新四公子"之一。（即，湖南巡抚陈宝箴之子陈散原、湖北巡抚谭继洵之子谭嗣同、户部侍郎徐致靖之子徐仁寿和世家子弟陶菊存。）

戊戌变法失败后，陈散原父子受到株连，俱被革职，回到南昌。父亲死后，他定居南京，不问政治，热衷于办学，延请外国教师，传授新知识。辛亥革命爆发时，他携全家逃往上海，并污蔑武昌起义是"作乱"。这期间，他的思想很矛盾，他既不认可辛亥革命，又留恋清王朝，但也不参加清朝遗老的复辟活动。1934年陈散原全家定居北平。卢沟桥事变后，日军派人游说，希望他能像他的好友郑孝胥那样，出面辅佐溥仪政权。他坚辞拒绝，并痛骂郑孝胥是"背叛中华，自图功利"，十分鄙弃这样的民族败类，随即将再版的《散原精舍诗》中的郑孝胥为他写的序文撕掉，从此不再与之往来。后来为抗议日寇密探的骚扰，绝食而死，终年85岁。

陈散原工于诗歌，多为与友人唱和之作。1924年印度著名诗人泰戈尔访华时，还专程到杭州拜会了他。生前曾刊行《散原精舍诗》及《续集》、《别集》，死后合编为《散原精舍文集》17卷出版。

陈散原有五个儿子，他们都是大名鼎鼎的人物。大儿子陈衡恪是书画家，二儿子陈隆恪是诗人，四儿子陈方恪是诗人，五儿子陈登恪是教授。而三儿子即是被誉为"中国最后一个大儒"的国学大师陈寅恪。

博学　陈寅恪少时即博闻强记，后留学日、德、法、美诸国，通晓蒙、藏、满、日、梵、巴利、波斯、突厥、西夏、拉丁、希腊、英、法、德等十多种语言，尤精于梵文、突厥文、西夏文等古文字的研究。他先后从事魏晋南北朝史、隋唐史、蒙古史、唐代和清初文学、佛教典籍的研究，著述精湛，在学术上开拓了研究的新领域，取得了丰硕的成果。

前苏联学者在蒙古发掘了三件突厥碑文，但都看不懂，更不能理解。后来，陈寅恪以突厥文对译解释，各国学者都毫无异词，同声叹服。又如唐德宗与吐蕃的《唐蕃会盟碑》，许多著名学者如德国的沙畹、伯希和等，都难以解决，又是陈寅恪作了确切的翻译，才使得国际学者感到满意。

20世纪30年代，时任清华国学研究院导师的陈寅恪，开设的主要普通课程有：西人之东方学之目录学、梵文——金刚经之研究、高僧传之研究、梵文文法、唯识十二论校读等。西人之东方学之目录学，讲述西洋各国对于东方学的研究，凡西人关于中国国学的重要著述皆为之介绍及给予评说。演讲此课时，陈寅恪讲到某国学者及其著述，便使用那个国家的语言讲述。梵文——金刚经之研究，以教读梵文金刚经为主，并以汉文及藏文译本作比较之研究。

陈寅恪的弟子姜亮夫回忆清华研究院时说："寅恪先生讲《金刚经》，他用十几种语言，用比较法来讲，来看中国翻译的《金刚经》中的话对不对，譬如'金刚经'这个名称，到底应该怎样讲法，那种语言是怎么说的，这种语言是怎么讲的，另一种又是怎样，一说就说了近十种。最后他说我们这个翻译某些地方是正确的，某些地方还有出入，某些地方简直是错误的。"

抗战爆发后，因为参考书被焚毁于战火，陈寅恪就在几乎没有任何参考书籍的情况下，撰述了两部不朽的中古史名著：《隋唐制度渊源略论稿》和《唐代政治史述论稿》，而且《唐代政治史述论稿》一书，引用的典籍就达到上千种。这说明他钻研之深广，的确达到了纵横古今、贯通中外、车载斗量的程度。

陈寅恪曾说："前人讲过的，我不讲；近人讲过的，我不讲；外国人讲过的，我不讲；我自己过去讲过的，也不讲。现在只讲未曾有人讲过的。"开始有人对此不信，后来发现陈寅恪确实纵横古今。陈寅恪1926年至1937年间在清华国学研究院授课时有"教授的教授"的美誉，这是因为诸多名教授都是"慕名而来，满载而归"。

周一良教授曾到清华偷听过陈寅恪讲魏晋南北朝史的课，他回忆道："第一堂课讲石勒，提出他可能出自昭武九姓的石国，以及有关各种问题，旁征博引，论证紧凑，环环相扣。我闻所未闻，犹如眼前放一异彩，深深为这所吸引。"

有一位听陈寅恪课的清华学生曾不无感慨地说："陈先生讲课也够怪的，讲白居易的《长恨歌》时，第一句'汉皇重色思倾国'，为了考证一个'汉'字，旁征博引竟讲了四堂课。低年级学生听他的课，自然难以消受！"

当时清华大学的教授及学生凡不来听陈寅恪讲课的，是因为他们听不懂，凡是能听懂的青年教师则是一定要来听讲的。令师生们惊叹的是陈寅恪的博学。他在课堂上讲授的学问贯通中西，他在课余分析各国文字的演变，竟把葡萄酒原产何地，流传何处的脉络，给学生讲述得一清二楚。因此，他赢得了"教授的教授"的美誉。

治学　陈寅恪治学态度向来严肃，决不哗众取宠。

有一次，陈寅恪在香港大学用英文作学术讲演，讲题是《武则天与佛教》。许多中外人士听说是以那位风流盖世、艳绝古今的女帝为题材，都以为必有许多"宫闱秘事和佛教因缘"。在好奇心的驱使下，纷纷去听，希望一饱耳福。谁知陈氏讲的纯是学术性的考据，他从武则天的宗教思想来说明她为什么有那么多面首，原来是佛经中有"女人是不可能成佛的，若要成佛，除非是广蓄面首，如此这般利用采补术了"。结果，为好奇而来听讲的人只好大失所望而去。

陈先生讲《南北朝隋唐史研究》时，告诫学生们提问不可太幼稚，如："狮子颔下铃谁解得？"解铃当然还是系铃人了。问题也不可以太大，如两个和尚望着"孤帆远影"，一个说帆在动，另一个说是心在动，心如不动，如何知道帆动？心动帆动之争问题就太大了。问题要提得精，要注意承上启下的关键，如研究隋唐史要注意杨贵妃的问题，因为"玉颜自古关兴废"嘛。

1944年燕京大学秋季开学后，陈寅恪在"元白诗证史"的第一课即抛出"杨贵妃入宫时是否是处女"这一"八卦"十足的课题。他从考证"杨贵妃入宫之前是否是处女"这一"历史细节"入手，旁征博引，以抽丝剥茧的手段，层层推进，不仅讲清了唐朝的婚姻制度，而且还对李唐王朝的血统、风气及政治演变等都作出了精彩的论述。那么，陈寅恪的"杨贵妃处女考"的考证结论是什么呢？白居易《长恨歌》中说"杨家有女初长成，养在深闺人未识……侍儿扶起娇无力，始是新承恩泽时。"意指杨贵妃在进宫之前还是处女。清代学者朱彝尊称，杨贵妃虽与寿王成婚，但未同房，佐证了白居易的诗。陈寅恪通过研究指出，两者均为错误。原因是，唐代亲王娶亲的礼仪是，迎亲当天即"同牢"（同房）。相应的，陈寅恪还指出，杨贵妃先嫁寿王为妃，这个寿王是武惠妃的儿子。武惠妃虽是唐玄宗宠爱的妃子，但寿王却不是唐玄宗的亲生儿子，唐玄宗实属寿王后父云云。总之，通过缜密考证，陈寅恪不但证明了杨贵妃进宫之前已不是处女之细节，更探究出了唐朝的婚姻制度、李氏皇族的发展脉络、唐朝的社会风气等许多重大的历史问题，堪称用科学方法研究史学的典范。这其实也充分体现了陈寅恪的治史特点——"小处入手，大处着眼"。

敬崇　　1925 年，清华大学成立"国学研究院"，当时有四位大导师。第一位是开创用甲骨文研究殷商史的王国维；第二位是戊戌变法的核心人物、著述等身的梁启超；第三位是著名语言学家赵元任；而第四位就是陈寅恪。陈寅恪当时并不太出名，但梁启超极力推荐。据说，清华大学校长曾问："这陈寅恪一无学术专著，二无博士学位，怎么能当国学研究院的大导师呢？"

梁启超回答："没有学衔，没有著作，就不能当国学院的教授吗？我梁启超虽然是著作等身，但是我的著作加到一起，也没有陈先生三百字有价值。"

在清华大学时，每次陈寅恪讲课，听课的教授远比学生多，课堂常常爆满，除了本校学生，还有很多校外学生被吸引来旁听，教室一换再换总是满足不了要求。陈寅恪讲课极有特点。他通常是闭目而思，端坐而讲，虽是平铺直叙，不加渲染，但听来并不感到枯燥，而且所论皆关宏旨，绝无游词。每逢讲到需要引证的时候，他就打开带来的参考书，把资料抄在黑板上，写满一黑板后，便擦掉再写。每当下课铃响，大家都有时光流逝太快之感。由于他讲授的都是他多年的心得和卓见，所以同一门课即使听上好几次，仍有新鲜感。陈寅恪讲课时，研究院主任吴宓总是风雨无阻，每堂必到。其他如朱自清、北大的德国汉学家钢和泰等著名教授，如有机会亦必来听讲。著名哲学家冯友兰可谓大学问家，在清华称得上名教授，他从1928年进校起，做过秘书长、文学院院长和代理校长，但每回上《中国哲学史》课时，冯友兰都恭敬地跟着陈寅恪从教员休息室出来，边走边听陈寅恪讲话，直到教室门口，才对陈先生深鞠一躬，然后离开。

当时的华北学术界分成两派，一派是本国培养的学者，另一派是有留学经历的。本土派认为，洋派不懂国情，你的学问再高，也是隔靴搔痒，解决不了中国问题。留洋派则觉得本土派太迂腐，眼光太狭，不掌握现代化的工具，因而两派互相瞧不起。但不管是哪一派，谁都不敢瞧不起陈寅恪，这在学术界堪称传奇。

1949年，毛泽东访苏，令他感到意外的是，斯大林居然突然问起陈寅恪的行踪，原来斯大林在他的著作《中国革命问题》中引用了陈寅恪著作中的很多材料。毛泽东答应回国后查找，后来查知陈寅恪在广州的中山大学，便嘱咐广东当局要好好照顾。

陈寅恪晚年在病榻上将编定的著作的整理出版事宜全权授予蒋天枢。这被后辈学人视为他一生学问事业的"性命之托"。受托之人蒋天枢，作为陈寅恪早年在清华国学研究院的学生，1949年后，十余年间两人只见过两次面。这十余年间，陈寅恪目睹和经历了太多昔日亲密无间的师友亲朋，一夜之间反目为仇的事情，但他信赖晚年只有两面之缘的蒋天枢。

在陈寅恪托付毕生著作之后，一天，蒋天枢如约去陈家，恰好陈夫人不在，没有人招呼他，已目盲的陈寅恪径直开始谈话，结果蒋天枢就一直毕恭毕敬地站在老师床边听着，几个钟头始终没有坐下。那年，他已年过花甲。

因整理陈寅恪的遗著，出版社要给蒋天枢3000元整理费，他一分钱也没有收，全部退还。"学生给老师整理遗稿，怎么可以拿钱呢"。被湮没了好久的陈寅恪，到了上世纪 90 年代又突然"吃香"，很多人都想办法打出自己的旗号，说是陈先生的弟子，独独蒋天枢无语。

骨气　　陈寅恪在清华研究院当教授的时候，校长曹云祥对梁启超有"不正确的看法"，并且要采取某种行动。陈寅恪知道了，在一次教授会上，陈寅恪表示他站在梁启超一边，反对曹云祥，并当面要曹云祥辞职。

陈寅恪一度生活拮据，胡适想赠他一笔钱，但陈寅恪拒不接受，他决意用卖掉藏书的办法来取得胡适的美元。于是胡适就派自己的汽车到陈家装了一车关于佛教和中亚古代语言的极为珍贵的西文书，陈寅恪收了 2000 美元。这个数目在当时虽不算小，然而同书比起来，却微不足道——其中仅一部《圣彼得堡梵德大词典》的市价就远远超过这个数目。

1930 年，陈寅恪作《阅报戏作二绝》，其一云："弦箭文章苦未休，权门奔走喘吴牛。自由共道文人笔，最是文人不自由。"其二曰："石头记中刘姥姥，水浒传里王婆婆。他日为君作佳传，未知真与谁同科。"陈寅恪有感于当时文人奔走于权贵之门，而丧失了自己的人格，故戏作二绝句以为讽刺。

日军占领香港时，恰好陈寅恪在港。就有日本学者给军部写信："不可为难陈寅恪，务必照顾陈家。"当时的物资极为匮乏，日本司令部便派人给陈家送去好多袋面粉。但陈寅恪坚决不吃日军面粉，于是就出现了这样的情景：日本宪兵一边往屋里搬面粉，陈寅恪和夫人唐篔则一边往外拖。不久，日本人有意请他到沦陷区的上海或广州任教，又以 40 万日币强付陈寅恪，让他开办东方文化学院。陈寅恪哪肯为侵略者服务，坚决抵制日本人的威逼利诱，最后在友人的资助下辗转逃出香港。

抗日战争胜利后，踌躇满志、自比唐太宗李世民的蒋介石托人以重金请陈寅恪写《李世民传》，暗中为他歌功颂德。陈寅恪坚决拒绝，毫不隐瞒地说："我写文章，违背我本意的我决不写。"

1948 年 12 月，国民党在败退前开始了"抢救学人"的活动，陈寅恪的去留问题，始终让各方密切关注。当时，尽管北平已被解放军重兵包围，南京教育部的一架专机还是冒险飞临，有资格坐上这架飞机的，只有北大校长胡适和陈寅恪。到南京后，蒋介石亲自登门劝陈寅恪一起去台湾，但他坚辞不就。

1949 年 6 月，国民党在广州组织了"战时内阁"，学人出身的杭立武出任教育部长。作为国民党"抢救学人计划"的力倡者，杭立武深深懂得陈寅恪的声望和价值，一直注视着陈的动向。他曾多次派人向陈寅恪表达请他去台湾的意思，被陈拒绝。后又退求其次，力劝陈先到香港看看局势再说，也被拒绝。最后，杭立武拉着"战时内阁"的财政部长亲自上学校劝说，并开出只要陈寅恪去香港，马上给陈 10 万港币，并送一套新洋房的优厚条件，但陈寅恪不为所动。同时，作为与陈寅恪多年同事、交情甚厚，已经到达台湾并出任了台湾大学校长的傅斯年，更是多次致电陈寅恪，请他赴台，据说还承诺只要陈一答应赴台，傅马上派专机来接。然而，自始至终，陈寅恪始终坚持不出国、不去台湾，而且对此从未有过任何犹豫与回旋，态度坚决到了执拗倔强的地步。离开大陆后，蒋还曾多次派专机到南京接陈，皆失望而归。没能把"国宝"抢救出来，蒋介石一直引为憾事。

师友　吴宓与陈寅恪是 1919 年在哈佛大学认识的。他俩在 1917年和 1918 年先后到美国哈佛大学留学。吴宓学的是新文学和西洋文学，而陈寅恪学的是梵文和巴利文。

1919 年的一天，在一次清华学生聚会时，他们邂逅。或许因为都是学文的缘故，他们一见如故，从此经常结伴在查理士河畔散步，畅谈各种学问，进一步增进了友情。吴宓比陈寅恪年长 5 岁，是位老大哥，可是陈寅恪给他的印象却是"学问渊博，识力精到，远非侪辈所能及"，是"全中国最博学的人"，因此，他将陈寅恪视为好友，也尊为老师。

1921 年吴宓回国后，于 1925 年担任清华大学国学研究院主任。当他得知陈寅恪学成回国时，便聘请陈寅恪为研究"导师"。陈寅恪进入清华后，吴宓对他很关心，照顾得无微不至，除了经常聚在一起畅谈和以诗对答外，对陈寅恪的起居也很关心，帮助他处理杂务。尽管为此他耽误了很多读书和处理自己事情的时间，可是他毫无怨言，甘愿舍己为人。

1929 年，在吴宓与陈心一女士闹离婚时，他的朋友叶崇智劝他不要离婚，告诫他离婚对双方都是有害无益的，也有损于自己的名誉及声望。可是吴宓的好友陈寅恪却坚决地站在他的一边，尊重他的选择。认为婚姻不是为了给别人看的，只有自己最有发言权。为了追求毛彦文，吴宓曾写下过"吴宓苦恋毛彦文，三洲人士共知闻"的诗句，引起一时轰动。但后来毛彦文拒绝了他，嫁给了比自己大 30 岁的熊希龄。陈寅恪对好友的如此处境也戏撰了一联："今雨不来旧雨往，他生未卜此生休。"上联化用了杜甫《秋述》一文中的句子："常时车马之客，旧雨来，今雨不来。"下文则直接引自李商隐的《马嵬》诗。其中今雨代指毛彦文，旧雨代指吴之发妻。并在两联中嵌入了吴宓的字（吴宓字雨生）。全联幽默诙谐，但又对好友有所劝谏。

抗战爆发后，清华南迁。吴宓和陈寅恪相继离开北平，不久又相聚在云南蒙自。他们分散居住在不同的地方，但只要有时间就聚在一起聊天，畅谈国事，忧患未来，也为中断了的国学研究而惋惜。

1939 年春天，陈寅恪受到英国皇家学会研究员职称，英国牛津大学教授之聘，准备于是年夏天离开联大赴英讲学。旧历端阳，吴宓在昆明海棠春餐馆为陈寅恪钱行，并赠诗《己卯端阳钱别陈寅恪兄赴英讲学》。3 月 14 日，陈寅恪临行在即，吴宓不胜依依，又赋诗《陈寅恪兄赴牛津讲学行有日矣》惜别。因为欧战，陈寅恪没有能够赴英，在港滞留到 9 月，重返昆明授课。国难、离恨、家愁，陈寅恪的失望与苦恼可以想见。吴宓为安慰老朋友，时往陪伴，并帮助料理一些琐事。1940 年陈寅恪仍在西南联大任职，授《隋唐史研究》、《白居易研究》课。春天他曾经生病，吴宓前往探望并帮助料理。陈寅恪和吴宓经常"同散步翠湖"，叹国事，谈校事家事。陈寅恪经常惦念唐篔，因为当时唐篔卧病在床，为此，陈寅恪心神不安，吴宓总是尽量安慰。吴宓有烦心的事情，陈寅恪也及时劝说开导。

1940年暑假，陈寅恪再次去香港等候赴英时机。因为时局关系，赴英意愿再次落空。于是在香港大学讲授。陈寅恪当时笺注了韦庄的《秦妇吟》，吴宓认真研究过老友为《秦妇吟》所作的笺注，认为独具新解，并写诗一首以表达对老友的思念之情。1941年太平洋战争爆发，日军占领香港，陈寅恪离开港大，在香港闲居，生活十分艰难，但是仍然发愤读书研究。吴宓当时在昆明西南联大执教，非常担心陈寅恪，直到陈寅恪脱险归来，才放下心来，并互赠庆祝平安归来的诗。1943年2月，吴宓以半个月的时间重读了陈寅恪父亲陈三立的《散原精舍集》四册，写就《诗话》五页。

1944年吴宓也来到燕京大学执教，与陈寅恪共事共学。他们非常高兴在燕京大学重逢，只是谈到国事战局又难免忧虑苦闷。别后四年见面，陈寅恪显得苍老许多，吴宓心里不免有些难过。1944年12月，陈寅恪的左眼看不到东西，入院治疗，吴宓得知后，几乎每天前往探视，有时候一天就去两次。这在吴宓的日记中都有详尽的记载，可见两者感情的深厚。吴宓担心陈寅恪情绪焦躁影响病体的恢复，便招呼燕京同学们仔细伴护，自己也经常去看望和宽慰，每次前往总是久陪坐谈。手术没有成功，对每个人的打击都很大。在亲朋好友的鼓励中，最终陈寅恪以坚强的毅力面对现实，情绪稳定下来，吴宓对此感到高兴。陈寅恪出院回家，吴宓经常前去坐谈，谈中外近今政治外交，并为陈寅恪读报、录诗。这段时间，陈寅恪作诗较多，吴宓都一一作了整理和抄存。一次吴宓回西安省亲，不顾旅途劳顿，硬是搜购带回二箱枸杞子、黄芪以给陈寅恪治病。

1945年抗战胜利后，陈寅恪重新获得了赴牛津讲学并治疗眼病的机会。吴宓为他办理了出国签证手续，买好了机票，还特意请西南联大赴英讲学的邵循正教授一路上多加关照。陈寅恪走后，吴宓还常为陈寅恪担心，经常在夜深人静之时，为老友默默祈祷，祝福他早日康复。但遗憾的是，陈寅恪的眼病在伦敦并没有治好。后来清华大学在北平复校后，他回到清华继续任教。而此时的吴宓则到了四川大学担任英文系主任。

新中国成立后，陈寅恪到了广州岭南大学任教，尽管他已经双目失明，却在学术研究上获得了丰硕的成果。1961年8月30日，陈寅恪一直在家中等一个人，这个人就是他在哈佛大学的同学吴宓。吴宓走进寓所时，已经过了午夜，而陈寅恪仍端坐等待。吴宓在当天的日记中，这样描述他阔别12年的挚友："寅恪兄双目全不能见物，在室内摸索，以杖缓步，面容如昔，发白甚少，唯前秃顶，眉目成八字形……"陈寅恪把自己未出版的著作《论再生缘》的油印本，作为礼物送给吴宓，还透露了自己正在撰写《柳如是别传》的大纲。陈寅恪很感慨，一个倚门卖笑的弱女子，在明清易代之际，竟比五尺男儿更看重家国大义，他为这个被士大夫轻蔑的奇女子立传，以此表彰"我民族独立之思想，自由之精神"。

"文革"期间，正在西南师院任教的吴宓，被打入"牛棚"，批斗时，被架上高台示众。他头晕眼花直打哆嗦，跌下高台，左腿骨折。腿伤稍好，便被处罚打扫厕所。1977年他的生活不能自理，只好让他的胞妹接回陕西老家，于1978年1月病故。

纯情　　陈寅恪、唐篔是一对结发并白头偕老的夫妻，一对相濡以沫、荣辱与共的伴侣。他们的琴瑟和鸣、真情相爱，演绎了一段传统文人的婚姻佳话。

唐篔，又名晓莹。1898年生，广西灌阳人，也是名门之后。其祖父唐景崧是同治四年的进士，先后任翰林院庶吉士、吏部主事等职。后出任台湾巡抚，在中法战争中屡建奇功，获清廷"四品衔"、"二品秩"和"加赏花翎"的赏赐，是位爱国将士。唐毕业于金陵女校体育专业，后执教于北京女高师，曾是许广平的老师。她的一生默默地消融在丈夫的光环里。

1926年陈寅恪受聘于清华国学研究院，与赵元任是同事。陈寅恪"愿有家而不愿做家"。时赵元任住清华南院一、二号两屋,将二号让一半给陈寅恪住,陈吃饭也在赵家搭伙。杨步伟是有名的热心人,又快嘴快语。他见陈寅恪快四十岁了,便对他说:"寅恪,这样下去总不是事。"陈寅恪答:"现在也很快活么,有家就多出一些麻烦来。"赵元任幽默:"不能让我太太管两个家啊!"于是赵元任夫妇就与清华学校的体育教师郝更生合谋为媒,将郝更生的女友高仰乔的义姐唐篔介绍给陈寅恪。

陈寅恪与唐篔一见钟情,他们都很珍惜这命中注定的姻缘。陈、唐结婚甚晚,于1928年结缡于沪上。陈寅恪时年三十有八,唐篔也已年到三十。

婚后的唐篔,主政家务,相夫教子,兼帮丈夫处理文稿琐碎事务。家中全靠陈寅恪工薪维持,在相当长一段时间内,他们一直坚持赡养老父散原先生和寅恪长兄陈衡恪的遗孀。后三个女儿陆续来到人间,为家庭平添了生活情趣。唐篔担当教育子女的任务,她的字写得好,把方块字写在纸上,教孩子们识字、背诵唐诗。最初七八年间生活尚稳定。惟苦于唐篔在生长女流求时引发心脏病差点死去,此后一生为心脏病折磨。1937年日寇入侵,为避日寇,全家与难民们仓皇逃亡。他们拖着三个孩子,大的九岁,小的才四个月。由北平、天津、长沙、梧州,最后漂泊到香港。到香港之后,唐篔心脏病复发,幸得许地山援手获救。因经济窘迫,居无定所,四年内迁家六次。

1941年太平洋战争爆发,日军占领了香港,社会混乱不堪,食品奇缺,没有饭吃。唐篔除自己节食外,还忍泪控制孩子们进食,吃红薯根和皮的"神仙饭"。日军烧杀掳掠,遍街建卡设哨,唐篔怕逃难时孩子们会散失,含泪用毛笔在布上写上小女儿的名字、出生年月及亲友们的住址,缝在四岁小女儿的衣襟里。怕碰上日本鬼子万一被糟蹋,强行给两个大一点的女儿剪男孩头式,穿男孩衣服,惶惶不可终日。1943年在成都燕京大学时,钞币贬值,柴米飞涨。唐篔常发病,还得照料家中生活。为了能给陈寅恪增加一点营养,喝一口羊奶,家里养了一只跛足母羊,她和未上学的小女儿共同饲养。陈寅恪不顾病目和疟疾之灾，在那种恶劣的条件下除完成上课任务外，坚持写完了《论元白诗之分类》、《长恨歌笺证》。学期终了，填写学生成绩单，格子小，纸张劣，陈寅恪看不清楚，唐筼和女儿帮忙完成。1945 年陈寅恪双眼失去光明，手术仍不见效。为了能给病弱的陈寅恪补身体，唐筼把两件像样的衣服送进当铺……

在人生重大抉择关头，唐筼全力支持陈寅恪，尤其是当陈寅恪在 1948 年底，坚拒不去台湾，选择留在大陆时。唐筼本是一家庭主妇，可当 1951 年，陈寅恪的助手程曦不辞而别，陈寅恪无法上课时，唐筼拿起课本，充当丈夫的助手走上讲坛，直至一年后黄萱到来才作罢。

唐筼不止是丈夫的贤内助，晚年也成了丈夫的"贤外助"了。陈寅恪在生命最后二十年所写的"声明"、"抗议书"、检讨交代材料都出自唐筼之手，她甘为丈夫遮风避雨。"文革"期间，学校取消配给陈寅恪的护士和清洁工，照料丈夫的重任全落在唐筼一人身上。

陈寅恪常对女儿们说："妈妈是主心骨，没有她就没有这个家，没有她就没有我们，所以我们大家要好好保护妈妈。"

唐筼好像专为陈寅恪而来到人间。陈寅恪故去四十五天后，她亦步其后尘驾鹤而去。

妙联　有一次，陈寅恪忽然对他的同学说："我有个对联送给你们：南海圣人再传弟子，大清皇帝同学少年"。意指你们既然是梁、王的学生，也就是南海圣人的再传弟子、溥仪的同学。同学们听罢，如坐春风、喜不自禁。因为当时国学院的导师梁启超是康有为的弟子，南海是康有为的籍贯，而另一导师王国维曾做过清朝末代皇帝溥仪的老师。

北伐成功后，国民党统一全国。国民政府派罗家伦去做清华的校长。罗到任后，首先去拜访陈寅恪，并顺便送给陈寅恪一本由他主编的《科学与玄学》。这本书收录了张君劢、丁文江等人关于"科学和玄学"论争的文章。陈寅恪翻了翻，一时兴起，送了罗家伦一副对联："不通家法科学玄学，语无伦次中文西文"，横批是"儒将风流"。这副对联不但将"家伦"二字嵌入联中，而且语带双关，把罗家伦以一介书生而官拜少将，并娶了个漂亮太太的事也点了出来。罗家伦听后，不禁哈哈大笑。

1932年夏，清华大学中文系招收新生。陈寅恪应系主任刘文典之邀出考题。他出的题目非常简单。考题除了一篇命题作文，便是只要求考生对个对子，对子的上联仅有三个字："孙行者"。陈寅恪觉得，用这个简单的方法可以考查学生是否领悟了中国传统语文的真正特色。陈寅恪拟定的标准答案是"王引之"、"祖冲之"。一个考生给"孙行者"对出的下联是"胡适之"，用的是当时最时髦的人物胡适的名字，颇为贴切。陈先生看了这副对联后就说："这个考生一定要录取。"据说，这个考生就是后来大名鼎鼎的北大中文系教授周祖谟。

自白 1964年，陈寅恪在《赠蒋秉南序》中说："凡历数十年，遭逢世界大战者二，内战更不胜计。其后失明膑足，栖身岭南，已奄奄垂死，将就木矣。默念平生，固未尝侮食自矜，曲学阿世，似可告慰友朋。至若追踪前贤，幽居疏属之南、汾水之曲，守先哲之遗范，托末契于后生者，则有如方丈蓬莱，渺不可即，徒寄之梦寐，存乎遐想而已。呜呼！此岂寅恪少时所自待及异日他人所望于寅恪者哉？"又说："虽然，欧阳永叔少学韩昌黎之文，晚撰《五代史记》，作《义儿》、《冯道》诸传，贬斥势利，尊崇气节，遂一匡五代之浇漓，返之纯正。故天水一朝之文化，竟为我民族遗留之瑰宝。孰谓空文于治道学术无裨益耶？"此篇泣血滴泪之序文，是陈寅恪——一个文化殉道者的真情独白。

归宿 1969年，陈寅恪曾为夫人唐筼提前写过这样一副挽联："涕泣对牛衣，卌载都成肠断史；废残难豹隐，九泉稍待眼枯人。"他原以为夫人唐筼终日劳累，心力衰竭，必定会死在自己前头，孰料他比夫人早死四十五天。1969 年 10 月 7 日晨 5 时 30 分，心力衰竭的陈寅恪溘然长逝，时年 80 岁。一个月后的 11 月 21 日，夫人唐筼也撒手人寰，追随陈寅恪而去。两位老人逝世时，仅有小女儿陈美延和及门弟子刘节守护在旁，场面颇为凄凉惨淡。

2001 年，黄永玉偶然得知，陈寅恪夫妇的骨灰尚未入土为安，家人为此甚感焦虑。年近八旬的黄老先生当即想方设法与陈寅恪的女儿取得了联系，自告奋勇地表示要为此事出力、出钱。当黄永玉得知陈寅恪的后人有意将陈寅恪夫妇的骨灰落葬庐山，但因庐山是著名风景名胜区，对殡葬有着极为严格的管理，落实还有一些困阻时，黄永玉当即去找老乡、老朋友、曾任江西省委书记多年、时任全国政协副主席的毛致用，并陪同毛致用专程前来南昌、庐山，与江西省政府、庐山管理局协商此事，终使此事尘埃落定。黄老先生在陈寅恪夫妇骨灰落葬庐山的整个过程中，完全是出于道义和自愿，他说能够参与此事，他感到极为自豪和荣光。

2003 年 6 月 16 日，陈寅恪的骨灰落葬在中国科学院庐山植物园内，左侧扁形石上刻着当代著名画家黄永玉题写的陈寅恪一生奉行的准则："独立之精神、自由之思想"。这一 1929 年陈寅恪为王国维所作的墓志铭，在 70 多年后被后人郑重地刻在了他自己的墓碑上。

赞誉　　吴宓在《空轩诗话》中评价陈寅恪："当时即惊其博学，而服其卓识。驰书国内诸友，谓合中西新旧各种学问而统论之，吾必以寅恪为全中国最博学之人。今时阅十五六载，行历三洲，广交当世之士，吾仍坚持此言。且喜众人之同于吾言。"

姚从吾说："陈寅恪先生为教授，则我们只能当一名小助教而已。"

傅斯年说："陈先生的学问，近三百年来一人而已！"

胡适说："读陈寅恪的论文若干篇。寅恪治史学，当然是今日最渊博、最有识见、最能用材料的人。"

陈衡哲说："欧美任何汉学家，除伯希和、斯文赫定、沙畹极少数人外，鲜有人听得懂陈寅恪先生之讲者。……至少可以使今日欧美认识汉学有多么个深度，亦大有益于世界学术界也。"

季羡林在《纪念陈寅恪先生诞辰百年学术论文集序》中指出："……寅恪先生为一代史学大师。这一点恐怕是天下之公言，绝非他的朋友们和弟子们的私言。怎样才能算是一代大师呢？据我个人的看法，一代大师必须能上承前代之余绪，下开一世之先风，踵事增华，独辟蹊径。"

陶行知："人生办一件大事来，做一件大事去"

传略　　陶行知（1891—1946），汉族，原名文濬，后改名知行、行知。祖籍绍兴会稽，生于安徽歙县。现代著名民主革命家、教育家、思想家，中国人民救国会和中国民主同盟的主要领导人之一。

15 岁入歙县崇一学堂。1908 年考入杭州教会办广济医学堂。当得悉要入教会之学生方可去医院免费实习时，愤而退学。1910 年，考入南京金陵大学文学系。1914 年毕业后考取公费留学，先后获美国伊利诺斯大学和哥伦比亚大学科学和文学硕士学位。

陶行知

1917 年秋回国，任南京高等师范学校东南大学教务主任、教育科主任，对教育颇多革新，主张改"教授法"为"教学法"，认为这更能反映教学的实质，概念也比较科学。1921 年参与组织中华教育改进社，任总干事，致力于学制改革，反对帝国主义的文化侵略。1923 年辞去东南大学教授职务，从事平民教育运动，转而提倡乡村教育运动和普及教育运动，创办晓庄师范。1930 年 4 月，国民党反动政府以"勾结叛逆，阴谋不轨"为借口，武力封闭晓庄学校。陶行知受到通缉，被迫临时避难日本。1931年春，返回上海，任《申报》总管理处顾问，对当时《申报》的革新起了相当大的作用。

1932年起，先后创办了"山海工学团"、"晨更公学团"、"劳工幼儿团"，首创"小先生制"，成立"中国普及教育助成会"，开展"即知即传"的普及教育运动。1934年主编《生活教育》半月刊。7月，正式宣布将自己的名字由"知行"改为"行知"。

"九·一八"事变后，积极从事抗日救亡运动。1936年，当选为全国各界救国联合会执行委员和常务委员。7月，与沈钧儒、邹韬奋、章乃器联合发表《团结御侮宣言》，接着，受全国救国联合会的委托，担任国民外交使节，出访欧美亚非26个国家和地区，出席"世界和平大会"、"世界新教育会议"第七次年会、"世界青年大会"、"世界反侵略大会"，当选为世界和平大会中国执行委员。为光大中华民族在国际舞台上的形象做出了杰出的贡献。

1938年8月回国，路过香港时，倡导举办了"中华业余学校"，推动香港同胞共赴国难。

1939年7月，在四川重庆附近的古圣寺为儿童创办育才学校，培养有特殊才能的儿童。1945年，当选为中国民主同盟中央常委兼教育委员会主任委员。1946年1月，在重庆创办社会大学，推行民主教育。

抗战胜利后，回到上海，立即投入反独裁，争民主，反内战，争和平的斗争。民主战士李公朴、闻一多遭国民党特务暗杀，陶行知被列为黑名单上的第三名。他一面做好了"我等着第三枪"的牺牲准备，一面继续坚持斗争，视死如归，始终站在民主运动的最前列。终因"劳累过度，健康过亏，刺激过深"，于1946年7月25日患脑溢血逝世。毛泽东同志题词"伟大的人民教育家"。宋庆龄赞颂他为"万世师表"。主要著作：《中国教育改造》、《古庙敲钟录》、《斋夫自由谈》、《行知书信》、《行知诗歌集》。

激愤　　1930 年春，晓庄师范师生为抗议英商和记洋行工人被殴，举行游行示威。时值蒋冯大战，因陶行知与冯玉祥有私交，蒋介石断定晓庄事件是响应冯玉祥的反蒋行动，遂怒令关闭晓庄师范并通缉校长，陶行知被迫流亡日本。后通缉解除，过了一年陶行知才回到上海，从此更立志反抗蒋介石的独裁统治。在沪期间，陶行知经黄炎培举荐被聘任为国内有名的《申报》的顾问，曾化名"不除庭草斋夫"发表了大量杂文和时评。当时，蒋介石以"剿共"之名进攻共产党领导的苏区，陶行知连续发表了《剿匪与造匪》等三篇时评，语惊天下地指出："今日举国之匪，皆黑暗之政治所造成"。国民党当局很快查明这些文章出自陶行知之手，蒋介石大发雷霆，批示："申报禁止邮递"。为申报馆的生存计，总经理史量才忍气吞声，表示今后不再续登陶行知的文章，蒋介石方解除禁令。《申报》于 8 月 21 日恢复邮递，与此同时，陶行知也在名义上离开了申报馆。

离开申报馆以后，陶行知借卖艺之名，又与当局开了一个并非玩笑的玩笑。他挥毫草成一篇《陶行知卖艺》的妙文，登在 1932 年第 36 期的《涛声》上。全文如下：

> 狐狸有洞鸟有窝，先生乡下难度日。
>
> 风高谁救李逵火，武训讨饭也不易。
>
> 自杀不成怕坐牢，从来不演折腰戏。
>
> 众谓我曾做书呆，便被出卖书呆艺。
>
> 书呆之艺卖与谁？开张岂必有生意？
>
> 女生卖艺被开除，先生卖艺可遭忌？
>
> 哪里管得这许多，硬着头皮试一试。

（一）卖文。儿歌、故事、小品文等，登载权每篇 10 元。

（二）卖字。写《自立锄头歌》、《儿童之歌》、《手脑相长歌》、《夫妻学校歌》等，每幅 10 元。

（三）卖讲。每讲小学 10 元，中学 20 元，大学 30 元。外埠一天来往加倍。讲题：创造、教育、儿童科学、通俗天文等自选。

就在这则启事的旁边，编辑还特意发表了复旦大学中文系教授陈子展先生的两幅贺联：

其 一

先生只三卖，卖讲卖字卖文，何如卖国最有利？

大家争一吃，吃党吃粮吃教，焉知吃粪便无人！

其 二

三卖主义不骗人，货真价实文字讲，

五柳先生宁乞食，今是昨非归去来。

面对外患日深和国内的黑暗统治，陶行知感到不能只坐在校园书斋。一二·九运动爆发后，他与宋庆龄、邹韬奋等著名人士发起成立了全国各界救国联合会。1936 年 7 月，他担任了救国会的"国民外交使节"出访欧美亚非 26 国家和地区，争取各地华侨和国际友人支持中国的抗日斗争。途经香港时，他与沈钧儒、章乃器等联合发表《团结御侮宣言》，赞同中国共产党建立抗日民族统一战线的主张。这一宣言震动国内外，受到了中共中央和毛泽东的热情支持。出访期间，国内发生国民党政府逮捕救国会领袖的"七君子事件"，陶行知又一次被通缉。沈钧儒后来说：倘若陶行知留在国内，一定和我们在一起，"七君子之狱"就变成"八君子之狱"了。

抗战胜利后，陶行知作为民盟中央民主教育委员会的主任，与共产党密切合作，积极投入反内战、反独裁、争民主的斗争，他在重庆创办的社会大学成了民主人士的堡垒。1946 年 4 月，陶行知来到上海，三个月后传来李公朴、闻一多被国民党特务暗杀的消息。陶行知闻讯异常激愤，到处演讲谴责。当社会上传说特务已把他列为下一个暗杀对象时，周恩来派秘书陈家康去报警，要他提防特务的无声手枪。陶行知当即毅然表示："我等着第三枪！"他还给育才师生留下了一封信，发出"为民主死一个就要加紧感召一万个人来顶补"的铮铮誓言。

无私　一次，陶行知得到了 1 万多元稿费，拿回家锁在柜子里，承担着所有家务的妹妹看见了，问他："家里有老有小，钱也不多，能不能留四分之一给家里用？"陶行知想了想，温和地说："我要去南京劳山脚下办晓庄师范，这钱要作为办学的经费。我们家虽穷，粗茶淡饭还能维持。中国 34000 万农民非但没有饭吃，更没有文化。用这钱去办学校，是为农民烧心香，是尽我们的绵薄之力去帮助他们。你在家里省着点用，算是帮我去办大事吧！"妹妹理解了他，默默地点了点头。

陶行知的儿子陶晓光，自谋出路，到成都一家无线电厂工作，厂方向他催要学历证明书，陶晓光没有正规学历，只好写信给育才学校，向马副校长求助，得到一张学校的毕业文凭。陶行知知道此事后，十分不快，他给儿子发了电报，又寄了快信，要儿子尽速把毕业证书退还。他严肃地教育儿子："'追求真理做真人'，切不可丝毫妥协，决不可向虚伪的社会学习……你记得这七个字，终身受用无穷……"陶晓光自知不对，把毕业证书退了。

律己　古人曰："吾日三省吾身"，而陶行知则"每天四问"。

1942 年 7 月，陶行知在重庆育才学校三周年纪念会上提出"四问"的内容，就是每天要反躬自问身体、学校、工作和道德上有没有进步，进步了多少。他认为道德是做人的根本，没有道德的人，学问和本领越大，就越会为非作歹，残害人民。他曾大声疾呼，要全校师生"建筑人格长城"。他自己就是用他的实际行动来"建筑人格长城"的。在育才学校，就流传过一个关于陶行知的两个口袋的故事。

育才学校是陶行知和全校师生赤手空拳办起来的，有时全校师生几乎无以举炊，陶行知东张西罗，左支右绌，迫不得已就停止体育锻炼，每天改吃两顿稀粥，以勉强维持生活。在这样艰难困苦中，有人劝陶行知把育才停办了算了，但他坚决不答应。他发动全校师生走街串巷，向社会各界热心人士募捐，度过一个又一个难关。

陶行知带头外出募捐，并宣布一条纪律：募捐来的钱涓滴归公，在任何情况下，任何人不得借故挪用分文。他自己是这样说的也是这样做的。他的上衣缝有两只口袋，一只袋装公款，一只袋装私款。有一次他到远处去募捐，走访了好多地方，募捐了不少现款，袋里装得满满的。在归途搭车时，忽然发现放私款的那只口袋里一分钱也没有了，他当时就有一个坚决的想法，决不挪用公家一分钱，尽管一天奔波下来，既疲惫不堪，又饥肠辘辘，但他仍坚持从十里外步行回校。

盛夏的一天，学生高缨听说书店到了一些好书，想去看看。可是自己不认识路，就想请陶行知陪他一起去。他来到先生窗前，那情景使他吃了一惊：先生打着赤膊，脸上、身上流淌着汗水，正在伏案疾书。高缨不好意思地把自己的来意告诉先生，没想到陶行知很快地回答："现在不成。"高缨失望了，他很奇怪，先生平时最喜欢和学生在一起，也最愿意帮助人，今天是怎么啦？陶行知好像看出了他的疑惑，手指着晾在窗外的衬衫说："我很高兴陪你去书店，可是我的衬衫还没有干。过一个小时你再来，好吗？"高缨望着那还在滴水的白衬衫，心想：先生找借口吧？他说了一句"那就算了"，不高兴地回去了。过了一个小时，陶行知穿着还没干透的白衬衫，笑嘻嘻地来找高缨。高缨还躺在床上生闷气呢，见了先生，忙起身一起上街。后来，高缨还是想不通，就去问副校长马侣贤。马先生说："大家都知道陶行知是个名人，可是有谁知道，他为了你们这些孩子，几乎到了山穷水尽的地步。为了坚持办学，他把自己的大衣和呢裤子都送到当铺去了，换来的几文钱解决了一天的菜金。夏天，他只有一件像样的衬衫，这也不稀奇呀！"

爱心 有一次，身穿土布长衫的陶行知，在新爱伦影戏院门口的一个面摊上，花十四个铜板，要了一碗阳春面充饥，边吃边和摊主老沈谈家常。老沈为了养家活口，一天只睡三个小时，脸色黄瘦，完全是辛苦太过的结果。后来陶行知写了一首诗，想送给老沈，可是老沈已不知去向了。诗的最后几句是"将他从头望到底，一株枯树立秋风，面儿代价我知了，不是紫铜是血红！"

陶行知路过昆山花园，见一黄包车夫和一个外国水手在评理。水手坐车，两毛钱车费只付一毛，车夫不服，要他补足，水手回过头来打了车夫一记耳光。过路人愤愤不平，同声喊"打！"车夫说："许多人打一个不算好汉，让我一个人来和他干。"说着，只一拳一脚就把水手打翻在地，水手乖乖地付足了车费溜之大吉。陶行知得知车夫姓王，伸出大拇指向他致敬说："您不愧为车夫大王！"

长江南岸的燕子矶，是"金陵名胜"之一。也许是大江东流一去不返的苍凉寥廓景象，易引发人生短暂的感伤。有些厌世者就选择这儿告别人间。

其时陶行知有个朋友辛甫在燕子矶旁边开了一家小小的茶酒馆。陶行知曾在劳山脚下创办晓庄师范学校，那儿离燕子矶不远。有一天，他听到人们在纷纷谈论，燕子矶下又浮起了一具女尸，并且是个学生。他极感不安，立即到学校木工场找来两块木牌，在上面写了几句话劝喻轻生者，并把它立在矶头上。一牌上写"想一想"三个大字，下边写了几行小字："人生为一大事来，当做一件大事去。你年富力强，有国当救，有民当爱，岂可轻生？"另一牌上则写"死不得"三个大字，下写："死有重于泰山，或有轻于鸿毛，与其投江而死，何如从事乡村教育为中国三万万四千万同胞努力而死！"竖立木牌后，陶行知就请朋友暗中留意，一是酒不要多出卖，最多卖一两，以免喝醉了更加悲从中来；二是看见有人在矶头徘徊不去，就赶快上前劝说。此后，不少来到这儿打算自杀的人，看了木牌，听了劝说，终于停下了投江的脚步。

施教　　一位朋友的夫人来看陶行知，说起她的孩子把一块新买的金表拆坏了，她非常生气，狠狠地揍了孩子一顿。陶行知听了，连连摇头说："哎呀，你打掉了一个'爱迪生'。"接着，他讲了美国发明家爱迪生小时候喜欢做实验，被学校开除以后，在他母亲的引导下，逐渐成为发明家的故事。他又亲自到朋友家里，把那个小孩请出来，带他到修表店去看师傅修表。他们站在修表师傅身边，看着他把表拆开，把零件一个个浸在药水里，又看着他一个个装起来，再给机器加上油，用了一个多小时，花了一元六角钱修理费。陶行知深有感触地说："钟表店是学校，修表师傅是老师，一元六角钱是学费，在钟表店看一个多小时是上课，自己拆了装，装了拆是实践。做父母的与其让孩子挨打，还不如付出一点学费，花一点功夫，培养孩子好问、好动的兴趣。这样，'爱迪生'才不会被打跑、赶走。"

山海工学团刚成立的时候，没有孩子们用的桌椅。学校请来了木匠师傅，陶行知对木匠师傅说："我们不是请你来做凳子的。"木匠疑惑地望着陶行知："那叫我来做什么？"

"我们是请你来做'先生'的。"

"我可不识字。"木匠慌了。

陶行知笑着说："我是请你来指导学生做木工的。你如果教会一个人，就可得一份工钱。如果一个也没教会，那么就算你把凳子全做好了，还是一文工钱也得不到。"

第二天，老师带着孩子们来学做凳子。有个小朋友嘟囔着："我们是来读书的，不是来做木匠的。"一个大人看见孩子拿起工具，不小心就很容易弄破手，也皱起眉直摇头。这时，陶行知笑着说："我有一首诗读给大家听听：'人生两个宝，双手与大脑。用脑不用手，快要被打倒。用手不用脑，饭也吃不饱。手脑都会用，才算是开天辟地的大好佬。'你们看写得如何？"小朋友都拍手说好，那个大人也不好意思地笑了。

从此，每天孩子们都学做凳子，他们也当"小先生"，教木匠师傅认字。3个月后的一天，教室里的50个孩子，都坐着自己做的凳子。讲台上还有孩子们自己制作的杠杆、滑车等玩具和仪器。家长们挤在窗口、门外，信服地点头叫好。陶行知在讲台前，念起了一首刚写好的诗："他是木匠，我是先生。先生学木匠，木匠学先生，哼哼哼，我哼成了先生木匠，哼哼哼，他哼成了木匠先生。"孩子们看看坐在他们身边一起听课的木匠，都笑了。

姚文采是陶行知的同乡，陶行知请他到晓庄学校教生物课。第一次上课，陶行知就让他先把书本摆到一边去，要"随时教育、随地教育、随人教育"。姚老师教了10多年生物课，从来没有不带书本去上课的时候，他弄不懂陶行知是什么意思。傍晚，他看见陶行知带来两个蛇花子，陶行知告诉姚文采："这是我从南京夫子庙请来的两位老师，来教大家捉蛇。晓庄附近有许多蛇，经常咬伤人，让蛇花子来教大家捉蛇，你看怎么样？"姚文采没说话。蛇花子开始为晓庄师生上生物课了，课堂就在山里。几天以后，最胆小的女孩子也敢捉蛇了，她们说："只要击中要害，蛇并没有什么可怕呀！"大家还懂得了蛇没有脚为什么跑得快，蛇没有耳朵怎么听得见声音，以及蛇是老鼠的克星等知识。姚老师终于理解了陶行知的用心。他带领学生采集标本；把挖草药的老农请来教认草药；请种花木的花匠来教种植花木的方法；请中国科学社的专家来教怎样辨别生物科别及定学名。晓庄附近的花草树木都挂起了学名牌，生物课从此上得生动活泼。

有一天，陶行知看到一位男生欲用砖头砸同学，就将其制止，并责令其到校长室。陶行知简单地了解了一下情况回到办公室，见男生已在等他。陶行知掏出一块糖递给这个学生，说："这是奖励你的，因为你比我按时来了。"接着又掏出一块糖给男生："这也是奖给你的，我不让你打人，你立刻住手了，说明很尊重我。"男生将信将疑地接过糖果。陶行如又说："据了解，你打同学是因为他欺负女生，说明你有正义感。"陶行知遂掏出第三块糖给他。这时男生哭了："校长，我错了，同学再不对，我也不能采取这种方式。"陶先生又拿出第四块糖说："你已认错，再奖你一块，我的糖分完了，我们的谈话也该结束了。"

陶行知经常用对联形式宣传改革教育的思想主张。1927年3月15日，

晓庄师范举行开学典礼那天，陶行知为典礼会场撰写了一副对联

　　　　　　和牛马羊鸡犬豕做朋友；
　　　　　　对稻粱菽麦稷棉下功夫。

　　这副对联，表达了陶行知一贯主张的"生活即教育"、"社会即学校"的教育改革宗旨。陶行知不但这样主张，还身体力行。他脱下长袍马褂，穿上布衣草鞋，和师生一起开荒生产，挑粪种地，睡地铺，住牛栏。在此期间，他还写了一副对联，挂在自己的办公室里：

　　　　　　捧着一颗心来；
　　　　　　不带半根草去。

　　为了丰富农民业余学习生活，陶行知先生还在南京某农村办了一个中心茶园，让农民一边喝茶，一边听书、讲时事、放留声机等。他还特地为茶园撰写了三副对联：

　　　　　　为农民教育之枢纽；
　　　　　　是乡村社会的中心。

　　　　　　多谢你来帮助；
　　　　　　少了我也不行。

　　　　　　嘻嘻哈哈喝茶；
　　　　　　叽叽咕咕谈心。

评誉 "陶行知不仅是一个很有创造力的教育家，也是一个勇敢的出色的反法西斯斗士。"

——泰戈尔（印度诗人、哲学家和民族主义者）

"陶博士并不仅仅属于中国，而是属于世界的。……在美国，大家都知道陶博士是一个伟大的教育家。"

——华莱士（美国前副总统）

"杜威博士的最有创造力的学生却是陶行知，陶行知是杜威的学生，但他正视中国的问题，则超越了杜威。他在群众教育运动方面非常积极，为工人和贫苦人民办夜校和各种中心。他开展'小先生'运动，让文盲学好后以他们的新知识教育其他文盲，这样连锁下去，对于1927年的反共产主义分子来说，这就好像一个政治的炸弹一样。""在城市里搞群众教育，被视为叛逆而遭禁止，陶行知就到农村进行教育和农村复兴计划。美国的进步教育用的现成的学校制，陶行知发现中国的普通群众只能就他们的生活、工作、家庭和车间所在地受教育；在哪里聚居，就在哪里学习。在所有美国训练出来的教育者中间，陶作为一个穷人出身的人，使他成为极不寻常的同情于普通人民的需要，而这终于使他比别人更接近中国共产党。"

——费正清（美国学者）

"我现在无论到什么地方，都要宣传在中国的晓庄有一个试验学校，把这里的理想和设计宣传出去，使全世界人知道。""如大家肯努力，恐一百年以后，大家要回过头来纪念晓庄，欣赏晓庄！这就是教育革命的策源地。"

——克伯屈（美国教育家）

"陶博士的主义与理想是世界性的，……他的事业对于世界历史中的进步传统具有巨大的贡献。陶博士是我们这个紊乱霸道的世界经过多年所产生的少许文化人物之一。世界上像陶博士一类的人物实在太少了。"

——傅理曼（美国学者）

"一代伟人，名扬千古，陶行知先生的教育思想不仅是中华民族教育史上的一枝奇葩，也是世界教育之林的一面旗帜。"

——布莱恩·库朋（美国东南联合大学副校长）

"我从事研究陶行知三十多年，我体会最深的，一是陶先生人格的伟大，二是陶先生教育思想的卓越。他为大众争民主、争自由，最后献出了宝贵的生命。一个真正的知识分子就应该这样生活，应该是这样一条道路。我从陶先生身上受到鼓舞，陶行知不仅是中国知识分子的榜样，也是各国知识分子的模范，我们应该学习他。陶行知不仅属于中国的，也是属于全世界的。"

——斋藤秋男（日本教授）

"陶博士具有强大的感召力，使得每一个善良的人，都愿意贡献出他所能为社会作最大服务，在实际工作上教育他们，鼓舞他们。他是目标明确、行为笃实、生活刻苦自励的活的融合体。没有一个人比他更知道中国的真正需要，没有一个人像他那样勇敢果决的为大众教育、为民主的组织与实践奋斗终生。"

——文幼章（加拿大博士）

名言　行是知之始，知是行之成。

教育是立国之本。

人生办一件大事来，做一件大事去。

真教育是心心相印的活动，唯独从心里发出来，才能打动心灵的深处。

农不重师，则农必破产；工不重师，则工必粗陋；国民不重师，则国必不能富强；人类不重师，则世界不得太平。

所谓健全人格须包括：
一、私德为立身之本，公德为服务社会国家之本。
二、人生所必需之知识技能。
三、强健活泼之体格。
四、优美和乐之感情。

手和脑在一块儿干，是创造教育的开始；手脑双全，是创造教育的目的。

想自立，想进步，就须胆量放大，将试验精神，向那未发明的新理贯射过去；不怕辛苦，不怕疲倦，不怕障碍，不怕失败，一心要把那教育的奥妙新理，一个个的发现出来。

教学做是一件事，不是三件事。我们要在做上教，在做上学。不在做上用功夫，教固不成为教，学也不成为学。

要把教育和知识变成空气一样，弥漫于宇宙，洗荡于乾坤，普及众生，人人有得呼吸。

先生不应该专教书，他的责任是教人做人；学生不应该专读书，他的责任是学习人生之道。

在教师手里操着幼年人的命运，便操着民族和人类的命运。

因为道德是做人的根本。根本一坏，纵然使你有一些学问和本领，也无甚用处。教师的职务是'千教万教，教人求真'；学生的职务是'千学万学，学做真人'。

智仁勇三者是中国重要的精神遗产，过去它被认为'天下之达德'，今天依然不失为个人完满发展之重要指标。

教育工作中的百分之一的废品，就会使国家遭受严重的损失。

生活、工作、学习倘使都能自动，则教育之收效定能事半功倍。所以我们特别注意自动力之培养，使它关注于全部的生活工作学习之中。自动是自觉的行动，而不是自发的行动。自觉的行动，需要适当的培养而后可以实现。

要想学生好学，必须先生好学。惟有学而不厌的先生才能教出学而不厌的学生。

要学生做的事，教职员躬亲共做；要学生学的知识，教职员躬亲共学；要学生守的规则，教职员躬亲共守。

培养教育人和种花木一样，首先要认识花木的特点，区别不同情况给以施肥、浇水和培养教育，这叫"因材施教"。

人像树木一样，要使他们尽量长上去，不能勉强都长得一样高，应当是：立脚点上求平等，于出头处谋自由。

活的人才教育不是灌输知识，而是将开发文化宝库的钥匙，尽我们知道的交给学生。

我们要活的书，不要死的书；要真的书，不要假的书；要动的书，不要静的书；要用的书，不要读的书。总起来说，我们要以生活为中心的教学做指导，不要以文字为中心的教科书。

教育中要防止两种不同的倾向：一种是将教与学的界限完全泯除，否定了教师主导作用的错误倾向；另一种是只管教，不问学生兴趣，不注重学生所提出问题的错误倾向。前一种倾向必然是无计划，随着生活打滚；后一种倾向必然把学生灌输成烧鸭。

教育不能创造什么，但它能启发儿童创造力以从事于创造工作。

我们发现了儿童有创造力，认识了儿童有创造力，就须进一步把儿童的创造力解放出来。

中国教育之通病是教用脑的人不用手，不教用手的人用脑，所以一无所能。中国教育革命的对策是手脑联盟，结果是手与脑的力量都可以大到不可思议。

要解放孩子的头脑、双手、脚、空间、时间，使他们充分得到自由的生活，从自由的生活中得到真正的教育。

妙演　陶行知非常善于演讲，他的语言幽默风趣，生动形象，谁听了都会被他深深吸引，为他演讲中强大的逻辑力量所折服。在他一生无数次的演讲中，有一次别开生面的演讲，更是令人拍案叫绝，直到今天仍然令人回味无穷。

那是陶行知1938年在武汉大学做的一次演讲。那一天，大礼堂里挤得满满的，不仅全校师生都来听，连附近学校的师生和各界人士都闻讯赶来。他们都知道，陶行知先生是著名的教育家，都想来一睹他的风采，并听他说些什么。

陶行知不慌不忙地夹着一个皮包走上了讲台。先向全场扫视了一遍。大家屏息凝神，都望着他，等他开口说话。

出乎大家意料的是，陶行知并没有讲话。他从包里抓出一只活蹦乱跳的大公鸡。公鸡喔喔地乱叫。台下听众一个个目瞪口呆，不知他葫芦里卖的什么药。接着，陶行知从口袋里掏出一把米，放在桌上。他左手按住鸡的头，逼它吃米。鸡只叫不吃。陶行知又掰开鸡的嘴，把米硬塞进去。鸡挣扎着仍不肯吃。接着，陶行知轻轻松开手，把鸡放在桌子上，自己后退了几步。只见大公鸡抖了抖翅膀，伸头四处张望了一下，便从容地低下头吃起米来。

这时，陶行知说话了："各位，你们都看到了吧。你逼鸡吃米，或者把米硬塞到它的嘴里，它都不肯吃。但是，如果你换一种方式，让它自由自在，它就会主动地自己去吃米。"

陶行知又向会场扫视了一圈，加重语气说："我认为，教育就跟喂鸡一样。先生强迫学生去学习，把知识硬灌给他们，他们是不情愿学的，即使去学也是食而不化，过不了多久，他还会把知识还给先生的。但是，如果让学生主动去学习，充分发挥他的主观能动性，那么，效果一定会好得多！"

陶行知讲完，把公鸡装进皮包，又向大家鞠了一躬，说："我的话讲完了。"便退下场去了。听众们一时还没有反应过来。过了一会儿，会场上才爆发出雷鸣般的掌声。

妙论

第一流的教育家

我们常见的教育家有三种：一种是政客的教育家，他只会动，把持，说官活；一种是书生的教育家，他只会读书，教书，做文章；一种是经验的教育家，他只会盲行，盲动，闷起头来，办……办……办。第一种不必说了，第二第三两种也都不是最高尚的。依我看来，今日的教育家，必定要在下列两种要素当中得了一种，方才可以算为第一流的人物。

（一）敢探未发明的新理

我们在教育界做事的人，胆量太小，对于一切新理，小惊大怪。如同小孩子见生人，怕和他接近。又如同小孩子遇了黑房，怕走进去。究其结果，他的一举一动，不是乞灵古人，就是仿效外国。也如同一个小孩子吃饭、穿衣，都要母亲帮助，走几步路，也要人扶着，真是可怜。我们在教育界任事的人，如果想自立，想进步，就须胆量放大，将试验精神，向那未发明的新理贯射过去；不怕辛苦，不怕疲倦，不怕障碍，不怕失败，一心要把那教育的奥妙新理，一个个的发现出来。这是何等的魄力，教育界有这种魄力的人，不愧受我们崇拜！

（二）敢入未开化的边疆

从前的秀才以为"不出门能知天下事"，久而久之，"不出门"就变做"不敢出门"了。我们现在的学子，还没有解脱这种风气。试将各学校的《同学录》拿来一看，毕业生多半是在本地服务，那在外省服务的，已经不可多得，边疆更不必说了。一般有志办学的人，也专门在有学校的地方凑热闹，把那边疆和内地的教育，都置在度外。推其原故，只有一个病根，这病根就是怕。怕难，怕苦，怕孤，怕死，就好好的埋没了一生。我们还要进一步看，这些地方的教育究竟是谁的责任？我们要晓得国家有一块未开化的土地，有一个未受教育的人民，都是由于我们没尽到责任。责任明白了，就放大胆量，单身匹马，大刀阔斧，做个边疆教育的先锋，把那边疆的门户，一扇一扇的都给它打开。这又是何等的魄力！有这种魄力的人，也不愧受我们崇拜。

敢探未发明的新理，即是创造精神；敢入未开化的边疆，即是开辟精神。创造时，目光要深；开辟时，目光要远。总起来说，创造、开辟都要有胆量。在教育界，有胆量创造的人，即是创造的教育家；有胆量开辟的人，即是开辟的教育家，都是第一流的人物。大丈夫不能舍身试验室，亦当埋骨边疆尘，岂宜随便过去！但是这种人才，究竟要到什么时候才能出现？究竟要由什么学校造就？究竟要用什么方法养成？可算是我们现在最关心的问题。

妙文

中国的人命

我在太平洋会议的许多废话中听到了一句警语。劳耳说："中国没有废掉的东西，如果有，只是人的生命！"

人的生命！你在中国是耗废得太多了。垃圾堆里的破布烂棉花有老太婆们去追求，路边饿得半死的孩子没有人过问。

花十来个铜板坐上人力车要人家拼命跑，跑得吐血倒地，望也怕望，便换了一部车儿走了。太太生孩子，得雇一个奶妈。

自己的孩子白而胖，奶妈的孩子瘦且死。童养媳偷了一块糖吃要被婆婆逼得上吊。做徒弟好比是做奴隶，连夜壶也要给师傅倒，倒得不干净，一烟袋打得脑袋开花。煤矿里是五个人当中要残废一个。日本人来了，一杀是几百。大水一冲是几万。一年之中死的人要装满二十多个南京城。（说得正确些，是每年死的人数等于首都人口之二十多倍。）当我写这篇短文的时候，每个字出世是有三个人进棺材。

"中国没有废掉的东西，如果有，只是人的生命！"

您却不可作片面的观察。一个孩子出天花，他的妈妈抱他在怀里七天七夜，毕竟因为卓绝的坚忍与慈爱她是救了他的小命。在这无废物而有废命的社会里，这伟大的母爱是同时存在着。如果有一线的希望，她是愿意为她的小孩的生命而奋斗，甚而至于牺牲自己的生命，也是甘心情愿的。

这伟大的慈爱与冷酷的无情如何可以并立共存？这矛盾的社会有什么解释？他是我养的，我便爱他如同爱我，或者爱他甚于爱我自己。若不是我养的，虽死他几千万，与我何干？这个态度解释了这奇怪的矛盾。

中国要到什么时候才能翻身？要等到人命贵于财富，人命贵于机器，人命贵于安乐，人命贵于名誉，人命贵于权位，人命贵于一切，只有等到那时，中国才站得起来！

载《斋夫自由谈》1932 年 4 月初版

赵元任：拥有异常天赋的"汉语言学之父"

传略　赵元任（1892—1982），字宣仲，江苏五进人，生于天津。著名语言学家，哲学家和作曲家。在中国语言学界被尊为"汉语言学之父"。

赵元任

赵元任从小就显露出语言天才，各种方言一学就会。14岁进常州溪山小学。1907年入南京江南高等学堂预科，成绩优异，英语、德语都学得很好，深得美籍英语教师嘉化（D. J. Carve）的喜爱。嘉化常邀赵元任去他家中作客。嘉化夫人善于弹钢琴和唱歌，赵元任跟嘉化夫人学唱过《可爱的家庭》（Home，S Weet Home）和《离别歌》（Auld Lang Syne，亦译《天长地久》）等歌曲，是为他接受西方音乐之始。

1909年，考取了留学美国的官费生，在康乃尔大学主修数学，选修物理、音乐。1914年获数学学士学位。在该校哲学院研究一年后，1915年入哈佛大学主修哲学并继续选修音乐，1918年在哈佛获哲学博士学位。又在芝加哥和加州大学作过一年研究生。1919年回康乃尔大学物理系任教一年。

1920 年回国担任清华学校的物理、数学和心理学课程教师，同年冬曾为英国著名哲学家罗素来华讲学担任翻译。在此期间，与杨步伟结婚。

1921 年赵元任夫妇到了美国，赵元任在哈佛大学任哲学和中文讲师并研究语言学。

1925 年，回清华大学教授数学、物理学、中国音韵学、普通语言学、中国现代方言、中国乐谱乐调和西洋音乐欣赏等课程。与梁启超、王国维、陈寅恪一起被称为清华"四大导师"。1928 年作为研究院语言研究所研究员，进行了大量的语言田野调查和民间音乐采风工作。

1938 至 1939 年教学于夏威夷大学，在那里开设过中国音乐课程。1938 至 1941 年，教学于耶鲁大学。之后五年，又回哈佛任教并参加哈佛、燕京字典的编辑工作。其间加入了美国国籍。

从 1947 年起，在伯克莱加州大学教授中国语文和语言学，1965 年退休，任美国加州大学离职教授至逝世。

主要著作有《国语新诗韵》、《现代吴语的研究》、《广西瑶歌记音》、《粤语入门》（英文版）、《中国社会与语言各方面》（英文版）、《中国话的文法》、《中国话的读物》、《语言问题》、《通字方案》，此外尚有《绿信》（green letter）五册，记述自己的思想、感情和生活。他还把《康熙字典》里的 2 万多字，浓缩为 2000 个常用字，取名为《通字》。并发明五度标音法。

天赋　赵元任在语音方面有异常的天赋。用他自己的话说："年轻的时候调查方言，调查哪儿的话学哪儿的话，学哪儿的话像哪儿的话。不过这是末技。"据说有一次，他与来自各个不同地方的 8 人共餐。席间宾主相得，言谈甚欢。赵元任请他们用各自的方言交谈，第一次共餐，他就听懂了他们的方言；第二次再共餐，他竟能与同桌的 8 人用 8 种方言谈话。这种语言天赋，使他掌握了英、法、德、日等多种外语，能直接阅读许多外国学者的原著，从中接受了现代语言学的理论，并将它用到了音韵学的研究上，这就为前人所不及。赵元任还会说33种汉语方言。研究者称，赵先生掌握语言的能力非常惊人，因为他能迅速地穿透一种语言的声韵调系统，总结出一种方言乃至一种外语的规律。

二战后，赵元任到法国参加会议。在巴黎车站，他对行李员讲巴黎土语，对方听了，以为他是土生土长的巴黎人，于是感叹："你回来了啊，现在可不如从前了，巴黎穷了。"

后来，他到德国柏林，用带柏林口音的德语和当地人聊天。邻居一位老人对他说："上帝保佑，你躲过了这场灾难，平平安安地回来了。"

1920年，英国哲学家罗素来华巡回讲演，赵元任当翻译。每到一个地方，他都用当地的方言来翻译。他在途中向湖南人学长沙话，等到了长沙，已经能用当地话翻译了。讲演结束后，竟有人跑来和他攀老乡。

赵元任曾表演过口技"全国旅行"：从北京沿京汉路南下，经河北到山西、陕西，出潼关，由河南入两湖、四川、云贵，再从两广绕江西、福建到江苏、浙江、安徽，由山东过渤海湾入东三省，最后入山海关返京。这趟"旅行"，他一口气说了近一个小时，"走"遍大半个中国，每"到"一地，便用当地方言土话，介绍名胜古迹和土货特产。

赵元任曾编了一个极"好玩儿"的单音故事，以说明语音和文字的相对独立性。故事名为《施氏食狮史》，通篇只有"shi"一个音，写出来，人人可看懂，但如果只用口说，那就任何人也听不懂了："石室诗士施氏，嗜狮，誓食十狮。氏时时适市视狮。十时，适十狮适市。是时，适施氏适市。氏视是十狮，恃矢势，使是十狮逝世。氏拾是十狮尸，适石室。石室湿，氏使侍拭石室。石室拭，氏始试食十狮尸。食时，始识十狮尸，实十石狮尸。试释是事。"

造诣　　赵元任学识渊博，艺术造诣很深。他从小受到民族音乐的熏陶，少年时学习钢琴，在美国留学时曾选修作曲和声乐，并广泛涉猎西欧古典音乐和现代音乐。他在从事语言学研究过程中，曾到中国各地调查方言，接触了不少民歌、民谣等民间音乐，对中国社会下层生活也有所了解。他在美国留学阶段，即开始从事音乐创作，1915年即发表了钢琴曲《和平进行曲》。"五四"运动以后。他陆续谱写了约100多首作品。其中曾发表过的歌曲40多首、大型合唱曲一首、钢琴小品若干首，他的不少作品具有鲜明的爱国思想与民主倾向，在艺术上勇于创新。如歌曲《卖布谣》《劳动歌》《教我如何不想他》《上山》《听雨》《呜呼三月一十八》《也是微云》《西洋镜歌》《老天爷》以及合唱曲《海韵》等，流传至今，成为音乐院校的教材及音乐会上经常演唱的曲目。

赵元任的歌曲作品，音乐形象鲜明，风格新颖，曲调优美流畅，富于抒情性，既善于借鉴欧洲近代多声音乐创作的技法，又不断探索和保持中国传统文化和音乐的特色。他十分注意歌词声调和音韵的特点，讲究歌词字音语调与旋律音调相一致，使曲调既富于韵味，又十分口语化，具有独特的风格。此外，他在创作中还注意吸收民间音乐语言，如《听雨》是将常州地方吟诵古诗的音调加以扩展；《卖布谣》是在无锡方言音调基础上创作的以五声音阶为主的曲调；《教我如何不想他》吸收了京剧西皮原板过门的音调；《西洋镜歌》采用了民间拉洋片小调作素材；《老天爷》则具有北方民间说唱音乐的风格。他在创作中对和声的民族化，做了有益的探索和试验，常采用平行四、五度进行，大调主三和弦上附加六度音程，以及小七和弦与调式和声的手法等。他也十分注意钢琴伴奏在歌曲整体中共同塑造形象和刻画意境的作用。

赵元任是中国音乐界中较早重视收集、改编民歌的音乐家。他曾为数十首中国民歌配上钢琴伴奏并进行演唱，其中以《尽力中华》（根据民间焰口调作词配和声）和《扬子江上撑船歌》（根据江南船工号子改编）影响较大。萧友梅曾认为他的艺术歌曲"替我国音乐界开一个新纪元"（《介绍赵元任先生的新诗歌集》）。

赵元任出版的歌集有《新诗歌集》(1928)、《儿童节歌曲集》(1934)、《晓庄歌曲》（1936）、《民众教育歌曲集》（1939）、《行知歌曲集》和《赵元任歌曲集》（1981）。1987 年在上海音乐学院院长贺绿汀提议并推动下，上海音乐出版社出版了五线谱版的《赵元任音乐作品全集》（由其长女、美国哈佛大学教授赵如兰编辑），收有歌曲 83 首、编配合唱歌曲 24 首、编配民歌 19 首、器乐小品 6 首，总计 132 首作品。

远政　　赵元任一生只愿做学问，不愿涉足行政事务。1921 年结婚之前，赵元任对杨步伟说："你的脾气和用钱我都能由你，只有一件事，将来你也许会失望的，就是我打算一辈子不做官，不办行政的事。"杨步伟与他志同道合，也不愿他去巴结上司。他一生从未涉足官场，即使在教育界任职也三思而后行。因此，赵元任多次"逃校长"。

有一次，赵元任夫妇从欧洲回到上海，恰逢东南大学风潮。对立双方相持不下，都要推出自己的校长人选。而赵与双方的关系都不错，如果选他当校长，双方都能接受。因此，杨杏佛和胡刚复两人日夜追在赵元任后面，要他答应就任东南大学的校长。吓得赵元任不敢在上海逗留，连夜北上，做了清华国学研究院的导师。

1946 年夏天，赵元任还在美国。教育部部长朱家骅连发五份电报，催他回国就任中央大学校长。赵元任回电："干不了。谢谢！"见他不同意，朱就打电报给杨步伟，要她劝丈夫就职。杨步伟回电说："我从不要元任做行政事。"反劝丈夫暂不回国。后来，他们干脆在美国定居了。

至交　　赵元任和胡适同年赴美留学。胡适弃农学文后，与赵元任一同选修克雷登教授的哲学课程，又结伴拜访哲学教师阿尔培，二人交谊日深。

赵元任与杨步伟婚后赴美，途经上海，恰当时胡适也在上海，胡适每天都要到赵氏夫妇住的旅馆看望攀谈。当时大家都问杨步伟是否要买些中国的东西带到美国。杨当时已经怀孕，一点不想动，但多数人以为她是因为离开医院不开心。只有胡适说："韵卿，我想你有特别的原因了，喝点汽水什么的，也许胃口畅快一点。"杨步伟便埋怨赵元任："你如何没想到？"胡适大笑说："他不内行，我是有经验的，他若这个是内行就靠不住了。"

1922年，赵元任翻译《爱丽丝漫游奇境记》，此书由胡适命名。

赵元任曾编单音节故事《施氏食狮史》，胡适读后说："那时有人要用拼音来代替我国的方块字，我要赵元任把这个故事写成拼音之后，就再没有人敢说用拼音代替方块字了！"

1930年，胡适四十岁生日之际，赵元任为他写了一篇幽默戏谑的贺词："胡适说不要过生日，生日偏偏到了，我们一班爱起哄的朋友，又来跟你闹了。……天天儿听见你提倡这样那样，觉得你真是有点儿对了都。你是提倡物质文明的咯，所以我们就来吃你的面；你是提倡整理国故的咯，所以我们都进了研究院；你是提倡白话文的咯，所以我们就啰啰嗦嗦地写上

邓小平接见赵元任

了一大片……"

赵元任从 20 年代到 30 年初所创作的歌曲的歌词,大部分系刘半农所作。1933 年,刘半农因病逝世时,赵元任曾深情地献上挽联:"十载奏双簧,无词难成曲;数人弱一个,教我如何不想他!"

姻缘　　1920 年,赵元任从美国哈佛大学获哲学博士学位回到清华大学任教,经友人介绍认识了出身皖南名门望族的杨步伟女士。杨步伟在考入南京旅宁学堂时,入学考试作文题为《女子读书之益》,她竟大胆地写道:"女子者,国民之母也。"步伟这个名字,就是她的同学、好友看她抱负不凡为她而取的。杨自幼反对封建礼教,不肯缠足,并大胆拒绝了父母为她包办的婚姻,孤身跑到上海读书。1919 年,全国掀起反帝和反封建的革命浪潮,杨步伟也参加了这场运动。当时安徽督军兼一、四两方面军军长的柏文蔚,要为 500 人的女子北伐队办所崇实学校,特聘杨步伟担纲校长之职。她毅然出任,领导学员学纺织、打绒绳、学刺绣、学救护……搞得轰轰烈烈。后来留学日本,在东京帝大获医学博士学位。毕业后,她在北京绒线胡同和友人合开了一所"森仁妇产科医院",开创妇女创业风气之先。

赵元任自幼就有自由恋爱思想。14 岁那年,他大姑婆告诉他,他就要和一个姓陈的女孩订婚了,他在日记上记载说:"婚姻不自由,我至为伤心。"1920 年 9 月 18 日晚,去北京城里办事的赵元任因城门已关,不能回清华园,便在表哥家借住,并打算和舅父谈以女方大两岁为由退辞包办婚姻,解除婚约事。在表哥家中,赵元任认识了杨步伟。

赵元任和杨步伟初次见面后,两人互有好感。次日,杨步伟回请赵元任的表哥,他也同时被邀请。他们一起先到中央公园游玩,后又一起共进晚餐。赵在当天的日记上说:"杨大夫是百分之百的开通。"杨步伟也有个家庭安排的未婚夫,那个婚约被她解除了。赵元任对杨步伟医生冲破旧礼教，解除家庭包办婚约，非常同情和赞赏。

此后，赵元任几乎每两天去森仁医院一次。到了 9 月 25 日，他向杨步伟告别说："我恐怕太忙（他当时正在应以梁启超等名家为首的'讲学社'的邀请给来中国讲学的英国哲学家罗素当翻译），如果我不能再来，希望不要介意。"可是当晚他又去了。

这时，赵元任对杨步伟已经有爱情的感觉了。他非常敬佩杨步伟的才能和魄力。尽管杨步伟比他大 3 岁。于是，加紧解除包办的婚姻，直到 1921 年 5 月下旬，女方家才同意解除"婚约"，但需赵元任提供陈女士"学费"2000 元。赵元任在日记中写道："我和这个女孩订婚十多年，最后我终于得到自由。"

1921 年 6 月 1 日，赵元任与杨步伟结婚。当时凭他俩的家庭关系、社会地位和经济实力，婚礼本应办得挺排场和体面。但他们想打破旧的婚姻制度，俩人别出心裁，先到中山公园当年定情的地方自照了多张相片，决定以在格言亭拍的一张，同"结婚（或无仪式结婚）通知书"一起寄给亲友，一共寄了 400 份左右。

他们在相片上写的格言是——

阳明格言：知是行之始，行是知之成。

丹书之言：敬胜怠者昌，怠胜敬者灭。

他们的结婚通知书是这样写的：

"赵元任博士和杨步伟女医士十分恭敬地对朋友们和亲戚们送呈这份临时的通知书，告诉诸位：他们两人在这信未到之先，已经在 1921 年 6 月 1 日下午三点钟，东经百二十度平均太阳标准时，在北京自主结婚。"并且声明：除了两个例外，贺礼绝对不收，例外一是书信、诗文，或音乐曲谱等，例外二是捐给中国科学社。

当天下午，他们把好友胡适和杨步伟在医院工作时的同事朱征请到家中，由杨步伟掌勺，做了四碟四碗家常菜宴请了这两位证婚人。然后赵元任从抽屉里取出结婚证书，新郎新娘先签了名，接着两位证婚人也签了名，为了合法化，还贴了四角钱印花税，就这样完成了简单而浪漫的婚礼。后来赵元任问罗素先生："我们的结婚方式是不是太保守？"罗素答道："足够激进的！"

第二天北京《晨报》以特号大字标题刊登《新人物的新式结婚》。在社会上引起了不小的震动。

婚后，杨步伟舍弃专业，全心支持丈夫事业。跟随赵元任先后到剑桥、清华、耶鲁、哈佛。从1938年起，赵元任一家定居美国后，数十年来，他们的家一直是清华留美学生的"接待站"。我国著名科学家周培源、钱学森等许多早期赴美留学的学者，都是赵府的座上客。人们一到了赵家总有一种宾至如归的亲切感。赵太太不仅好客，而且烧得一手淮扬名菜。她曾把自己几十年来创作的名菜经验编成了一本《中国烹调》，在美国畅销不衰。

赵元任与杨步伟情投意合，但个性却不尽相同。赵元任性格淳厚，重道德，富涵养，不多言，对人和蔼可亲，说话风趣、幽默，凡事三思而行。杨步伟的个性豪爽果断，心直口快，热心助人，想干的事决不终止。可是他们生活在一起，总是相亲相爱，相敬如宾，六十多年如一日。

1961年，在他俩结婚40周年纪念会上，有人将赵元任做学问的求实精神比之《西游记》的唐僧玄奘，说玄奘之所以能成功，应归功于观世音菩萨的保护，杨步伟就是赵元任的观世音菩萨。赵元任一生的成就和贡献，的确也是与杨步伟的帮助和鼓励分不开的。

有不少人说赵元任"惧内"。赵元任从不介意于此，也不否认"惧内"，往往以幽默的语言来回答世俗。一次胡适与杨步伟谈及在家中谁说了算时，她谦虚地说："我在小家庭里有权，可是大事情还得丈夫决定，不过大事情很少就是了。我与他辩论起来，若是两人理由不相上下，那总是我赢。"

1971年6月1日，是他们金婚之日，门生故旧在旧金山"四海酒家"为他们设宴庆祝。杨步伟曾当场赋诗一首："吵吵闹闹五十年，人人都说好姻缘。元任今生欠我业，颠倒阴阳再团圆。"赵元任也即兴和诗一首："阴阳颠倒又团圆，犹似当年蜜蜜甜。男女平权新世纪，同偕造福为人间。"

赵、杨结合，堪称现代最美满的婚姻之一。他们互敬互爱，白头偕老。曾有人称他们是"一对为人所羡慕的佳偶"或"神仙伴侣"。而他们自己则说："我们争争吵吵了五十五年，但也和和乐乐地共度了大半个世纪。"1981年3月，杨步伟女士先逝，享年91岁；不到一年以后，即1982年2月，赵元任先生继归，享年90岁。

乐趣　　赵元任常随手取身边的小东西作乐器。一次在清华的同乐会上，赵元任取十多只茶杯，然后敲打倾听音调，七音调正后，他用茶杯奏出一首乐曲，四座皆惊。还有一次游西湖，在一家木鱼店内，赵元任在每个木鱼上敲一记，很快选出十几个小木鱼，以半音相间凑成一套乐器。他用这套"木鱼琴"，可以奏出各种乐曲。

一次，赵家宴客，饭后，赵元任不让把盘子、筷子和碗收走，他拿起一根筷子，一个一个地敲，从餐具中挑出do、re、mi、fa、so……的音来，但找来找去，就是差一个音怎么也找不到。赵元任抬头看见了玻璃灯罩，灵机一动，取下来敲了一下，说来也巧，正好补上了这个缺的音，大家全乐了。

名趣　　赵元任号宣重，在上小学、中学时，同学之间习惯于叫号，因此，同学们都称他的号"赵宣重"。赵元任去美国留学时，觉得又是名姓，又是字号的，比较啰唆，就将号舍弃不用了。

十年之后，赵元任学成回国，在清华学校任教。有一次，有人请客吃饭，派人给赵元任送来了请柬。他打开一看，抬头写着"赵宣重先生"。他就当着送信人的面，在请柬上"赵宣重先生"几个字的下面写了两个字"已故"。从此以后，再也没有人称呼赵元任的号"宣重"了。

赵元任的祖父在他出生后曾给他起了个号叫"重远"。这个号赵元任一直没有用过，因此不为人所知。

有一次，赵元任住在南京中山饭店，为了躲避外人的打扰，在前台登记的时候就写了个"赵重远"。结果，真的没有人来找他。有一天，赵元任有事找他的常州老乡、国民党元老吴稚晖，没找着。吴稚晖得知后，就来到中山饭店找赵元任。一进门，他就看见大厅里黑板上的客人名单中有"赵重远"，就径直到赵元任的房间找他。赵元任很奇怪吴稚晖怎么这么轻易就找到他了。吴稚晖笑着说："我一看黑板，就知道'赵重远'是赵元任，《论语》上不是说：'任重而道远'吗？"

轶闻　　上世纪 20 年代，赵元任为商务印书馆灌制留声片，以推广"国语"（即普通话）。有一则轶闻，难断真假，但颇可见赵氏当年的风光。赵元任夫妇到香港，上街购物时偏用国语。港人惯用英语和广东话，通晓国语的不多。他们碰上的一个店员，国语就很糟糕，无论赵元任怎么说他都弄不明白。赵无奈。谁知临出门，这位老兄却奉送他一句：

"我建议先生买一套国语留声片听听，你的国语实在太差劲了。"

赵元任问："那你说，谁的国语留声片最好？"

"自然是赵元任的最好了。"

赵夫人指着先生笑曰："他就是赵元任。"

店员愤愤："别开玩笑了！他的国语讲得这么差，怎么可能是赵元任？"

有一次，赵元任讲语言与事物本身的约定俗成关系（即非必然联系）

时说："从前有个老太婆，初次跟外国人有点接触，她就稀奇得简直不相信。她说，他们说话真怪，明明是五个，法国人偏偏要说是三个（cinq）；明明是十，日本人偏偏要说是九；明明是水，英国人偏偏要说是窝头（water）。"

1920年赵元任在清华学校任讲师时，正与杨步伟热恋。当时，英国哲学家罗素在北京讲学，赵元任充当他的翻译。

在一次讲演时，台上的罗素讲到"不娶的男人和不嫁的女人。"赵看着在台上听讲的杨步伟，稍一走神就把这句话译成了"不嫁的男人和不娶的女人"。台下听众顿时哄堂大笑，弄得罗素也莫明其妙。事后，杨步伟笑嘻嘻地问他："赵先生，是你嫁呀！还是我娶？"他解嘲说："谁嫁谁娶，还不是一样。"

又有一次，赵元任约杨步伟到公园去玩。两人谈兴正浓时，他突然想起罗素在北大讲演的时间已到，自己还要去当翻译。等赵、杨两人风风火火地赶到会场时，只见罗素站在讲台上正无可奈何，台下听众正在哄笑。当赵元任走到台上时，尴尬的罗素对着他的耳朵，低声用英语说："Bad man（坏人）！Bad man（坏人）！"

赵元任在美国纽黑文耶鲁大学任教时，开车老得罚单，以至有一次，开罚单的警察说："老送罚单给你们，我都不好意思了。"

有一天，赵元任和同事们到教职员俱乐部吃了饭出来，只见汽车的前窗上又有一张罚单。赵元任禁不住抱怨说："这次我一点没有犯规，为什么又给我开罚单呢？"同事们哈哈大笑，说："赵先生，你抬头看看，你把车子停在何处？"原来汽车就停在"No Parking"（"禁止停车"）的牌子下面，自然要罚钱了。

两年后，赵元任要离开耶鲁大学。临走时，赵元任夫妇去警察局交纳罚金。杨步伟对警察开玩笑说："我们要离开纽黑文了，以后你们收入要减少了。"警察问："你们为什么要离开，你知道耶鲁是出名的大学，有的系比哈佛大学还要好呢？"杨步伟开玩笑说："因为你们给车子的罚单太多了，所以我们要离开此地。"

警察大笑说："下次你们犯规，我们不给罚单就是了。"

妙语　1.旧话旧说法，人懂而不听；旧话新说法，人也听也懂。

2.新话旧说法，人听而不懂；新话新说法，人不懂不听。

3.笑话笑着说，只有自己笑；笑话板着脸说，或者人家发笑。正经话板着脸说，只有自己注意；正经话笑着说，或者人家也注意。

4.战场上用兵，没有不先从纸上谈起；地上楼阁，没有不先从空中造起。

5.现在不像从前，怎见得将来总像现在？

6.要改一个习惯，得拿上次当末次，别同它行"再见"礼。

7.节制比禁绝好，禁绝比节制容易。

8.肚子不痛的人，不记得有个肚子；国民爱国的国里，不常有爱国运动。

9.要造国家的将来，得要有人不问国家的现在。

10.要作哲学家，须念不是哲学的书。

11.有钱未必有学，可是无钱便求不到学。

12.物质文明高，精神文明未必高；可是物质文明很低，精神文明也高不到哪儿去。

13. 第一件要紧的事情，未必是最后的、最要紧的事情。

14. 清楚的问题，只待解决（solved）；模糊的问题，还需解析（resolved）；不成立的问题，可以解去（dissolved）。

15. 格言的格子里，难放得下真理的全部。

16. 没有预备好"例如"，先别发议论。

17. 在例外里头，往往会找到最好的"例内"。

18. 凡是带凡字的话，没有没有例外的。

梁漱溟：中国最后一位儒家

梁漱溟

传略　梁漱溟（1893—1988），原名焕鼎，字寿铭、萧名、漱溟，后以其字行世，广西桂林人，出生于北京。著名的思想家、哲学家、教育家、社会活动家、爱国民主人士，著名学者，主要研究人生问题和社会问题，现代新儒家的早期代表人物之一，有"中国最后一位儒家"之称。

1911 年加入同盟会京津支部，顺天中学毕业后任京津同盟会机关报《民国报》编辑兼记者。1916 年任南北统一内阁司法总长秘书。1917 年 10 月，应蔡元培先生之聘，任北京大学印度哲学讲席。1924 年辞离北大，赴山东主持曹州中学高中部。1928 年任广州政治分会建设委员会主席。1929 年任河南村治学院教务长并接办北平《村治月刊》。1931 年与梁仲华等人在邹平创办"山东乡村建设研究院"，任研究部主任、院长，倡导乡村建设运动。抗日战争爆发后，任最高国防参议会参议员、国民参政会参政员。1938 年访问延安。1939 年参与发起组织"统一建国同志会"，1941 年与黄炎培、左舜生、张君劢等商定将该会改组为"中国民主政团同盟",任中央常务委员并赴香港创办其机关报《光明报》,任社长。香港沦陷后,在中国共产党的帮助下,撤回桂林,主持西南民盟盟务。1946 年作为民盟的代表参加政协会议,是年再访延安,并以民盟秘书长身份,参与"第三方面"人士国共调停活动。1947 年退出民盟后,创办勉仁文学院,从事讲学与著述。1950 年初应邀来北京,历任第一、二、三、四届全国政协委员,第五、六届全国政协常委。1980 年后相继出任中华人民共和国宪法修改委员会委员,中国孔子研究会顾问,中国文化书院院务委员会主席,中国文化书院发展基金会主席等职。主要著作有《东西文化及其哲学》(1921)、《中国民族自救运动之最后觉悟》(1931)、《乡村建设理论》(1936)、《中国文化要义》(1949)、《人心与人生》(1980)等。

梁漱溟一生主要研究两个问题,一个是人生问题,一个是社会问题。他认为,人类生活有三大问题,即人对物、人对人和人对自身生命的问题。同时,人类生活有三种根本态度,即意欲向前要求、意欲调和持中与意欲反身向后要求。近代"西洋文化"以第一种态度解决第一个问题,中国文化与印度文化分别以第二、三种态度解决第二、三个问题,于是人类文化演变为三大系。由于三大问题深浅不等,其出现时期应有先后。他认为,以近代"西洋文化"为代表的人类第一期文化尚未完成,而中国人不待走完第一期就直接进入了第二期。中国文化是人类文化的早熟,"于是出现了短绌的一面,即幼稚、衰老、不落实。"所以,"落于无发展前途的消极"。但人类文化终归要进入第二期,那时中国的人生态度必将取代第一种。因此,未来的人类文化将是中国文化的复兴。

梁漱溟从文化的角度来分析中国的社会组织结构,认为在不同类型的文化中,社会构造各不相同。由于"西洋"人重集团生活,中国人重家庭生活,于是中国由家庭生活推演出伦理本位,同时走向职业分途,形成了由家族伦理关系构成的社会。而"西洋"却从集团生活演为阶级对立,因此"西洋"可被称为阶级对立的社会,而中国便是职业分途的社会。近代中国虽不能称为平等无阶级的社会，但尚未构成阶级，这是中国社会的特殊性。"西洋文化"涌入中国之后，使沿袭数千年的中国社会组织构造崩溃了，而新的社会组织构造又未确立，形成文化失调，这就是近百年来中国失败的根本原因。梁漱溟认为，中国的自救之路，在于建设一个新的社会组织构造。它是中国固有精神与"西洋文化"的长处二者的沟通调和，也就是要学习"西洋"的团体组织和科学技术，以此来培养发展中国的固有精神即伦理情谊、人生向上的精神。为此，他倡导乡村建设，先后在河南、山东等地从事社会改造的实践。他一生致力于中国传统文化和儒家学说的研究，以寻求中华民族自救之路。

自视　　梁漱溟自命不凡，自视甚高。他在北大开讲《印度哲学》的第一天就对听课的学生说："我此来除替释迦、孔子发挥外，更不做旁的事。"他讲的孔子课因此也特别火，学生们都争着来听他是如何为孔子、释迦作辩护的。

1942 年，梁漱溟在写给儿子梁培宽、梁培恕的信中说：孔孟之学，现在晦塞不明。或许有人能明白其旨趣，却无人能深见其系基于人类生命的认识而来，并为之先建立他的心理学而后乃阐明其伦理思想。此事惟我能作。又必于人类生命有认识，乃有眼光可以判明中国文化在人类文化史上的位置，而指证其得失。此除我外，当世亦无人能作。前人云："为往圣继绝学，为来世开太平"，此正是我一生的使命。《人心与人生》等三本书要写成，我乃可以死得；现在则不能死。又今后的中国大局以至建国工作，亦正需要我，我不能死。我若死，天地将为之变色，历史将为之改辙，那是不可想象的，乃不会有的事。

梁漱溟深信自己是上苍的骄子，负有重大使命，降临人间，自当众鬼辟易，百毒不侵。香港沦陷时，他在敌机弹雨之中安然打坐，人问其故，他说："我尚有大业未成，不会遽死。"香港沦陷后，在港的文化名人乘船撤离。天空有日机轰炸，水中有水雷骚扰，满船的人都惴惴不安，彻夜难眠，唯有梁漱溟鼾声如雷，睡得很香。有人问："先生不害怕吗？"梁答："怕什么，我是死不了的，我死了，中国怎么办？"这一番话，遭到了包括熊十力在内的许多朋友的讥评。而梁漱溟却回答他的朋友说："狂则有之，疯则未也。"

抗战期间，袁鸿寿先生在桂林七星岩宴请梁漱溟吃素席，饭后在一株小树下聊天，恰敌机在头上盘旋下"蛋"，袁鸿寿大惊失色，要避，"万一'中头奖'，何以对天下人！"而梁漱溟则镇定自若，聊天如常。

1940年，梁漱溟在重庆参加国民参政会，当时，日寇正对重庆进行疯狂轰炸，但梁漱溟无所畏惧，照常看书思考，埋首工作。5月初的一天，重庆平民教育促进会的3位青年躲警报回来，发现学校操场上放着一张藤椅，一问，才知道是有人在警报时间内搬藤椅出来看书。这个人戴一副无边框眼镜，身穿长袍马褂，他就是梁漱溟。

对于生、死，梁漱溟是"任其自然"；对于磨难、险境、敌人，梁漱溟是藐视的。任何人任何险境也阻挡不了他"潜心行学"、"探索人生"的脚步。正是从这个角度，我们才理解了他下面这句话："虽泰山崩于前，亦可泰然不动；区区日寇，不足以扰我也。"对梁漱溟来说，这句话是他内心的真实写照。一个人若有了远大目标，自然不会被一时的困难吓倒，不会为眼前的险境恐慌。

梁漱溟从来都只认为自己是思想家，而不是学问家，他晚年接受美国学者艾恺的访谈，特意讲到了这一点："我不够一个学问家，为什么？因为讲中国的老学问，得从中国的文字学入手，可中国的文字学我完全没有用功，所以中国学问我也很差，很缺少。再一面就是近代科学，我外文不行，所以外国学问也不行。从这两方面说，我完全不够一个学问家。我所见长的一面，就是好用思想；如果称我是一个思想家，我倒不推辞，不谦让。思想家与学问家不同。学问家是知道的东西多，吸收的东西多，里边当然也有创造，没有创造不能吸收。可是思想家不同于学问家，就是虽然他也知道许多东西，不知道古今中外的一些知识，他也没法子成思想家。但是他的创造多于吸收。所以我承认我是思想家，不是学问家。"

梁漱溟曾在《中国文化要义》一书的自序中说："……以中国问题几十年来之急切不得解决，使我不得不有所行动，并耽玩于政治、经济、历史、社会文化诸学。然一旦于中国前途出路若有所见，则亦不复以学问为事。"

气节　上世纪 40 年代，在重庆、桂林办学期间，梁漱溟以"得天下英才而教育之"之宗旨，接纳不少穷困的学生；他明知有些师生是从事民主和学生运动的，也乐于保护。当有人被捕时，他多方奔走、呼吁，亲笔书函甚而挺身交涉，保释被捕的共产党员和进步学生。据当事人回忆，当时的勉仁国专一度成为民主运动的"保护伞"、"避难所"。梁漱溟在白色恐怖面前，不畏强暴，表现出崇高的气节。1946 年 5 月 11 日、16 日，爱国民主人士闻一多、李公朴相继在昆明被国民党特务暗杀。全国震惊！时为民盟秘书长的梁漱溟闻讯后，勃然大怒，在接受媒体采访时公开痛斥："我要连喊一百声'取消特务'，我们要看特务能不能把要求民主的人都杀完！特务们，你们还有第三颗子弹吗？我在这里等着它！"他坚定地表示，他本想退出现实政治，致力于文化工作，但现在却无法退出了。梁漱溟践履笃实，冒着吃"第三颗子弹"的危险，代表民盟，赴昆明调查李、闻惨案，终将反动政府暗杀民主人士的罪行告白天下。

1946 年六七月间，蒋介石悍然在全国发动大规模内战，"政协决议"被撕毁。周恩来毅然由南京移居上海为抗议。9 月 30 日，周分别致函马歇尔、蒋介石，严正警告。梁漱溟为国共和谈不厌其烦地奔走其间。10 月 10 日，梁漱溟邀周回宁继续和谈。梁乘 11 日夜车返宁，翌日晨抵宁，惊见报端已刊发国民党攻占解放区张家口的消息，大愕。面对记者的采访，梁漱溟惊叹地说了"一觉醒来，和平已经死了。"这句话当时为媒体广为引用，成为痛斥蒋介石背信弃义的经典趣话。

　　1973 年年底，江青反革命集团策划批林批孔。江青在某次大会上捎带批判了梁漱溟。在政协学习批判会上，人人要"表态"，梁一直沉默不语。有人警告："对重大政治问题保持沉默本身就是一种态度。"迫不得已，梁作了《今天我们应当如何评价孔子》的长篇即席讲演，但不直言表态拥护。在众口追问他对"批林"的态度时，他说："我的态度是不批孔，只批林。"从而引起对梁的大规模批判。1974 年 9 月 23 日，对梁历时半年的批判会告一段落时，主持人问梁对大家批判他的感想时，梁脱口而出："三军可以夺帅也，匹夫不可夺志也。"石破天惊，四座哑然，旋群情激奋。主持人勒令梁作解释。梁说："'匹夫'就是独人一个，无权无势。他的最后一着只是坚信他自己的'志'。什么都可以夺掉他，但这个'志'没法夺掉，就是把他这个人消灭掉，也无法夺掉！"

　　淡和　　"情贵淡，气贵和。惟淡惟和，乃得其养；苟得其养，无物不长。"这是梁漱溟的座右铭。

　　"在人格上不轻于怀疑人家，在见识上不过于相信自己。"这是梁漱溟处事做人的原则。

　　梁漱溟一生笃信佛学，孜孜思索，探求中国问题、人生问题。就苦、乐而言，他自觉自己家境尚好，也聪明，父母疼爱，却常常苦闷不乐，而家中的女工，天天做饭、洗衣、干杂活，辛苦得很，却脸上常有笑容，并不觉苦。他苦苦思索，最后悟出"人生的苦乐不在外界（环境），而在自身，即在主观。其根源在自己的欲望，满足则乐，不满足则苦。而这种欲望是无穷尽的。"因此，他就注意观察一些社会现象，如坐轿子与抬轿子的，走路的和坐车的。不再以为坐轿子的就乐，走路的就苦。他悟出："坐轿子的正为某个难题（欲望）发愁，步行的却悠然自得，并未感到苦。"正因为有这样的苦乐观，梁漱溟对待生活才十分淡和。

　　梁漱溟的平易近人是有口皆碑的。每遇有人相求，只要他认为在理，从不厌烦劳；复信不假他人之手，即在垂暮之年，一时无力作复，他都要在未复的函件上注明"待复"。对八方的不速之客，无论对方年长年幼，位尊位卑，他都竭诚相迎、让座；客人告辞时，他一律送至门外，还鞠躬揖别。

"梁漱溟国际学术讨论会"召开时，梁漱溟以九十一的高龄出席开幕式。开幕式上，发言者大多坐在主席台上讲话，他发言十五分钟却一直站立，主持者三次请他坐下，都被他谢绝。

20年代在北平，梁漱溟讲演《人心与人生》，要收点费，听者每人一元。这个点子是梁漱溟自己想的。他认为收一点费的目的"是真想让人来听，或因花过钱而注意听，否则不免有人随便入座并不真有兴趣听"。但他又恐怕有的学生没钱，说没有钱者可以写信给他，他可送上一张听讲券。一个叫唐君毅的学生，"受到一种精神的威胁没敢去听"。某天晚上，唐君毅收到梁漱溟托别人带给他的五元钱。因为梁怀疑唐是没钱才没去听的，当事者唐君毅晚年回忆此事终觉"感愧与并"。

梁漱溟好布施。经常接济一些难中的朋友、晚辈。解放初期他每月三百元工资，只留百元左右家用，其余都济助一些因冤假错案而生活无助的友人。他的思维方式很独特，送的钱不要还，但借他的钱必须要还。一位友人忘记归还，他竟索债。他的观点是"可以与，可以不与，与伤惠"。梁提醒已摆脱困境者还借款，目的是给另一些仍在困苦中的友人雪中送炭。

40年代在重庆北碚办学，经济困难，为维持学校费用，梁漱溟把夫人的结婚戒指都变卖了。在香港办《光明报》，他是社长，萨空了是经理，他给自己定的工资是月薪一百元，给萨空了定的却是二百元。因他生活节俭，独自在港，花销小；而萨空了全家在港，负担重，梁又把自己一百元工资的一半贴给萨空了。

教诲　　"无我为大，有本无穷。"这是梁漱溟送友人的一副联语，勉人并自勉。

梁漱溟不仅是一位思想家，还是一位亲力亲为的实践家，他长期主张教育救国，而且是从最基础的教育入手，为此他不惜辞掉北大教职，去山东菏泽担任中学校长。他还致力于乡村建设，实行社会改造，在邹平县成立山东乡村建设研究院，感召一批知识分子与乡村平民打成一片，提高村民素质，发展乡村经济，改变乡土中国的落后面貌。

梁漱溟身边常有一些弟子追随，他便仿照宋明讲学的模式，每日清晨，召集众人，或默坐，或清谈，意在感悟人生，反省自我。他把这样的集会称为"朝会"。梁漱溟在朝会上的发言，后来被弟子们辑为《朝话》一书，颇似孔子的《论语》。梁漱溟的"朝话"通常是点到为止，以精警取胜，譬如这一句："在人生的时间线上须臾不可放松的，就是如何对付自己。如果对于自己没有办法，对于一切事情也就没有办法。"

梁漱溟对先父梁济的"道德理想和卓立精神"十分推崇，并将其对自己的教育方法，复施予儿子们。他十分尊重、理解、宽容儿子的个性发展。

次子培恕"患病"（意指思想、情绪、意向多变、浮躁），他让培宽"研究研究恕之受伤或受'病'在何处，当如何药之"。1944年梁漱溟再婚时，培恕不愿意接受后母，抄一首写孀妇的诗："故人恩义重，不忍复双飞。"给父亲看。梁漱溟看后点点头，就算父子交换意见了。从现留存的父子数十通函札资料看，梁漱溟还是不时关怀、培养两个儿子的人品与学业的，不乏儿女情长——大到注意身体健康，用钱不要太苛刻自己等，小到纠正信中的错别字。

"两人之自传均阅看。宽儿所做虽不甚好，尚清爽简洁，但开头一句无主词，在文法上是不行的，或漏去一'我'字耶。恕所作太简短，总是因为他对所作之事无兴趣之故；勉强他多写怕也不行的。""我的原则是：一个人要认清自己的兴趣，确定自己的兴趣。你们兄弟二人要明白我这个意思，喜欢干什么事，我都不阻拦你们的。"

有一次，长子培宽地理考了五十九分，要补考。父亲看到补考通知单随手退还给了他，一句话也没有批评。因为他相信儿子会知道怎么做的。培宽记忆中一生父亲只打过他一次，那是他十岁时，在邹平父亲的办公室里乱翻东西玩。父亲打了他一下手心，也只是象征性的。

梁漱溟的孙子梁钦东向祖父求字，八十八岁的梁漱溟录诸葛亮《诫子书》，令其研读自勉："静以修身，俭以养德，非澹泊无以明志，非宁静无以致远……"

梁漱溟谆谆告诫、提醒子女"不要贪"，"不仅贪图的事不应做，贪图的念头也不要起"。并把"不谋衣食，不顾家室，不因家事拖累而奔赴的大事"当作家训，这在两个儿子的身上得到了传承。培宽、培恕一生素不喜出头露面，不喜张扬，为人低调。退休后，全身心投入整理父亲的遗著，为其父编辑出版八卷本六百多万字的"全集"，以及"自传"、"传"，出版纪念集、书法集等，接待国内外梁漱溟的研究者。目的是通过整理编辑先父的著作，加深对他的了解，把父亲的思想完整地交给社会，供世人研究。他们只继承父亲的遗志，不继承家产。他们将整理出版父亲著作的数万元稿费，只留下买一台电脑（供继续编选著述用）的几千元钱，其余以梁漱溟的名义全部捐给当年梁在桂林所办的勉仁中学，即现在的勉仁职业学校。

情分　　1918 年 11 月 9 日，梁漱溟的父亲梁济在一个清新宁静的早晨穿戴整齐、带着对世道的无奈跳进了北京的净业湖（即今积水潭）。父亲的自杀，极大地刺激了决心从佛以求避世的梁漱溟。此时，少年中国学会请他做宗教问题演讲，他准备讲稿不如意，不得不放下笔，随手翻阅《明儒学案》。在东崖语录中忽然见到"百虑交锢，血气靡宁"八个字，不觉心凉，顿时头皮冒汗，默然有省，发出了"吾曹不出如苍生何"的慷慨之叹，并由此决定放弃出家求佛之念。并于 1921 年 5 月，宣布要献身于儒学，走进世俗的生活里。于是便有了梁漱溟的第一次婚姻。不过，梁漱溟认为，对他来说，寻求婚姻之乐乃是出于一种严格的道德责任。梁漱溟在给友人的信中说，他之娶妻实出于好德而非好色。

1921 年，梁时年已 28 岁。经友人伍伯庸做媒，与伍的小姨子黄靖贤结为夫妇。梁在相貌、年龄、学历上都无计较，只要对方宽厚和平，趣味不俗，魄力出众就行。黄氏识字不多，体格健壮，为人木讷，性格乖僻；梁漱溟忙于治学，忙于社交，偶得闲暇，仍是老僧入定，陷于冥想而不能自拔。黄氏看不惯梁漱溟这副呆相，梁漱溟对黄氏则是能避则避，能让则让。黄氏曾指责梁漱溟有三大缺点：一是说他好反复，每每初次点头之事，又不同意，不如她遇事明快果决；二是说他器量狭小，似乎厚道又不真厚道，似乎大方又不真大方；三是说他心肠硬，对人缺少恻隐之情。婚后，黄氏生了一个男孩、一个女孩，均先后夭折，后又生两个儿子培宽、培恕，抚养成人。黄氏于 1934 年 8 月 20 日在山东邹平去世。两人共同生活了 14 年。

梁漱溟在《悼亡室黄靖贤夫人》一文中回忆说：

"我好读书，用思想，而她读书太少，不会用思想，许多话都不会谈，两个人在意识上每每不接头，亦是不应该的，因此在婚后的十年内，彼此感情都不算顶好。大体在她对我先后差不多，总是爱惜照护；在我对她的感情，则好恶升降，多有转变不同；总是在一处，日子多了不免有怄气时，离开一阵又好一些。但一年一年亦趋于稳定。一面由日久我慢慢认识出她为人的长处，一面我亦改正了我自己不对的地方。不想到年纪越大，彼此爱情倒增加起来，在四十岁过后的两三年，是我们夫妇间顶好的时代。

"靖贤的为人，在我心目中所认识的，似乎可用'刚爽'两个字来说她。见好于人，向人献殷勤，是她最不作的事。于平常人所贪慕的一切，她都很淡；像是没有什么是她想要的东西。在这两点上，我自省都不如她（即我有时不免向人献殷勤，我不免有所贪慕）。说了话便算，打定了主意便不犹疑，遇事情有判断，说什么就干什么，亦是她的长处。她常常讨厌我反复，说了话不算，遇事没有准主意。我真是徘徊顾虑性最大的人。我常常胸中空洞无一定的意思，计虑周至，能看见正反两面的理，左右不同的路，一时倾向于此，一时倾向于彼，诚亦事所不免。这爽利与徘徊，几乎成了我们十几年每次起冲突的症结所在。然而靖贤的爽利，毕竟可爱呀！和刚爽相联的就是正直，少弯曲，坦白，干净，信实与信义等好处；我恒愧不如。"

黄靖贤去世后，梁漱溟曾发誓不再娶妻。但是，在1944年，梁漱溟有了第二次婚姻。

1943年夏天，在桂林老家的梁漱溟经人介绍，认识了在当地做教师的陈淑芬女士。陈女士是北京师范大学毕业生，其时年已47岁了，但从未婚配。年已51岁的梁漱溟似乎完全忘记了过去的誓言，居然热烈地爱上了陈淑芬女士。

1944年1月23日，梁漱溟与陈淑芬女士在桂林友人家中举行了传统的婚礼，梁漱溟首先在庆祝仪式上发言："婚姻是人生中一件重要的事情。我们要请教有着丰富生活经验、年高望重的龙积之先生。"于是，龙积之老先生捋着花白的胡子就婚姻的意义引经据典地做了一番高论。梁漱溟的旧友李济深先生也作了道贺式的讲话。来宾中的作家白鹏飞的讲话声音洪亮又不乏幽默。他说："梁先生原籍桂林，……抗战开始后方归故里。但他在桂林并无家室，既无家室，何言回家。那么最好就是着手建立家庭。敞开的心扉自然容易被人占据。陈女士出阁甚晚，因为她一直要嫁给一位哲学家……于是，她就乘虚而入了。"话一说完，大家就大笑起来。

在来宾们的要求下，梁漱溟兴致勃勃地讲起了他们的恋爱经过。"现在，我听说谈恋爱要花很多钱，下馆子，看电影，看戏等等。但我却没有花过一分钱。我是羞于谈及此事，但的确连出去散步也没有过。我也曾给她写过信，约她在天气好时一起去经山村的河边散步。但那天却恰逢阴天小雨。她是否会应约前来呢？我犹豫了一会儿，拿把伞就出门了。如我所料，在半路上遇见了她。因为还在下雨，我们仍然无法去散步。于是我们终于只是在路边的小亭子里坐了一会儿！"恋爱的故事讲得细致动人，惹来宾朋一阵热烈的掌声和笑声。讲完了恋爱故事，梁漱溟还破天荒地唱了一段京剧《黄天霸》，引来一阵喝彩。

婚后，由于陈淑芬个性强烈，脾气暴躁，甚而在公众场合不大讲礼仪，令梁漱溟尴尬。两人一直在龃龉中过日子。陈晚年患歇斯底里症，1979年逝世。

轶闻　　从顺天中学堂毕业后，梁漱溟未再深造，即去《民国报》做记者。《民国报》的社长是梁的同学甄元熙，总编辑是孙炳文。梁原名焕鼎，字寿铭，写稿时常用笔名"寿民"和"瘦民"，孙炳文则想到另一个谐音的"漱溟"，古人有枕石漱流的说法，漱于沧溟则是何等空灵，何等气派！"正中我意"，梁觉得此名很别致，自此始将梁焕鼎正式易为梁漱溟，沿用终生。

十四岁时，梁漱溟入顺天中学堂，与张申府、汤用彤同学。当时他与班上的廖福申、王毓芬、姚万里三人最要好。廖少年老成，勉励大家自学。相互间依年龄称大哥、二哥、三哥。某日四个人谈到兴头上，奔赴酒楼上喝酒吃蟹，以示庆贺。廖福申提议以每个人的短处拣出一个字来，以此呼名警示策勉。于是廖给大家起名：王同学懦弱，妇人气重，取名为"懦"；姚同学擅体育，起名为"暴"；他自己很勤奋，却自谦名为"惰"；而给梁漱溟起的是"傲"。梁漱溟觉得很中肯、贴切。梁漱溟当时确实很"傲"，他的作文成绩在班上常名列第一。"我的特点总喜欢做翻案文章，不肯落俗套。"能出奇制胜，有时亦草率失败。一位王姓的国文先生对他此举很反感，批语为："好恶拂人之性，灾必逮夫身。"而后来的一位范先生却偏偏赏识，以"语不惊人死不休"褒之。

在顺天中学堂，梁漱溟特别崇拜年级低于自己的郭人麟的学问，认为"其思想高于我，其精神足以笼罩我。"并尊称他为"郭师"，郭对《老子》、《庄子》、《易经》和佛典颇有心得，尤其推崇谭嗣同的《仁学》，认为其境界相当不俗。梁漱溟将郭人麟平日言谈集为一巨册，题为"郭师语录"，遂被同学讥为"梁贤人遇上郭圣人"，梁漱溟恬然处之，全无愧色。

晚年，梁漱溟因年岁已高，苦于络绎不绝的访客，为健康计不得不亲题"告示"，但不像他人拒人千里，而是有礼、有节，亲自书写"敬告来访宾客"的字条。上写："漱溟今年九十有二，精力就衰，谈话请以一个半小时为限，如有未尽之意，可以改日续谈，敬此陈情，唯希见谅，幸甚。一九八六年三月，梁漱溟敬白。"有心人从字纸的颜色和笔迹上判断，那个一个半小时的"半"字，是后来加上去的。真可谓"仁义之人，其言蔼如也"。

梁漱溟平日不苟言笑，但也不乏幽默。1944年在桂林梁漱溟的续弦婚礼上，热闹非凡，仪式无法结束，让大家扫兴也不好，梁站起来说，自己喜欢听京剧《盗御马》，借剧中人台词并做起身告辞状，说"告辞了——"（拖长声），他就借机扬长而去，众人随之退场。

"文革"中，梁漱溟以十分幽默而带有不屑的意味向批判者说："给我贴大字报，自是应有之举；……责斥我驳斥我，全是理所当然。这种驳斥、责斥与其少不如多，与其轻不如重，如果平淡轻松，则不带劲，那倒不好。"

梁漱溟享高寿，有不少人向其讨教养生之道。他的回答十分有趣："少吃多动。"他不烟不酒。酒偶尔为之，那是在迫不得已的场合。他风趣地说："吃饭是应酬自己，喝酒是应酬人家。"

梁漱溟曾经如此自评：1.最讨厌哲学，结果自己也讲了哲学；2.在学校里根本未读过孔子的书，结果讲了孔家哲学；3.未读过大学，结果教了大学；4.生于都市，长于都市，而从事于乡村工作。

语录　　人禽之别：心为形役与形为心役。

孔子所关心者在人与人相处，而不在人对自然之利用。不问利用之程度高低，而人与人相处相得终是和人生直接相关的问题。于此问题应求善道，应不断用功夫。

愈要明白人类的心理，便不得不先求自心的彻底了解，"要从了解自己起去了解别人。"

人与人之间情同一体是为仁。

人死不必怕，怕的是昏昧。

人是理性的动物，但在两人互殴时，只见所谓动物，不见所谓理性。人类今日完全陷于民族斗争、阶级斗争两大互殴活剧中，竟无反省，抑何可哀。

学问是解决问题的，而且真的学问是解决自己的问题。

有自觉才有自由。缺乏自觉，昏昏然，何有自由？

几时你超脱了自私，几时你超脱了渺小。

精神集中，自觉必明。精神集中之所在的事情，由于自觉之明，必能办成。一次不成，终必有成。

无意志而有规律——物。有意志而无规律——心。

心与生命同义，其特征在能动性。

对自己应当责志，看人则应客观些。即是从"身"来把握"人"。

一切皆内而无外，始终对自己负责。"古之学者为已"；"君子求诸已"。

一切文艺美术意趣高妙深醇者，即达于心之高处深处。其引发身体兴趣动荡者便属低级趣味。人格高下视乎其兴趣之高下。

道德感动人，即心之优胜由此以感发乎彼。彼此相感召而提高焉。

不可战胜的是谁？是生命。被战胜的是什么？是物质。

一切利害得失的计较皆从自身而来，第以人类有超越其身之心也，遂不为此自发的感情要求之所限，而能自觉地照顾到他人以至大众，不落于狭隘偏私。

深深地进入了解自己，自己有办法，才得避免和超出了不智与下等。这是最深渊的学问，最伟大的能力或本领。然而却不是一味向外逐物的西洋科学家之所知矣。

伟大的天才是兼智、仁、勇三者，缺一不可的。

人生意味最忌狭小、浅薄、短近，于此有两个危险；社会崩溃，自己动摇。

精神集中是主动地活动，不是被牵引于外事，这里有分辨。前者有自觉，后者缺乏自觉。

蠢的人（智慧低的人）虽然在一切处都是不会的不行的，可食色的要求他还是会还是行，这是顶让人恶心的，亦是人类最悲惨的地步。

心中无事即是至乐。至乐者无所待于外之乐也。

天才的特征：一、兴趣广泛——好学不倦。二、敏于从感性知识飞跃到理性知识——善悟。三、错了自觉很快，改正很快。

与其责怪人，不如信赖人。

人类最大的可耻笑及可怜悯，就是对自己的不明白（无知）与对自己的无办法（无能）。——这是真的心理学所由生起。真的心理学要在自觉和自主。

"静以修身，俭以养德"。此蜀汉诸葛公教诚语也。修身必要内省，然而非静下心来，何由内省乎。德性者人所固有之良，必节俭用有以存养之焉。

说假话就是有所为，有所贪求。有所为是曲折的，无所为是直接的。

每一个人都具备如下两面：一面是一生下来就要吃要喝，要穿衣，要住处，要种种，代表着欠缺或需求，代表着一大堆问号。另一面是具备着解决问题的能力。这种能力当其初生之时除吮吸母乳外殆无可见，然而却实有其不可限量的发展前途。

正为（人）初生时显得无能（不像其他动物生下来便有生活能力），而后乃有创造，有学习，借着社会交流经验而前途有无限发展焉。

要完成教育改造不要忘记改造社会，要完成社会改造更不要忘记改造教育。要从改造教育来完成社会改造，同时亦即是从改造社会来完成教育改造。

生的意义在创造，而创造的意义有三：学问、艺术、事功；是为身外之创造，世所习知者。

宇宙就是一个变化流行，一点也不能停住。我自己的也是在变化流行之中，不要看得太短，不要看得太近，要放眼来看，放眼来看心胸就可开大，什么事情不用着急，不要常颠倒在喜怒哀乐之中。廓然大公，物来顺应，超过这些，不要执著。

心是超过身的，从身来说，你的身体跟我的身体不相通，可是从心来说，心高于身，心超过身；如谓：好恶相喻，痛痒相关。

着急贪求，表见了人类的卑微；歆羡涎流，显露了人类的丑陋；忍耐苦愁，看出了人类的无用。

心中无事即至乐。至乐者无所待于外之乐也。

人的伟大处在人有无限的可能性而且是多方面的可能。

不要"行仁义"，要"由仁义行"，就是回到自己身上来，返回到自己本心，越向外找越迷乱，越眼花缭乱，不要向外看，要自己问自己。

人的生活都是离不开人群的，每一个群都有两面，一面是血缘血统关系，还有一面是地域关系。国人总是把家庭的亲爱之情推广到社会上去。所以好朋友也等于兄弟，它特别重情谊，这超过了利害关系。

须知世界上没有什么可贪的东西，要把他放得空洞开豁一些就好了。佛教徒他把什么事都看得很轻，没有什么重大的问题，什么都没有什么，我总是把我的心情放得平平淡淡，越平淡越好。生活无论哪一个方面，都是平淡最好。

顾颉刚：中国史学现代化的第一个奠基人

传略　顾颉刚（1893—1980），江苏
吴县人。原名诵坤，字铭坚，是现代古史辨
学派的创始人，也是中国历史地理学和民俗
学的开创者。是中国近代学术发展史上有着
重要影响的一位学者，著名历史学家，民俗
学家。

顾颉刚

1906 年，以第一名的成绩考入当地一所
公立高等小学，1908 年转苏州第一中学堂，
1912 年秋，入上海神州大学，醉心于文学。
1913 年，入北京大学预科，沉迷于戏剧。
1915 年因病回家，完成《清代著述考》二十册，对清代学术有较深领会。
1916 年转北大本科，读哲学。

1920 年，在北大毕业，留校任助教。1921 年，改任北大研究所国学
门助教，任《国学季刊》编委，编点《辨伪丛刊》。同时常与胡适、钱玄
同等人书信来往，讨论古史、伪书、伪事等问题，着手撰写"古史辨"论文。

1922 年，为商务印书馆编纂中学历史教科书，拟将《诗》、《书》等
古籍中的上古史传说整理出来，初孕"古史是层累地造成"的学说，认为

古代的史实记载多由神话转化而成。

1923 年底，离开商务印书馆，回北大研究所，担任《歌谣》周刊编辑，专心从事民俗学、民间文艺研究，成为《歌谣》周刊的主要撰稿人。

1924 年，《吴歌甲集》在《歌谣》周刊连载，反响很大。同年底发表的《孟姜女故事的转变》一文，惊动了中外学术界。由此，他决定就孟姜女故事作一系列专题论述，他主编的九期"孟姜女"专号，将征集到的孟姜女故事资料和自己的研究文章陆续登出，成为《歌谣》周刊所出专号中成绩最突出的一种。

1925 年"五卅"惨案后，为《京极》主编《救国特刊》。1926 年 4 月，《古史辨》第一册出版，受到各界瞩目，使他成为史学界的核心人物。秋天，赴厦门大学任国学院研究教授。1927 年 4 月，赴广州中山大学，担任学校历史系教授兼主任、图书馆中文部主任，代理语言历史研究所主任，年底，与何思敬、钟敬文等创立中山大学民俗学会，创办《民间文艺》（后改名《民俗》周刊）。

1929 年 5 月，到北京，任燕京大学国学研究所研究员兼历史系教授主编《燕京学报》。1936 年秋，任燕京大学历史系主任，主编《大众知识》。1938 年 10 月到昆明，任云南大学文史教授。1939 年秋，到成都，任齐鲁大学国学研究所主任。1941 年春，赴重庆主编《文史杂志》。其后任边疆语文编译委员会副主任委员、中央大学中文系和历史系教授、中国史地图表编纂社社长、复旦大学教授等职。1944 年秋，受聘齐鲁大学，任国学研究所主任。1945 年任交通书局总编辑，1946 年秋，任兰州大学教席。1947 年担任大中国图书局总编辑，创办《民众周刊》，完成《当代中国史学》等重要著作。1948 年 7 月，任兰州大学历史系教授兼主任，兼复旦大学教授。1949 年秋，任诚明文学院中国语文系教授兼主任，又兼震旦大学教授。

新中国成立以后，任上海市文管会委员、上海图书馆筹备委员、中国史学会上海分会常务理事。1951 年任上海学院中文系教授，1952 年任复旦大学教授。1954 年任中国科学院历史研究所第一所研究员，担任《资治通鉴》总校。1959 年，任全国政协文史资料委员会副主任。

1965 年冬，因病到北京香山疗养院疗养。1971 年开始，担任"廿四史"和《清史稿》的总校工作，1977 年完成，先后由中华书局出版。其后，担任过中国社科院历史所学术委员、中国文联全国委员、中国民研会副主席等职。

主要著作有：《古史辨》、《汉代学术史略》、《两汉州制考》、《郑樵传》、《汉代学术史略》、《秦汉的方士与儒生》、《尚书通检》、《中国疆域沿革史》、《史林杂识》等，与人合著《三皇考》、《中国疆域沿革史》、《中国历史地图》等。

开创　　1923 年 5 月 6 日，顾颉刚在《努力》周刊所附《读书杂志》第九期上发表《与钱玄同先生论古史书》，提出"层累地造成的中国古史"这一命题，引起了人文学界的巨大震荡，一场古史论战就此展开；1926 年，顾颉刚将各方讨论汇编为《古史辨》第一册，使得一个以"疑古"为旗帜的"古史辨派"在中国史坛迅速崛起，成为民国年间最有影响的学术流派。七册《古史辨》，构成了民国学术史上的辉煌一页，是前后 20 年间这一学派巨大业绩的历史明证。

"层累地造成的中国古史"这一命题被后人誉为一个"伟大的科学发现"，而此发现在当时则充当了"轰炸中国古史的原子弹"。两千多年来，"三皇五帝"、"尧舜禹汤"千古一系的君统，"三圣传心"、"尧舜孔孟"的道统，以及以经学为主体的学统，"古代为黄金时代"的三代王制观念，一直是"封建"意识形态的基础。这些对传统社会性命攸关的意识形态内容，均立足于帝系即"历史"的叙述上，假如没有"三皇五帝"、没有"尧舜禹汤"这些历史人物，就根本不会有所谓"黄金世界"和道统，失去这个根基，"封建"意识形态将全部坍塌。顾颉刚揭出上古史是层累造成的这一事实，并采用釜底抽薪、历史还原的方法，全面颠覆了"自从盘古开天地，三皇五帝到于今”的经学上的古史系统，由此掀起了一场影响深远的“古史革命”。

这场“古史革命”赢得了时人和后人的广泛赞誉：“层累说”“替中国史学界开了一个新纪元”（胡适语），并被认为“是一切经传子家的总锁钥……颉刚是在史学上称王了”（傅斯年语），“我们不能不承认顾先生是中国史学现代化的第一个奠基人”（余英时语），齐思和则认为“古史辨运动在中国近世史学史上的地位与十九世纪初年西洋史家如尼布尔（Niebuhr）等人同垂不朽”。正是在上述意义上，邓广铭曾总结说：“在新文化运动中，在哲学史、思想史方面，胡适开创了一个新时代；而在历史学方面，真正开创了一个时代、代表新思潮的，应当是顾颉刚。”

平等　顾颉刚少年时跟一位老先生读《诗经》，被逼着背，背不出来，老先生便用戒尺在他头上乱打，这使他总是战栗恐怖，被逼成了口吃。加上他虽然旅居北京多年，却仍然脱不了一口浓重的苏州口音，所以，顾颉刚作为名教授，却拙于教学。对此他自己也有自知之明。上课时他便扬长避短，很少侃侃而谈，除了发给学生大量资料外，大部分时间都在写板书，通常写满三四黑板，下课的铃声也就响了。这一点他的朋友钱穆也有同感：“颉刚长于文，而拙于口语，下笔千言，汩汩不休，对宾客则讷讷如不能吐一辞。闻其在讲台亦惟多写黑板。”虽然顾颉刚不善讲课，但他的板书内容却是精心准备的读书心得，很有见解，对学生很有启发，所以时间一久，大家也就认可了他这种独特的教学方法，觉得货真价实，别具一格。

顾颉刚平时虽不苟言笑，却也并不摆架子，对学生就像对待朋友，完全是平等交流，从不以名压人。1930年谭其骧进燕大历史系读研究生，选读顾颉刚的《尚书研究》，顾认为《尚书》的写作年代应是在汉武帝之后，论据是《尚书·尧典》里说“肇十有二州”，而到汉武帝时才设十三刺史部，其中十二部以州为名。谭却认为十三部不是西汉，而是东汉的制度，便给顾写了一封信提出异议。顾第二天便回了信，对他的一些观点表示赞成，对另一些观点则表示反对。谭其骧晚年回忆说："信中的措辞是那么谦虚诚恳，绝不以权威自居，完全把我当做一个平等的讨论对手看待。这是何等真挚动人的气度！"

顾颉刚上课从不把自己的观点直接灌输给学生，而是给学生印发一堆资料，让学生自己去研究判断，自己下结论，他认为这样对培养学生的独立研究能力很有帮助。他考试也与众不同，他不要求学生死记硬背，而是要求学生学会找资料，进行独立的研究和思考，并鼓励他们创新。考试时通常采用开卷的方式，让学生把试卷带回去做，但不许抄他的观点，凡抄袭他观点的试卷分数都极低，凡是提出自己见解的，即使是与他唱反调，只要能自圆其说，往往能得高分。他的目的就是要学生鸡蛋里挑骨头。顾颉刚认为有的事可大题小做，但做学问要小题大做。他的学生徐文珊回忆说："这鸡蛋里找骨头的方法是我得自顾师的最得力的教育，一生享用不尽！"

惜才　　顾颉刚爱才惜才是有口皆碑的。有的课选修的人少，他就让学生到家中上课，目的是充分利用家中的图书资料。在北京时，他家里有五间大屋都摆着书，最多时有五六万册，他全部对学生开放。碰到学生提问，他就从架上抽下一本讲解，由于对各类书烂熟于心，想要什么书他随时都能找到，这一功夫令学生叹为观止。顾颉刚不仅把自己的资料对学生公开，治学方法也毫不保留。顾颉刚要算同时代教授中编辑出版物最多的人之一了，是名副其实的出版家。"在他班上的学员，他往往指定题目，供应资料，教导写作方法，文成以后，亲加修改，水平较差的文章，他不辞辛苦为之补充润饰成篇，仍用其本人名义，为之刊登。"（吴丰培《顾颉刚先生的"人生一乐"》）用他自己的话说："这样地使许多有志有为的人，都得到他的适当的名誉和地位，岂不是人生一乐？"在广州中大时，他就一直利用办刊物出书的方式对学生进行奖掖扶持，"他们没有研究的题目我就替他们想，他们找不到材料我就替他们找，他们做的文章辞不达意我就替他们改。"因此在学生中很有威望，培养了一批学人。

1929 年顾颉刚回苏州养病时，偶然读到钱穆的《先秦诸子系年》书稿，大为欣赏，当即对钱穆说：你不合适在中学教书，你应该到大学教历史。随后即推荐钱穆到燕大，并请他为《燕京学报》撰文。不久，钱穆就撰写了一篇名为《刘向歆父子年谱》的文章，顾颉刚接到钱穆的文稿后，为文章改了更合适的名字，推荐此文在《燕京学报》发表，钱穆也因此一举成名。顾颉刚不久后又力荐钱到北大任教，在致胡适的信中，他说："我想，他如到北大，则我即可不来，因为我所能教之功课他无不能教也，且他为学比我笃实，我们虽方向有些不同，但我尊重他，希望他常对我补偏救弊。"数十年后，钱穆回忆起这件事，仍然充满感激之情："颉刚不介意，既刊余文，又特推荐余至燕京任教。此种胸怀，尤为余特所欣赏。"（钱穆《师友杂忆》）

钱穆的侄子、著名科学家钱伟长早年进清华物理系也得益于顾颉刚的大力帮助。钱穆的长兄英年早逝，钱伟长一直跟随钱穆读书，钱伟长的名字亦系钱穆所取。1931 年 9 月，钱伟长以优异成绩考入清华，历史国文成绩优异，历史更是考了个满分，但物理数学考得很不理想，其中物理只考了 18 分。受钱穆影响，钱伟长准备读历史。不久后，"九一八"事变爆发，热血青年钱伟长一改初衷，想转学物理，走科学救国之路。清华物理系一向门槛很高，以他的成绩绝无希望被录取，钱穆也不同意他放弃历史。无奈之中，钱伟长想到了顾颉刚，请他去做叔叔的工作。顾颉刚对钱伟长的想法十分赞成，最终帮他说服了钱穆。当时的情况很有戏剧性，一方面是物理系主任吴有训坚决不收这个低分考生，另一方面是历史系主任陈寅恪则在到处寻找这个历史满分的考生。顾颉刚与钱穆商量，由他去做吴有训的工作，让物理系收钱伟长；钱穆则去做陈寅恪的工作，让他放弃钱伟长。经过这样一番努力，钱伟长终于如愿以偿进了物理系，后来在物理学界取得了举世公认的成就。晚年钱伟长回忆起当年顾颉刚对他的帮助时，感激地说："今天我之所以能从事科学工作，顾先生是帮了很大的忙的。"

童书业最初在江西省图书馆附设的校印所任校对员，连中学都未毕业。1934年他把自己的《虞书疏证》寄给顾颉刚，向他请教，顾颉刚觉得他是个可造之才，热情邀请他到北平协助工作。1935年6月，童书业到北平时，顾颉刚亲自到车站迎接，并安排他住在自己家中，每月从自己的薪水中付给他几十元工资，后来童书业果然成了一名历史学家。

恩师　1917年秋，胡适自美国求学归来，任教北京大学，在哲学门（即哲学系）第一与第二年级讲授"中国哲学"与"中国哲学史"等课程，顾颉刚此时是"中国哲学史"的选课学生之一。胡适教授这门课程的思路甚为独特，"截断众流"，直接从《诗经》取材，让一班上课的同学"舌挢而不能下"。已在中国传统学术天地里用过功的顾颉刚，对之大为佩服，在给叶圣陶的信中，顾颉刚这样说："胡适之先生中国哲学今授墨子，甚能发挥大义……我以为中国哲学当为有统系的研究，……意欲上呈校长，请胡先生以西洋哲学之律令，为中国哲学施条贯。胡先生人甚聪颖，又肯用功，闻年方二十七岁，其名位不必论，其奋勉则至可敬也，将来造就，未可限量。"

在给妻子的信里，顾颉刚也吐露了他对胡适的"羡慕"："我看着适之先生，对他真羡慕，对我真惭愧！他思想既清楚，又很深锐；虽是出洋学生，而对于中国学问，比老师宿儒还有把握；很杂乱的一堆材料，却能给他找出纲领来；他又胆大，敢作敢为。我只羡慕他这些，不羡慕他的有名。想想他只大得我三岁，为什么我不能及他？不觉得自己一阵阵地伤感。"

而胡适对顾颉刚也很喜爱，胡适曾说："颉刚在我们友朋中，是低着头努力的人。他不说空话、不喊口号，也不做什么《国学概论》、《国学大纲》一类空疏的、无聊的，甚至于抄袭而成的文字。他是有计划的，勇敢的，就心之所要，性之所近，力之所至，以从事学问与著述。……假若学术可以救国……只有我们的颉刚才配的，因为颉刚才真真是沉醉于学术的人。"两人从此相知，顾颉刚成为胡适的爱徒。

1920 年，顾颉刚从北大毕业，任职于北大图书馆，胡适对顾颉刚的学术研究与生活情况，始终关注。他嘱咐顾颉刚校点清儒姚际恒的《古今伪书考》，认为这既有利于改善他的经济状况，也是"于后学有益"的事。未几，顾颉刚因家庭因素离开北大，胡适即介绍他为商务印书馆编纂初中本国史教科书，月支酬金 50 元。甚至于胡适也不吝借款给顾颉刚，以济其不足。顾颉刚积欠胡适之债，一度高达 220 余元。

就胡适的学术研究来说，曾得顾颉刚的不少助力。当胡适要开展《红楼梦》的研究时，顾颉刚便提供了不少材料；顾颉刚编的《清代著述考》稿本，也是胡适长期借阅以备考查的资料。

为解决生活上的困窘，顾颉刚从 1926 年起漂泊于厦门大学、广州中山大学之间，至 1929 年秋始返北平任教燕京大学，总算可以安定下来了。约略就在这个时候，胡、顾师生对中国古史的看法，开始萌生分歧。胡适不再全盘"疑古"，对于傅斯年领导下的中央研究院历史语言研究所开展的考古事业尤其留意，他的《说儒》等著作，更具体表现出他吸收傅斯年"重建古史"信念的心态。相形之下，顾颉刚在把"伪史清了出去"的方面，仍努力不懈。

胡、顾双方的学术道路虽然已有歧异，但两人多少保持着还算密切的关系。胡适于 1931 年重返北京大学出任文学院长等职，即拟邀顾颉刚离开燕京大学，重返母校历史系任教；顾颉刚仔细考虑之后，婉拒此议，推荐钱穆以代。胡适对待顾颉刚，亦可称热诚，他会留心顾颉刚没有的书，知道他没有《挂枝儿》一书，即于买到两本后，分送一本给顾颉刚。胡适集结友人创办了《独立评论》，是当时中国知识分子的重要论坛之一，顾颉刚也为之写稿，表示支持。顾颉刚创办《禹贡》半月刊，专刊中国历史地理与边疆史地之论著，象征知识分子以史学经世的志向，也刊出胡适的父亲胡传在清季考察边事的遗稿。凡是可见,即使两人学术意见已显趋异,两人之间的关系也并未完全疏离。

1937 年,卢沟桥畔战火突起。未几,胡适便远赴美国,复任驻美大使,为国事奔忙;顾颉刚则漂泊于中国西疆,仍致力于学术,并为推展自身志业,渐与现实政治挂钩。师生相隔万里,彼此不通音信达 6 年之久。一直到 1946 年 7 月 5 日,胡适自美返国,双方始重见于南京中研院。遗憾的是,师生双方情谊,愈趋淡薄。

相形之下,顾颉刚始终看重与胡适的情谊。只是,在两人当面互动往来的最后阶段,他感受不到胡适的热忱。1948 年底,共产党军队包围北平,12 月 15 日,胡适匆匆南下。面对这样的时代变局,胡、顾的认知截然不同。面对共产党的节节胜利,胡适固然心情沉重,却始终高倡"我们必须选择我们的方向",自陈"偏袒这个民主自由大潮流",站在反共的一边,甚至于最后决定赴美一行,为国民党政府找寻美国方面的支持再做努力。可是,和大多数人一样,顾颉刚则从国共相争的脉络理解时代变易的根源,所以与胡适的抉择不甚相契。

1949 年 1 月 17 日,胡适夫人将与傅斯年夫妇同去台湾,胡适赴沪送行,顾颉刚得与胡适晚宴同席,他劝胡从此不要再回南京,"免入是非之窝"。在顾颉刚看来,"当国民党盛时,未尝得与安乐,今当倒坏,乃欲与同患难,结果,国民党仍无救,而先生之令名隳矣"。从胡适对于自己的进退出处,完全不与顾颉刚坦诚以言,即可以想见,顾颉刚这一番话,胡适大概听不进去。两天之后,报纸刊出胡适已与傅斯年"同机飞台湾矣"的消息时,顾颉刚一度信以为真,后始知其误。当顾颉刚得悉胡适被共产党列为"战犯",则感慨地说胡适"平日为国民党排挤,今日乃殉国民党之葬,太不值得。"最后,胡适自上海前往美国之际,顾颉刚前去送行,自然是感伤不已。

情曲　因顾家数代单传,长辈们要顾颉刚早婚,因此在顾颉刚十三岁时，便让他与吴氏订婚。他虽不满这包办婚姻，但又不敢抗拒。1911年1月27日，他与吴征兰女士结婚了，那时他尚不满十八周岁。而新娘则大他四岁，是个纯粹旧式女子，两人本无感情基础，更无共同语言。但顾颉刚感其柔弱无辜，抱定"男女之情舍吾妇外，不应有第二人耳"，刻意培养夫妻感情。

1912年夏，顾颉刚自苏州公立第一中学堂毕业。次年4月，入北京大学预科，这时他的长女自朋刚出生两个月。顾颉刚因专心于课业，每年仅在寒暑假回家探望。而吴征兰体质素弱，1917年2月生次女自珍后不久，受了春寒，终日干咳。这时顾颉刚已入北京大学哲学门学习，暑假返家时看到吴征兰夜夜咳嗽并且发热，知道是结核病，建议送她到西医处就诊。无奈家中长者认为是平常小疾，不予理会。翌年寒假顾颉刚返家，又再催请入院治疗，仍遭家中长者拒绝。最后吴征兰病重。顾颉刚在北京得知吴征兰病重后，终日心神不定，忧虑交加，终于在1918年6月中旬，因失眠日剧，无法应付学校功课，不得不提前请假回家。回家后，他看见吴征兰消瘦不堪，终日昏卧，知道她将不久于人世，乃极力主张将其送入医院，仍被家中长者斥为多此一举，于是顾颉刚日夜陪伴吴征兰五十天，直至吴征兰在1918年8月初去世。

吴征兰去世后，顾颉刚因心情不好，失眠症复发，加上祖母年近八十、幼女尚在襁褓之中，继母又随父亲从宦在杭州，家中无人照料，于是顾颉刚只得休学一年，居家侍奉祖母，兼养病体。当时顾颉刚的好友王伯祥、叶圣陶都在苏州东南的吴县第五高等小学任教，为了帮顾颉刚从丧妻的悲痛中解脱出来，他们邀顾颉刚前往游览。9月间，顾颉刚去住了一星期。王伯祥向他谈及本校毕业生殷履安，并推崇其才德；后来叶圣陶也有同样的褒奖，说她好学不倦。两位挚友的推荐，使得顾颉刚产生敬慕之心，虽未谋面，却对殷履安不能忘怀。10月底，他向祖母说起殷氏，得到祖母应允，于是便派人去求亲。

1919年5月21日，顾颉刚与殷履安成亲。婚后，两人相亲相爱。顾颉刚觉得以前所羡慕的"以伉俪而兼朋友"的乐趣，现在竟如愿以偿，感到前所未有的快乐。而殷履安素来好学，得嫁一位学人为妻，自是深感幸运。

同年9月，顾颉刚回北大复学，殷履安在家中代他尽孝道，操持家务。他们两人相思良苦，鱼雁频繁，互诉双方的生活和情感。

1924年4月13日，顾颉刚和潘家洵、北大女生黄孝征、彭道真、刘尊一等人游颐和园等地时，初识谭慕愚。谭慕愚，1902年生，湖南长沙人，出身书香门第。初小毕业后，家境困窘，失学在家。后自学高小课程，考取公费的湖南省立第一女子师范学校，开始接受进步思想。"五四"运动在北京爆发后，长沙积极响应，谭慕愚作为女师"乐群会"的代表，参加湖南学生联合会的成立大会，并被推选为该会负责人之一。她勇敢地投入抵制日货和"驱张（敬尧）"的爱国运动中。成为"驻省驱张团"的健将。"驱张"运动终于取得了胜利，而谭慕愚也赢得同学们的敬佩，成为湖南学生界的风云人物。1923年，谭慕愚考入北大。

谭慕愚给顾颉刚的印象是："予于同游诸人中，最敬爱谭女士，以其落落寡合，矫矫不群，有如幽壑绝涧中一树寒梅，使人眼目清爽。"（1924年4月29日《日记》）顾颉刚对其可说是一见钟情，并开始与她交往，并曾把两人的交往情况在给好友俞平伯的五封信中有所涉及。

顾颉刚与谭慕愚的交往情形，他是写信告知过远在苏州的殷履安的。他在1924年8月9日的日记中写道："今日写履安信，将数月来对于谭女士爱好之情尽量写出。予自问此心甚坦白，且亦无所谓得失，履安为我最亲之人，不应不直言，故索性畅快一吐，使胸中一爽。如履安览信后不感痛苦，则更大慰矣。"9月18日，顾颉刚把殷履安接到北京，结束了五年两地相思之苦。这时他在北大研究所国学门任职，又兼孔德学校教员，薪水刚刚够养家。然而学校常常欠薪，加上顾颉刚又喜买书，致使用度吃紧，生活相当清苦。幸有殷履安勤俭持家，顾颉刚才不用为家务分心。殷履安因病无法生育，顾颉刚却一点都不怨她；殷履安则将顾颉刚前妻之二女，视如己出，母女间慈孝之情超越了寻常家庭。正因如此，使顾颉刚觉得不能有负于殷履安。这也是他给俞平伯信中所说的，对于新欢他"并不想和她成姻眷"，"也不愿和她发生较深的关系"的原因。

1924 年 10 月 26 日，顾颉刚在日记上说："今日犹得集颐和园游侣于一堂，此乐几疑非真矣。自 4 月中与诸女士相识，至于 6 月，往还频繁，若一家人。自 6 月至今，四个月许，踪迹渐疏，谭、黄、谢诸女士均有不来之兆。每追思良会，辄怃然不乐。予尝谓介泉及履安曰：'天下无不散的筵席，这是事实。天下的好筵席不要散，这是我的愿望。事实与愿望必相违，我生其终陷于悲恨中矣。'"

顾颉刚之所以对谭慕愚不能忘怀，是因为他对她的大无畏的勇猛精神极为倾倒。1924 年在上海发生的"五卅"惨案，消息迅速传遍全国，各大、中城市纷纷罢工、罢课。此时的谭慕愚同北京大学、中国大学、中法大学等校学生组织"救国十人团"，到东交民巷向英国使馆示威，并鼓动英使馆工人罢工。1926 年"三·一八"惨案，在北京段祺瑞政府镇压爱国学生的暴行中，当刘和珍、杨德群、张静淑等人中弹倒于血泊时，还是谭慕愚救出负伤流血的张静淑，并送到医院。谭慕愚的这些非凡行为，让顾颉刚无法停止对她的思念。

1926 年 6 月，谭慕愚离开北京大学，到四川重庆任女子师范课。顾、谭两人自此南北相隔，两地相思。

1927 年 6 月 13 日，顾颉刚在日记上说："重庆人民因英舰炮击南京开会，漆树芬为主席，为军阀所枪毙，女学生惨死者甚众。未知慕愚已离川否？如未离川，不知加入此次开会否？如加入此次开会，不知性命无危险否？道阻且长，我劳如何！耿耿此心，如何可已？悲哉愁哉！不知此后尚有见面之一日否？倘彼万一不幸，我生尚有何乐趣！言念及此，心酸涕下矣。"关怀之情，溢于言表。

1928 年 6 月 20 日，顾颉刚在日记上说："慕愚为南京公安局所捕，以她在女子第一中学中立迫社，提倡国家主义，诋毁国民党，为市党部政治训育部检举，交公安局逮捕，并谓无论何人不得保出，将以反革命治罪。"

日记后来又补记："7月2日，见此新闻于《中央日报》，意甚怜之。嗟乎，慕愚一腔热血，不幸为曾琦所用，作此无病呻吟，致陷刑狱，有野心之人以他人为牺牲，真可恨也！"之后，顾颉刚则展开一连串的营救行动，他在日记上说："予在广州，暑假中得高君珊女士信，悉健常（按：谭慕愚）在大学院做科员，不幸以党案被捕入狱，嘱予营救，予因致长信与蔡子民、戴季陶先生，并发电，请其营救。与健常一函，托君珊转交，彼得此大哭，来书有'最知我者唯先生'之语。出狱后，东渡日本，学于东京高等女子师范（是年未见面）。"

1929年8月16日，顾、谭两人在苏州偶然见面，那是三年前北京一别的再度重逢，顾颉刚在日记上这么写着："谭女士之狱，去年以江苏特别法庭取消，未了结。今移归江苏高等法院办理，传其到庭，遂由日本归国。患胃病，在上海医院割治，尚未瘥，今日扶病到苏。欲访我地址，不得。适与适之先生同寓苏州饭站，遂相晤见。三年渴思，忽于今日无意中遇之，真使我喜而不寐矣。渠今颇有意研究满蒙问题，欲在日本搜集材料，到北平研究之。以彼之才性学力，由政治生涯转向学术之途，必可有大成就，唯祝其身体强健耳。"

1931年，谭慕愚回到南京的内政部工作，并已改名为谭惕吾。1月9日顾颉刚到南京访谭惕吾，久别重逢，他写下如下的诗句："一天风雪冷难支，为约伊人不改期。我愿见时便恸绝，胜留余命更生离。"而在第二天两人见面了，顾颉刚有如下的描述："不见慕愚，一年半矣。情思郁结，日益以深。今日相见，自惴将不止陨涕，直当晕厥。乃觌面之下，尘心尽涤，唯留敬念。其丰仪严整，消人鄙吝可知。今日天寒，南方诧为数十年所未有。彼为我买炭，手拨炉灰，竟六小时，我二人在一室中未曾移席。呜呼，发乎情，止乎礼，如我二人者殆造其极矣。"1月24日，日记又写道："予与慕愚一段情怀，从未道破，近日颇有在弦上，不得不发之势。今晨醒来，天尚未明，思欲作书致之，以极简单之词约之曰：'我二人相逢已晚，无可奈何。然此世俗之常情，万流所共趋。以吾辈个性之强，自当超出恒蹊，别求慰藉。'终虑搅乱其心，不敢书也。"

1936 年，顾、谭两人同在南京工作，顾颉刚要找谭惕吾当其副手协助他做研究，当他征求殷履安的意见，殷却不赞成。8 月 8 日，顾颉刚有感而发，写了一首诗给谭惕吾，诗曰："白门重聚首，悲喜俱难量。试看一腔血，顿成两鬓霜。此心但有托，便老亦何伤。敢以身为炬，与君共耀光。"1938 年春，谭惕吾跟随内政部迁到重庆，9 月，顾颉刚也到重庆，两人从此时常见面。

1943 年 5 月 30 日，殷履安因患恶性疟疾，高烧与吐泻并作，终告不治。殷履安之逝，顾颉刚自是痛不欲生。对于殷履安，顾颉刚是怀着一份感佩之情的，他在 1932 年 3 月 29 日给殷履安的信中说："我最感激你的，是你没有虚荣心，不教我入政界。前数年，国民革命初成时，我的师友们何等得意，那时我要得一官容易得很。假使你存此势利之见，要你的夫婿登上政治舞台以为自己的光宠，朝晚在闺房中强聒，我也未必不会心头一软，滑到了那边去。可是你始终无一言及此，使得我还能独善其身，专心学问。这件事看似平常，其实正不容易。我们两人，至少在这'淡泊'上面是有共鸣的心弦了！因此，使我感到，我将来的学问事业如能成功，由于我的努力者一半，而由于你的辅助者亦一半。"

殷履安病逝后，顾颉刚曾向谭惕吾求过婚，但她以自己已不能生育而拒绝了。二十年的感情，得此结果，顾颉刚简直难以相信。对谭的拒绝顾的求婚，作家叶永烈在《反右派始末》一书有如下分析："1933 年黄绍竑赴内蒙古巡视时，调她作为随员，从此她与黄绍竑有了密切的关系，以至成为黄绍竑的'感情的俘虏'。"叶永烈还认为谭惕吾之于黄绍竑，就如同浦熙修之于罗隆基，因此谭的拒绝顾的求婚，或许与此有关。

同年 10 月 13 日，顾颉刚接受友人萧一山、罗根泽的介绍，开始和张静秋女士交游了。张静秋，江苏铜山人，1933 年自北平师范大学外语系毕业后，即与三位志同道合的同乡女友，回徐州创办立达女中。"七七事变"后学校停办，她随家人逃难至广西桂林，任桂林女中教员，1940 年转至重庆等地教书，是时任职于中央大学柏溪分校。张静秋笃信教育救国，一心在工作上，因此年届三十五岁尚未结婚。1944 年 4 月 4 日，顾颉刚与张静秋订婚，同年 7 月 1 日在北碚结婚。

1945 年，谭惕吾加入了中国民主同盟，站到中共的统一战线的旗帜之下。1949 年 1 月，黄绍竑出任国民党政府和平谈判代表团团员。当国民党政府拒绝在国内和平协议上签字之后，黄绍竑出走香港，公开发表声明，脱离国民党政府。当黄绍竑在香港时，谭惕吾帮助中共华南局和黄绍竑暗中接头，后来促使黄绍竑从香港前往北平，出席中国人民政治协商会议第一次全体会议，使黄绍竑成为中国共产党的战友。

1954 年以后，顾、谭虽仍有见面，但一属于"中国民主促进会"，一属于"中国国民党革命委员会"（民革），两人开会时分别在政协与人大。1955 年 1 月 1 日，顾颉刚在日记上说："到惕吾处，长谈，留饭。今午同席：曾萍、王伟、黄镜吾、谭家昆及其子女（以上客）。谭惕吾及其子利民、女静（以上主）。惕吾之母已于去年在京逝世。其子女二人则所抚孤儿也。"（谭惕吾终身未结婚，其子女是抚养的。）

1978 年 9 月 6 日，已经八十五岁高龄的顾颉刚，重翻五十四年前的日记，当他看到 1924 年他和谭慕愚初相识并大伙同游颐和园的情景时，往事历历，如在眼前。他"不觉悲怀之突发也。因题诗于上，以志一生之痛"。诗曰："无端相遇碧湖湄，柳拂长廊疑梦迷。五十年来千斛泪，可怜隔巷即天涯。"一年多后，1980 年 12 月 21 日，顾颉刚走完了人生的最后一程，享年八十七岁。

顾颉刚百岁诞辰时，当时已九十一高龄的谭惕吾也赶来参加纪念会，还做了《顾先生的惊人记忆力》的简短发言，她说："顾先生是我的老师。顾先生搞历史研究，他的记忆力也是惊人的。有一次我同顾先生一起去看胡适之先生，胡先生问他一个历史事件，是在《二十四史》哪一册里面？他就走到胡先生的书柜前，从'二十四史'中拿出一本，不仅翻出页数并且指出行数给胡先生看。我一看，觉得顾先生了不起，一部'二十四史'

中，一个历史事件在其中何卷、何页、何行都可以找出来，这是很罕见的。顾先生研究历史，不是迷信历史，还要考证，辨别真伪，就是'古史辨'嘛，是很了不起的，也是研究历史者所难能可贵的。我对顾先生十分钦佩，今天是顾先生百年诞辰，特赶来纪念。"

1997年，谭惕吾故去，享年九十五岁。

美文

怀疑与学问

学问的基础是事实和证据。事实和证据的来源有两种：一种是自己亲眼看见的，一种是听别人传说的。譬如在国难危急的时候，各地一定有许多口头的消息，说得如何凶险，那便是别人的传说，不一定可靠。要知道实际的情形，只有靠己亲自去观察。做学问也是这样，最要紧最可靠的材料是自己亲见的事实证据；但这种证据有时候不能亲自见到，便只能靠别人的传说了。

我们对于传说的话，不论信不信，都应当经过一番思考，不应当随随便便就信了。我们信它，因为它"是"；不信它，因为它"非"。这一番事前的思索，不肯随便轻信，便是怀疑的精神，做一切学问的基本条件。我们听说古代有三皇五帝，便要问：这是谁说的话？最先见于何书？书是何时人著的，著者何以知道？我们又听说"腐草为萤"，便要问：死了的植物如何会变飞动的甲虫？有什么科学根据？我们若能这样追问，一切虚妄的学说便不攻自破了。

我们对于不论哪一本书，哪一种学问，都要先经过怀疑，因怀疑而思索，因思索而辨别是非。经过怀疑、思索、辨别三个步骤以后，那本书才是我的书，那种学问才是我的学问。否则便是盲从，便是迷信。孟子所谓"尽信书不如无书"，也就是教我们有一点怀疑的精神，不要随便盲从或迷信。

怀疑不仅是消极方面辨伪去妄的必要步骤，就是积极方面建设新学说，获得新发明，怀疑精神也是基本条件。对于别人的话都不打折扣的承认，那是思想上的躲懒。这样的脑筋永远是被动的，永远不能做学问。只有常常怀疑，常常发问的脑筋才有问题，有问题才想求解答。在不断的发问和求解中，一切学问才会进步，许多大学问家大哲学家都是从怀疑中锻练出来的。清代的一位大学问家戴震，幼时读朱子的《大学章句》，便问《大学》是何时的书，朱子是何时的人。塾师告诉他《大学》是周代的书，朱子是宋代的大儒，他便问宋代的人如何能知道一千多年前的著者的意思。法国的大哲学家笛卡儿也说："我怀疑，所以我存在。"他的哲学就建设在对于万事万物的怀疑和明辨上。一切学问家，不但对于流俗传说，就是对于过去学者的学说也常常要抱怀疑的态度，常常和书中的学说辩论，常常评判书中的学说，常常修正书中的学说。要这样才能有更新更善的学说产生。古往今来，科学上新的发明，哲学上新的理论，美术上新的作风，都是这样来的。如果后来的学者都墨守前人的旧说，那就没有新问题，没有新发明，一切学术就停滞了，人类的文化也就不会进步了。

吴宓：一个奇特、矛盾的真正的人

吴宓

传 略 吴宓（1894—1978），陕西省泾阳县人。字雨僧、雨生，笔名余生，中国现代著名西洋文学家、比较文学家、国学大师。

1916 年毕业于清华留美预备学校高等科（1928 年改名清华大学），1917 年，赴美国留学，攻读新闻学，1918 年改读西洋文学，毕业于弗吉尼亚大学英文系；又入哈佛大学研究生院，获比较文学硕士学位。留美期间，对 19 世纪英国文学尤其是浪漫诗人作品的研究下过相当的功夫，有过不少论著。

1921 年回国后即受聘在国立东南大学文学院任教授，讲授世界文学史等课程，并且常以希腊罗马文化、基督教文化、印度佛学整理及中国儒家学说这四大传统作比较印证。

在东南大学期间，与梅光迪、柳诒徵一起主编于 1922 年创办的《学衡》杂志，11 年间共出版 79 期，于新旧文化取径独异，持论固有深获西欧北美之说，未尝尽去先儒旧义，故分庭抗议，别成一派。

1924年，吴宓离开东南大学后，曾先后到东北大学、清华大学外文系任教授，1937年后，任教于西南联大外文系，1941年被教育部聘为首批部聘教授，1943—1944年代理西南联大外文系主任，1944年秋到成都燕京大学任教，1945年9月改任四川大学外文系教授，1946年2月到武昌武汉大学任外文系主任，1949年，广州岭南大学校长陈序经以文学院院长之位邀他南下，同时，教育部长杭立武也邀他去台湾大学任文学院长，而他的女儿要他去清华大学，但他却于4月底到重庆相辉学院任外语教授，兼任梁漱溟主持的北碚勉仁学院文学教授。1950年4月两院相继撤销，遂到新成立的四川教育学院，9月又随校并入西南师范学院历史系（后到中文系）任教。期间曾任四川省政协委员和西南师院院委会委员。1966年"文化大革命"开始后，受到残酷迫害，左腿在批斗中跌折，后来又双目失明。1977年因生活不能自理，由胞妹吴须曼接回泾阳居住。1978年1月17日去世，终年84岁。1979年8月平反昭雪。

吴宓一生"文博古今、学贯中西"，在学术、教育方面贡献巨大。

吴宓在中国开创了世界文学和比较文学的研究，把比较文学引入中国学术领域，曾发表了《新文化运动》和《中国之新旧事物》等多篇重要的比较文学论文，为比较文学学科的建立打下了牢固的基础。他还是我国比较文学的先驱，他不仅是我国第一个系统学习比较文学的学者，而且是在高等学校开设比较文学课程和运用其理论与方法研究中国文学的第一人。1921年回国后，他便在清华大学开设了"中西诗之比较研究"，使比较文学进入中国高等学府的课堂。他还用比较文学的方法研究《红楼梦》，为我国"比较文学"学科之首创，他用这种方法向学生讲授西欧文学，为我国培养了第一代比较文学的研究人才。

吴宓还是一位很有建树的红学大师。早年潜心研究《红楼梦》，留美期间，即在《民心周报》发表了《〈红楼梦〉新谈》，这是"五四"新文化运动以后最早评论《红楼梦》的论文。1944年曾赴四川乐山的武汉大学、贵州遵义的浙江大学作《红楼梦》学术报告，轰动一时。次年，成都的《流星》、《成都周刊》等刊物相继发表了他的《〈红楼梦〉之文学价值》、《〈红楼梦〉之人物典型》、《〈红楼梦〉之教训》、《贾宝玉之性格》、《王熙凤之性格》及《论紫鹃》等多篇红学论文。他对《红楼梦》研究，造诣精深，享誉中外，是最早将《红楼梦》推介到国外的权威学者之一。在国内红学界，他与胡适、蔡元培、俞平伯、景梅九、周汝昌等红学专家齐名。在红学研究方面，他著述颇丰，曾用中、英文发表过《〈石头记〉评赞》、《〈红楼梦〉与世界文学》等极有见地的文学论著，对推动我国和国际红学的发展研究起了巨大的作用。

吴宓对外国文学和中国古典诗词有深入的研究，并擅长诗词创作，著有《吴宓诗文集》、《空轩诗话》等专著。

吴宓终生从教，是一位杰出的教育家。在近半个世纪的教学生涯中，曾经培养出大批学有所成的知名文学家、语言学家、哲学家以及外国文学的研究和翻译人才。当代著名学者钱钟书、曹禺、李健吾、张骏祥、季羡林、李赋宁、田德望、张君川、王岷源、刘盼遂、高亨、谢国桢、徐中舒、姜亮夫、姚名达、王力、吕叔湘、向达、浦江清、贺麟、沈有鼎（以上为清华大学时期）及王佐良、周钰良、杨周翰、许国璋、赵瑞、王般、李鲸石、查良铮、袁可嘉、金堤、杜运燮（以上为西南联大时期）等人，都出自他的门下或受到过他的教诲。

率性　　吴宓如痴如醉地喜欢《红楼梦》，认为此书是古今中外的"第一好书"，并且近乎肉麻地称自己为"紫鹃"，理由是紫鹃对林黛玉的爱护最纯粹。沈师光聪明好学，是吴宓很熟悉和信任的一位女生，她佩服老师也关心老师。一次日机来袭，她见老师没同大家一起跑警报，急忙各处去找，后发现老师竟正襟危坐在教室里读《红楼梦》！她正要问老师为什么不去跑警报，吴宓立即将食指放到唇边示意她别嚷嚷，然后像小孩犯了错似的小声说："我在这儿静静地看《红楼梦》，不也很好！？"

战时昆明有家牛肉馆，老板忽发奇想，竟然取名为"潇湘馆"。潇湘馆乃是林妹妹住的地方，岂容这番亵渎。于是吴宓提着手杖跑去一顿乱砸。

吴宓讲"红楼梦研究"时，经常有后来的女生没有椅子坐，他看到后，马上就去旁边的教室搬来椅子，等学生都坐好，才开始讲课。此举，引来一些有骑士风度的男生纷纷模仿。

吴宓带着学生在街上走，迎面要是过来一辆车，他总是奋不顾身地举起手杖，让身边的女学生上了人行道，这才放车子过去。

吴宓出版了他的诗集后，同班同学借口研究典故，追问每一首诗的意思。他有的乐意说，有的不愿说。可他像个不设防的城市，一攻就倒，问什么，说什么，连他意中人的小名儿都说出来了。

吴宓先生有个滑稽的表情。他自觉失言，就像顽童自知干了坏事那样，惶恐地伸伸舌头。他意中人的小名并不文雅，她本人是不愿意别人知道的。吴先生给学生说出来后，立即惶恐地伸伸舌头。

吴宓作为大名鼎鼎的教授，口袋里的钱肯定要比学生多，但是当时物价飞涨，他的生活仍然很清苦。但吴宓常常口袋里揣着钞票，带着心爱的弟子去打牙祭。在小馆子里坐下来，神情严肃地拿过菜单，用正楷在小纸片上写下要点的菜及其价格，一笔一笔算清楚了，估量口袋里的钱够用了，这才交给跑堂去置办。

吴宓一意捍卫国学和文言文，对倡导白话文的胡适意见甚大。有一次，他与胡适在一个聚会上相遇，当时北京人流行用"阴谋"二字，胡适戏问："你们《学衡》派，有何新阴谋？"吴宓说："有。"胡适笑着说："可得闻乎？"吴宓说："杀胡适！"这段对话一时成为笑谈。

严谨　钱穆曾用文字记录了吴宓的认真：当时四人一室，室中只有一长桌。入夜雨僧则为预备明日上课抄笔记，写提要，逐条书之，有合并，有增加，写成则于逐条下，加以红笔勾勒。雨僧在清华教书，至少已逾十年，在此流寓上课，其严谨不苟有如此……

吴宓记忆惊人，许多文学史大事，甚至作家生卒年代他都脱口而出，毫无差错。吴宓还为翟孟生的《欧洲文学简史》作了许多补充，并修订了某些谬误的地方。他每次上课总带着这本厚书，里面夹了很多写得密密麻麻、端端正正的纸条，或者把纸条贴在空白的地方。每次上课铃声一响，他就走进来了，非常准时。有时，同学未到齐，他早已捧着一包书站在教室门口。他开始讲课时，总是笑眯眯的，先看看同学，有时也点点名。上课主要用英语，有时也说中文，清清楚楚，自然得很，容易理解。

吴宓的陕西同乡、弟子李赋宁回忆："先生写汉字，从不写简笔字，字体总是正楷，端庄方正，一丝不苟。这种严谨的学风熏陶了我，使我终生受益匪浅。先生讲课内容充实，条理清楚，从无一句废话。先生对教学极端认真负责，每堂课必早到教室十分钟，擦好黑板，做好上课的准备。先生上课从不缺课，也从不早退。先生每问必答，热情、严肃地对待学生的问题，耐心解答，循循善诱，启发学生自己解答问题。先生批改学生的作业更是细心、认真，圈点学生写得好的句子和精彩的地方，并写出具体的评语，帮助学生改正错误，不断进步。"

温源宁在《吴宓先生》中写到：作为老师，除了缺乏感染力之处，吴先生可说是十全十美。他严守时刻，像一座钟，讲课勤勤恳恳，像个苦力。别人有所引证，总是打开书本念原文；他呢，不管引文多么长，老是背诵。无论讲解什么问题，他跟练兵中士一样，讲得有条有理，第一点这样，第二点那样。枯燥，容或有之，但绝非不得要领。有些老师无所不谈，却不发任何议论；吴先生则直抒己见，言之有物。也可能说错了，然而，至少并非虚夸。他概不模棱两可，总是斩钉截铁。换句话说，他不怕直言对自己有什么牵累。在事实根据方面，尤其是见于各种百科全书和参考书的事实，他是无可指摘的，只在解释和鉴赏的问题上你还可以跟他争论。

吴宓不仅上课认真，对别人看来是不足道的小事也格外认真。在大学里，老师们常常是上完课就走，课后学生也往往忘了擦黑板。对此，大家见惯不惊，他却似乎很在意。下课后，吴宓发现教室黑板上有粉笔字时，总是默默走去擦干净，拍拍手又默默离开。他上课总是坚持自己擦黑板，有一次他把刷子放在讲台下了，要擦黑板时找不到，他居然用自己的衣袖来擦黑板，急得前排同学赶紧跑去找出刷子来擦黑板。

单恋　　吴宓在清华读书时，有两位要好同窗：陈烈勋和朱君毅。他们同住一室，志趣相投，又一起到美国的哈佛大学留学，因此关系非同一般。朱君毅有个姑表妹名叫毛彦文，毛彦文是浙江江山人，曾就读于杭州女子师范学校。朱君毅与毛彦文自幼青梅竹马，十分要好，由双方家长立下婚约。但是朱君毅觉得近亲结婚会妨害后代子女健康，一直不想成就这份姻缘。每次毛彦文给他来信，他都给同室的吴宓和陈烈勋看，这就使得吴宓对毛彦文颇有好感。

1918 年陈烈勋将自己的妹妹陈心一介绍给吴宓，而陈心一与毛彦文是杭州女子师范的同学，于是吴宓就通过朱君毅让毛彦文帮助了解陈心一的情况。这样，吴宓就与毛彦文有了接触，并在毛彦文的帮助下，促成了吴宓与陈心一的婚姻。

此间，毛彦文曾请托吴宓劝说朱君毅，不要轻率地解除婚约。吴宓也尽心竭力地劝说过，但朱君毅仍然不改初衷，双方僵持不下，一直拖到了 1928 年，朱君毅才与毛彦文解除了婚约。吴宓本来就很喜欢毛彦文，得知朱君毅与毛彦文解除婚约后，他不顾膝下的三个儿女，与陈心一离了婚，转而追求毛彦文。在他决意同陈心一女士离婚之时，长辈亲友多不赞同。同为当年哈佛三杰之一的汤用彤先生（另一位是陈寅恪）谓"离婚之事，在宓万不可行，且必痛苦"，吴芳吉来信说："离婚今世之常，岂足为怪。唯嫂氏无有失德不道，而竟遭此！《学衡》数十期中所提倡何事？！吾兄昔以至诚之德，大声疾呼，犹患其不易动人。今有其言而无其行，以己证之，言行相失，安望人之见信我哉？！"但这些都不曾动摇吴宓的决心，唯有陈寅恪是其知己，说"宓之为此，乃本于真道德真感情，真符合人文主义"。

不料，毛彦文对吴宓却不感兴趣。这不仅是由于思想新潮的毛彦文对吴宓的食古不化和书呆子气有抵触，还由于吴宓每次给她写信，总爱陈述从朱君毅给他看他们的情书之时起，就萌生了对她的爱慕，这更让毛彦文恼怒，对吴宓的单恋很是反感。

直到 1935 年毛彦文与熊希龄结婚后，吴宓才放弃追求毛彦文，但他对毛彦文的感情一如既往，这种感情在他 1943 年 8 月 20 日写的一首五言长诗《五十自寿》中充分体现出来：

> 平生爱海伦，临老亦眷恋。世里音书绝，梦中神影现。怜伊
> 多苦悲，孀居成独善。孤舟泛黄流，群魔舞赤县。欢会今无时，
> 未死思一面。吾情永付君，坚诚石莫转。相抱痛哭别，安心归佛殿。
> 即此命亦悭，空有泪如霰。

婚姻

吴宓当年在哈佛大学读书时，他的清华同学陈烈勋来信，说他的妹妹陈心一从杭州浙江省立女子师范学校毕业后，因为择偶条件太苛刻，24 岁仍未出阁。陈心一曾经听陈烈勋谈起过吴宓，也读过吴宓的文章，看过吴宓的照片，非常倾心，所以托弟弟介绍，想和吴宓结为秦晋之好。

吴宓接到信后，偷偷咨询了几位朋友，多数竟不赞成，他们认为回国之后，可以尽情挑选恋爱对象。但好友汤用彤建议，如果陈心一诚心诚意，就不要错过机会。吴宓自己拿不定主意，一直没有给陈烈勋明确答复。结果暑假的时候，陈烈勋跑到哈佛，想说服吴宓接受妹妹的求婚。陈烈勋告诉吴宓，这大半年来，陈心一在家推掉了所有的求婚者，都是为了吴宓。

吴宓被难住了。答应吧，又没见过面；不答应吧，又枉费人家痴心一片。于是，他拜托清华好友朱君毅，让其未婚妻毛彦文调查一下陈心一（两人是同学）。调查结果令吴宓很满意，于是给陈烈勋回信，正式答应了这

门婚事。然而，几个月后，吴宓就后悔了，写信解除婚约。信发出去之后，吴宓生病住院，出院后，他又开始后悔不该跟陈烈勋说取消婚约的事儿。吴宓把自己的烦恼告诉了汤用彤，汤用彤说："取消婚约情理不容，你前面既然已经答应，陈家可能已经将此事通知了亲朋，你后来忽然取消，人们会怀疑陈心一有什么不能容忍的、无法改变的毛病，这要一传十、十传百，可了不得，将来陈心一背着这个'莫须有'的黑包袱，如何能嫁得出去？你该为她、为她家想想。"

就这样，吴宓娶了陈心一，并和她生了三个儿女。这期间，朱君毅与表妹毛彦文的恋情却忽然生变。1924年回国后，朱君毅移情别恋，爱上了江苏汇文中学一个女生，要与毛解除婚约。南京教育界为之哗然。很多人出来做朱的工作，陶行知甚至说，如朱不能回心转意，下学期不再发给他东大教授聘书。吴宓对朱的这种做法也十分不满，对毛充满了同情，当面向朱表示反对，但朱意已决，调解最终失败。1928年，朱君毅与毛彦文解除了婚约。吴宓本来就很喜欢毛彦文，得知朱君毅与毛彦文解除婚约后，对毛产生了单相思，加速了与陈心一离婚的进程。几年的婚姻生活，吴宓渐渐感到陈心一固然是个好主妇，却不是他理想的伴侣，不能满足他精神上的需求，而毛才是他理想中的恋爱对象。终于，他不顾膝下的三个儿女，与陈心一离了婚，转而追求毛彦文。吴宓自己对这段失败的婚姻曾这样总结道："生平所遇女子，理想中最完美、最崇拜者，为异国仙姝（美国格布士女士），而爱之最深且久者，则为海伦。故妻陈心一，忠厚诚朴，人所共誉，然宓于婚前婚后，均不能爱之。余之离婚，只有道德之缺憾，而无情意之悲伤，此惟余自知之。彼当时诋余离婚，及事后劝余复合者，皆未知余者也。"

离婚后，吴宓并未真正与夫人分离，只是一居西郊，一居城内，每月领到薪水后，亲身回家把生活费交与夫人，然后立即回校。"宓于故妻陈心一女士，德性夙所钦佩，但敬而不爱，终致离婚，然至今仍书信往还。夫妇之谊虽尽，良友之情故在也。"（姚文青《好友吴宓先生轶事》）毛彦文也有类似的回忆："吴君是一位文人学者，心地善良，……有浓厚的书生气质而兼有几分浪漫气味。他离婚后对于前妻仍倍加关切，不仅担负她及他女儿的生活费及教育费，传闻有时还往探看陈女士，他决不是一个薄情者……"（毛彦文《有关吴宓先生的一件往事》）

吴宓于1953年再度结婚，他的第二任妻子是他的学生，女方姓邹名兰芳，是重庆大学法律系毕业生，父亲被划为地主成分，家境甚苦，她崇拜吴教授，一意高攀，也是为了寻求安全感。谈到这次婚姻，吴宓曾对好友姚文青说："非宓负初衷（他曾发誓：为爱毛彦文，终身不复娶），实此女强我，不得已而为之。以此女学识，则英文不懂，中文不通；以论容貌，不过如此。"邹兰芳婚后两年即患肺病去世，吴宓还是很伤心的，饭桌上必多摆一副碗筷，不让亡妻邹兰芳在冥界当饿鬼，他饭前必做默祷。更奇的是，吴宓看电影，也必买两张票，空出身边的座位，意中犹有亡妻相伴。

门生　　1929年，钱钟书以英文满分的成绩，考入清华大学外文系，成为吴宓教授的得意门生。

钱钟书学习成绩很好，吴宓对这个天才弟子青睐有加。他常常在讲完课后问："Mr. Qian的意见怎么样？"钱钟书总是不屑一顾。吴宓也不气恼。

1933年，钱钟书即将从清华大学外文系毕业，校长冯友兰亲自告诉他，将破格录取他留校继续攻读西洋文学研究硕士学位。钱钟书却一口拒绝，并有点狂妄地说："整个清华，叶公超太懒，吴宓太笨，陈福田太俗！没有一个教授有资格充当钱某人的导师！"不久，外文系的老师周榆瑞将这话告诉吴宓。吴宓一笑，平静地说："Mr. Qian的狂，并非孔雀亮屏般的个体炫耀，只是文人骨子里的一种高尚的骄傲，这没啥。"

1937年，钱钟书分别在牛津大学、巴黎大学学习和研究西洋文学。在此期间，吴宓正在狂追毛彦文，消息传出，钱钟书特撰文一篇，发表在国内某知名大报上，调侃恩师的意中人是"风韵犹存的大龄女人"，使吴宓的"罗曼蒂克爱情"一时成为笑柄。钱钟书毕业后不久就带夫人杨绛去英国留学，不料几年后却因钱钟书写的一篇书评使得师徒两人的关系紧张起来。1937年3月，钱钟书将题为《吴宓先生及其诗》的书评寄给吴宓，还附了封信。信中说寄上书评，以免老师责怒。吴宓看了书评后大为恼火，在日记中写道："该文内容，对宓备致讥诋，极尖酸刻薄之至。""谓宓生性浪漫，而中白壁德师人文道德学说之毒，致束缚拘牵，左右不知所可。"更让吴宓怒不可遏的是书评中还"讥诋宓爱彦之往事，指彦为super-annuated Coquette（年华已逝的卖弄风情的女子）。"看到自己心爱的女子被这样形容，真让吴宓伤心到了极点。他感叹道："除上帝外，世人孰能知我？"

可以说，钱钟书做了一件对老师伤害很深的事，使吴宓大为愤慨。吴宓在日记中径直写道："钱钟书君，功成名就，得意欢乐，而如此对宓，犹复谬托恭敬，自称赞扬宓之优点，实使宓尤深痛愤。"明确表示这个得意门生伤透了他的心。此事引起了吴宓心中的嫉恨。此种嫉恨一直到了清华欲请钱钟书回校任教时，吴宓以投反对票的方式出了一口闷气，才得到消解。1937年6月28日，清华大学文学院院长冯友兰以"将来聘钱钟书为外国语文系主任"一事征询吴宓的意见，吴宓立即避而不谈。但他在日记中却表明了自己的意见："宓窃思王退陈升，对宓个人尚无大害。惟钱之来，则不啻为胡适派、即新月新文学派，在清华，占取外国语文系。结果，宓必遭排斥。此则可痛可忧之甚者。"事后，吴宓发现自己在此事中的作法不妥，于是又想方设法试图挽回，让清华聘钱钟书，但为时已晚。

1940年春，钱钟书学成回国，许多知名学府想聘请他，其中包括他的母校清华大学。可是，却遭到时任外文系主任陈福田的竭力反对。吴宓得知此事后，愤愤不平。他奔走呼吁，不得其果，"终憾人之度量不广，各存学校之町畦，不重人才"。后来，陈福田请吴宓吃饭，吴宓特意叫上好友陈寅恪当说客，力主聘请钱钟书，为清华大学的西洋文学研究所增加光彩。经过几番努力，"忌之者明示反对，但卒通过"。吴宓很是欣慰。只是，任教两年后，钱钟书和诸公不睦，辞职他就。吴宓又是极力挽留，但钱钟书去意坚决。

多年后，钱钟书的学术、人格日趋成熟。一次，他到昆明，特意去西南联大拜访恩师吴宓。吴宓喜上眉梢，毫无芥蒂，拉着得意门生谈论学问、下棋聊天、游山玩水。钱钟书深感自己的年少轻狂，红着脸就那篇文章向老师赔罪。吴宓茫然，随即大笑着说：“我早已忘了。”

1993年春，钱钟书忽然接到吴宓先生女儿的来信，希望他为《吴宓日记》写序，并寄来书稿。当钱钟书读完恩师日记后，心内慨然，立即回信自我检讨，谴责自己：“少不解事，又好谐戏，逞才行小慧……内疚于心，补过无从，唯有愧悔。”且郑重地要求把这封自我检讨的信附入《吴宓日记》公开发表。

叶兆言说：“吴宓不是一个豪爽的人，且毫无幽默感，但他却是大度、真诚的君子。”物以类聚，人以群分。吴宓先生真诚、大度，钱钟书也同样磊落、坦荡。对于“青出于蓝而胜于蓝”的学生，吴宓做为老师，坦然表示佩服，一再宽容谦让，足以表现出他心胸坦荡、爱才容物。虽然钱钟书在学问、成就上远远超过自己的老师吴宓，但他在《吴宓日记》序中谦恭地写道：“我愿永远列名吴先生弟子之列中。”师生各自的人格风范跃然纸上。

情念　　“文革”中，吴宓受到批判，再也无人叫他老师。有一天，吴宓独自拄着拐杖，在街上散步，走累了，就坐在路边石凳上休息。有一位青年见吴宓还活着，兴冲冲地走过去，喊了他一声“吴老师”。吴宓以为听错了，努力睁大昏花的眼睛问：“你在叫我吴老师？”青年回答：“是的。吴老师您今天上街散步？”吴宓不禁热泪盈眶，摸索着从内衣口袋掏出一张10元钞票，送给那位年轻人。该青年连忙摇手：“吴老师，我怎么能收您的钱？”吴宓说：“小伙子，已有很多年没人叫我吴老师了，今天你是第一个叫我老师的，我心里感动呀！你一定要收下，否则我心里就会不安。"见推辞不了，青年只好收下，而10元钱在那时足够一个人一个月的伙食费。

"文革"后期，有位女教师关心孤苦伶仃的吴宓，为他织了一双毛线袜子。吴宓很感动，过了几天给女教师送了100元钱过去。当时的100元，在重庆，足以供10口之家生活一个月。有人对吴宓说："一双袜子值几个钱，你给得太多了。"吴宓则情深义重地回答："多吗？我觉得不多。我只是把织袜子的成本费、劳务费，还有无价的感情费都算在里面了。"

1977年，因饱受折磨而身体虚弱的吴宓回到陕西老家，听说一些中学因为没有外语老师而不开英语课，便急切地问："他们为什么不请我啊？我还可以讲课。"

吴宓早年就读北京清华留学预备学校时，有一个擅写诗的好朋友吴芳吉，在一次学潮中两人双双被开除。事后，校长宣布凡写悔过书的人，均可以恢复学籍，毕业后留学美国。结果吴宓写了悔过书，念完了中学，如期出国深造，前途辉煌；而吴芳吉则因为拒绝悔过，回乡当教师，清苦了一辈子。此事让吴宓觉得愧对友人，悔憾一生。吴芳吉早年去世，吴宓主动承担起了照顾吴芳吉遗属的责任，几十年如一日。

评论　　吴宓的高徒季羡林如此评论恩师说："雨僧先生是一个奇特的人，身上也有不少的矛盾。他古貌古心，同其他教授不一样，所以奇特；他言行一致，表里如一，同其他教授不一样，所以奇特；别人写白话文、写新诗，他偏写古文、写旧诗，所以奇特；他反对白话文，却又十分推崇用白话文写成的《红楼梦》，所以矛盾；他看似古板，但又颇有些恋爱的罗曼史，所以矛盾；他能同青年学生友好往来，但有凛然、俨然之风，所以矛盾……雨僧先生在旧社会是一个不同流合污，特立独行的奇人，是一个真正的人！"

吴宓的学生钱钟书对他的评论更加入木三分："像他这种人，是伟人，也是傻瓜。……最终，他只是一个矛盾的自我，一位'精神错位'的悲剧英雄。在他的内心世界中，两个自我仿佛黑夜中的敌手，冲撞着，撕扯着"；"吴宓先生的心灵似乎又处在一种缺乏秩序的混沌状态——每一种差异在他脑海里都成为对立。他不能享受道德与植物般平静的乐趣，而这些是自然赐予傻瓜、笨伯与孩子的礼物……隐藏于他心理之后的是一种新旧之间的文化冲突"。

诗作

> 心迹平生付逝波，更从波上觅纹螺。
>
> 云烟境过皆同幻，文锦织成便不磨。
>
> 好梦难圆留碎影，慰情无计剩劳歌。
>
> 蚕丝蛛网将身隐，脱手一编任诋诃。
>
> ——吴宓先生自题诗之一

1931年毛彦文与熊希龄订婚后，吴宓在其"文学与人生"课堂上向学生朗诵自己所作的解嘲诗：

吴宓先生之烦恼

> ——仿沙克雷所作《反少年维特之烦恼》四首

一

吴宓苦爱毛彦文，三洲人士共惊闻。离婚不畏圣贤讥，金钱名誉何足云！

二

做诗三度曾南游，绕地一转到欧洲。终古相思不相见，钓得金鳌又脱钩。

三

赔了夫人又折兵，归来悲愤欲戕生。美人依旧笑洋洋，新妆艳服金陵城。

四

奉劝世人莫恋爱，此事无利有百害。寸衷扰攘洗浊尘，诸天空漠逃色界。

寄怀陈寅恪

待时观变岁星周，去住无端许暂留。

东海鲸吞文物尽，西天龙战鬼泣愁。

入关罗什逢秦乱，作赋兰成类楚囚。

新浪韦庄诗共读，花开港屿慰绸缪。

1931 年 11 月徐志摩死于空难，吴宓扼腕叹息，同年 12 月 14 日在《大公报》文学副刊上发表诗作以缅怀：

挽涂志摩君

牛津花园几经巡，但丁雪莱仰素因。

殉道殉情完世业，依新依旧共诗神。

曾逢琼岛鸳鸯社，忍忆开山火焰尘。

万古云霄留片影，欢愉潇洒性灵真。

冯友兰：建立最好人生境界论的 "现代新儒家"

传略　冯友兰（1895—1990），字芝生,河南唐河县人。中国当代著名哲学家、哲学史家、教育家。其哲学作品为中国哲学史的学科建设做出了重大贡献，被誉为"现代新儒家"。

1915 年自中国公学考入北京大学哲学门，学习中国哲学。1920 年留学美国哥伦比亚大学研究院，师从杜威先生学习西方哲学。1923 年毕业回国（次年博士论文出版后获哲学博士学位）。回国后，历任中

冯友兰

州大学、广东大学、燕京大学教授。1928 年起，任清华大学哲学系教授兼哲学系主任、文学院院长、校秘书长、校务会议主席等职。30 年代初，完成了两卷本《中国哲学史》，以后多次重印，为国内外学习中国哲学的标准教科书。1937 年，抗日战争爆发。清华大学经长沙迁至昆明，与北京大学、南开大学合并为西南联合大学。在西南联大，仍任哲学系主任兼文学院院长。他一面教学，一面在颠沛流离之中完成了"贞元六书"，创建了自己的哲学体系，从而完成了中国传统哲学向现代哲学的转化；继承发展了中

国哲学中"极高明而道中庸"的优秀传统，建立了至今最好的人生境界论。还对中西文化争论中的许多问题提出了自己的见解，从哲学上解决了诸如文化的中国本位与全盘西化、文化的体与用、文化的现代性与民族性等重大问题，为中国探索出了一条符合实际的自由之路。抗战胜利后，重新回到北平，任清华大学哲学系教授兼系主任，1946 年受宾夕法尼亚大学之邀，赴美讲学。在此期间他用英文写出了一部《中国哲学简史》。该书的思想、语言风格及文化、哲学涵蕴别具风采，深受外国读者欢迎，先后有法、意、南、捷、日、韩等 12 种语言的译本出版，可谓中国学术史上的一大奇观。1949 年后，辞去清华大学哲学系主任和校务委员会主席之职。1952 年院系调整后转任北京大学哲学系教授，并任中国科学院哲学社会科学部学部委员，在生命的最后十年，以惊人的毅力完成了七卷本的力作——《中国哲学史新编》。

其他重要著作："贞元六书"（《新理学》、《新世训》、《新事论》、《新原人》、《新原道》、《新知言》）、《中国哲学史论文集》、《中国哲学史论文二集》、《中国哲学史史料学初稿》、《四十年的回顾》等。

力作　冯友兰的《中国哲学史》上下卷分别于 1931 年、1934 年成书，这是中国人自己写就的第一部完整的、具有现代意义的中国哲学史，由美国人 D·卜德翻译成英文。卜德在《冯友兰与西方》一文中说，此书一直是世界各大学学习中国哲学的通用教材。该书上卷出版后，清华大学马上就将其列入《清华大学丛书》。

抗战期间，重庆召开学术评议会议，会上评选抗战以来的最佳著作，冯友兰的《新理学》一书当选第一等，金岳霖的《论道》也被选为第一等，但因为第一等规定只有一个名额，故最后《论道》只能降为第二等。冯友兰得奖金一万元，金岳霖得奖金五千元。

20 世纪 60 年代，冯友兰用马克思主义的立场、观点和方法重写中国哲学史，书名定为《中国哲学史新编》，这套书只出版了前两册。因带有强烈的意识形态特点，这两册书在冯友兰 80 年代重写《中国哲学史新编》时，被完全抛弃。

晚年，冯友兰耳目失聪，但他没有停止著述。据他的博士生回忆，冯视力有障碍后，全靠记忆指导学生协助自己编写，需要引用什么资料，他凭记忆让助手去某处查某一部分，然后由助手念给他听，由他决定取舍。一般他所要查找的资料，与他所说出的书籍出处竟然无大出入。对此他说："我现在好像·'反刍'，把吃过的东西再咀嚼一遍，也增加不了什么材料。所以后面几卷分量不大，每本都写得简短，把要说的话说完就行了，不像有的愈修改愈多。"

进入 80 年代，冯友兰终于可以自由表达自己的观点了。他身体欠佳，却坚持完成《中国哲学史新编》一书，他说此书"不依傍别人，只写我自己"。

年过九十之后，冯友兰仍坚持每天 9 点钟起开始工作，由于行动不便，他坚持上午不喝水，以免上厕所。生命的最后一两年，冯更是频繁地来往于家与医院之间。1990 年初，病床上的冯友兰低声对女儿宗璞说："庄子说过，生为附赘悬疣，死为决疣溃痈；孔子说过，朝闻道，夕死可矣；张横渠又说，生，吾顺事；没，吾宁也。我现在是事情没有做完，所以还要治病。等书写完了，再生病就不必治了。"1990 年 7 月，《中国哲学史新编》第七册终于完成，同年 11 月，了却心愿的冯友兰安详地告别了这个世界。

兄妹 河南南阳唐河县祁仪镇的"冯氏三兄妹"——冯友兰、冯景兰和冯沅君的父亲是晚清进士，曾在张之洞创办的武昌方言学堂任职。后来被委派为崇阳县知县，1908 年夏天因劳累过度而病逝。三兄妹的母亲吴清芝带着三个孤儿回到老家，克服种种困难，送两个儿子进入县立小学读书，为他们提供了接受新式教育的机会。

"冯氏三兄妹"没有辜负母亲的厚望，他们都曾考进北京大学，都是留洋的学生，回国后也都在大学担任教授。大哥冯友兰于1919年北京大学文科中国哲学门毕业后，到美国留学。1924年获哥伦比亚大学博士学位。回国后曾先后在燕京大学、清华大学、西南联大任哲学教授、文学院院长等职，新中国成立后一直在北京大学哲学系担任教授，直到1990年去世。冯友兰是享誉海内外的国学大师。他创立了"新理学"，对我国哲学史的学科建设与发展做出了开创性的贡献，他的"三史"，即《中国哲学史》、《中国哲学简史》、《中国哲学史新编》和"六书"，即《新理学》、《新事论》、《新世训》、《新原人》、《新原道》、《新知言》等著作，继承和阐发了程朱理学的传统，并在借鉴西方近现代哲学成就的基础上，对中国传统哲学进行发掘和阐述，建构了独特的哲学思想新体系，开创了中国传统哲学现代化的新局面。

二弟冯景兰，字怀西，生于1898年，1916年考入北大预科，1918年以肄业资格考取公费留学，进入美国科罗拉多矿业学院学习矿山地质。1923年获得哥伦比亚大学硕士学位后回国，在河南中州大学及清华大学担任地质学教授。他是一位优秀的地质学家，在教学与科研之余，他非常注重实地考察。他从1926年起就多次参加黄河勘测与考察，写出了《豫西黄河坝址地质勘测报告》、《黄河的特点和问题》等文章，为治理黄河提供了地质基础的依据。他通过对矿床共生、成矿规律的研究，提出了"封闭成矿"学说，写出了《关于成矿控制及成矿规律的几个重要问题的初步探讨》这部具有划时代意义的著作；还根据粤北的地形、地层、构造的考察，将奇峰林立的地质景观，命名为"丹霞地貌"，得到了各国地质学家的认可，一直沿用至今。被誉为我国矿床学的奠基人。

小妹冯沅君，生于1900年，原名冯恭兰，后来报考北平女子师范时，更名为冯淑兰，笔名淦女士。从小身体衰弱，没有进小学读书，在母亲的辅导下自学成才。1917年夏天，她听回家度假的大哥说，北平有个女子师范，就跟随哥哥到北平，顺利地考上了北平女子高等师范学校。毕业后又考入北大研究所，成为我国第一位女研究生，专攻中国古典文学，获得硕士学位。

1923年开始以淦女士为笔名发表小说《旅行》，后来又连续发表了《卷葹》、《春痕》、《劫灰》等小说，引起文坛的瞩目，成为当年的"黄（庐隐）、凌（叔华）、冯（沅君）、谢（冰心）"等四大女作家之一。冯沅君早期的小说创作，曾得到鲁迅先生的扶持和鼓励。她的《卷葹》、《春痕》、《劫灰》等四部短篇小说集，通过男女主人公的婚姻悲剧，反映了当时青年人对封建婚姻制度的勇敢反抗和对爱情与自由意志的热烈追求，洋溢着与传统彻底决裂的时代精神。1929年结婚后，与丈夫陆侃如合著《中国诗史》三册。她对古代戏曲特别是元曲有精深研究，著有《古优解》、《孤本元明杂剧题记》等，具有极深的考证价值。1932年她与丈夫到巴黎大学深造，双双获得博士学位，成为我国第一位获得巴黎大学博士学位的女性。回国后夫妻俩主要从事高等学校的文学教学工作和我国古典文学的研究工作。

齐眉　　1915年，由上海中国公学的同学金松岑介绍，冯友兰认识了辛亥革命的前辈任芝铭先生的三女儿任载坤，任载坤当时正在北京女子师范学校读书，比冯友兰年长一岁，很快冯友兰便和任载坤订了婚。

两人订婚时有约定，等任载坤在北京女子师范学校毕业以后才能结婚。当时在北京，北京大学是男子最高学府，北京女子师范学校是女子最高学府，两人各居最高学府，恰好两人都是1918年毕业。这样的结合，在全国也可以说独此一对佳偶绝配。

1918年夏，冯友兰与任载坤双双毕业后，在开封结婚。

结婚后，冯友兰任河南第一工业学校语文、修身教员，任载坤则任河南女子师范预科算术教员。

冯友兰与任载坤婚后育有四子，女儿冯钟琏，次女冯钟璞（作家宗璞，著有小说《南渡记》、《野葫芦引》），子冯钟辽，次子冯钟越，多学有专成。随着子女的出生，任载坤即主司家务。回首家庭生活往事，冯友兰的女儿宗璞说：这么多年，我觉得父母一直认为生命有更高更重要的东西存在，在父亲，就是他的哲学他的教育事情，在母亲，就是帮助父亲完成他的事业。

"文革"期间，冯友兰蹲牛棚，夫人任载坤天天站在远处眺望，盼他回来，那个地方被冯友兰命名"望夫石"，任载坤还定期到"黑帮大院"给他理发。夫妻同甘苦、共患难，度过了这段非常时期。

1977年10月3日，任载坤撒手西归，冯友兰作挽联送别妻子：

在昔相追随，同患难，共安乐，期颐望齐眉，黄泉碧落汝先去；
从今无牵挂，断名缰，破利锁，俯仰俱不愧，海阔天空我自飞。

授业　冯友兰每次上课前总要点名，他讲课极为生动，通俗易懂，他不进行逻辑分析，而是讲一些哲学史上的故事，学生有时根本不用记笔记，听得高兴的同时，也体会了他的意思。

冯友兰讲课极受学生欢迎，他讲"中国哲学史"，除了本系学生外，外系学生也慕名来旁听。100多人的大教室挤满了学生。冯有些口吃，往往一句话在黑板上已经写完，他的话还没有讲完。

清华学生对冯友兰最深刻的印象便是口吃，据说，冯念墨索里尼，必"摸索摸索摸索"许久。冯在清华开"古代哲人的人生修养方法"课，首次听讲者达四五百人，第二周减到百余人，第三周只余二三十人，四五周后竟只有四五人听讲，因为他的口才不堪卒听，一句"学而时习之"的"而"字，要"而"一分多钟，在学生中传为笑谈。

杨振宁说："冯先生把他的口吃转化成一个有用的演讲办法"，"他讲的具体内容我记不清楚了，不过，有一点我记得很清楚，就是大家都知道冯先生口吃。"因为冯口吃，所以每当口吃的时候，他都停顿一下，这样一停顿反倒给听众一个思考他接下来讲什么的机会。也因为口吃，他讲话简要而精辟，这也是很多学生喜爱听冯友兰讲座的原因。

收藏　　冯友兰有个独特的爱好——收藏旧兵器。为何有这样一个独特的爱好？冯友兰在自述中说："我家里的上辈，有一代是习武的。在我的祖母的房里，遗留下来许多兵器，我小的时候常同堂兄弟们拿出来玩。家里有个护院的拳师，教我们使用这些兵器，所以养成一种爱好。"

在战前的北平，冯友兰喜欢逛古董铺，"我所收罗的并不是夏鼎商彝，而是明清两代遗留下来的旧兵器。"东四牌楼附近有一个小巷，叫弓箭大院，是从前制造弓箭的地方。冯友兰在那里收罗了上百支的箭，箭有各种各样的箭头，特别是响箭，制造精致。

昆明有一条文明街，街上有个摆旧货地摊的夜市。冯友兰经常去那里逛，有时买旧兵器。冯友兰的长子冯钟辽在《父亲冯友兰先生收集的兵器》文中讲了一个故事：

有一次买回来了一柄像匕首而无刃的无刃刀。刀身窄扁。平刀头没有尖，也许可以当改锥用。刀柄做得很考究。刀柄中空，做工有似象牙的雕镂方法，可是是铁做的。用玲珑剔透形容刀柄就很恰当。我也觉得那把刀有意思，就把它夹在书包里带了去学校。我那时候住校。下课以后在宿舍拿刀出来看。一位同学问我在干什么。我说这个东西很有意思，可是不知道是干什么用的。同学拿刀一看，忍不住大笑。说这是把烟刀，挑烟用的。我知道很多同学家里有烟具，当然深信不疑。周末把烟刀拿回家去，放回原处。父亲后来是不是也知道那是把烟刀？我是没说，我也没问。

冯钟辽的文章也提到了冯友兰藏旧兵器展：按照我的记忆，抗战将要开始的时候，在清华收集的那些兵器都捐送给了燕京大学了。大约

冯友兰与女儿宗璞

在捐赠以前，在清华大学举行了一次展览，也有一说，展览是在复员后举行的。以后可能又转到了有关部门。家里有一幅文化部颁发的奖状，言明收到冯友兰先生捐赠各式兵器六百一十九件，纸上的时间是 1959 年。最近在历史博物馆找到了这批兵器。妹妹宗璞曾去看过，见保存完好，还是从前的老样子。应该说这是它们最合适的去处。

妙喻　　冯友兰有一次在哲学年会作学术报告，讲的是朱熹哲学。冯友兰说，世上的万物都是由"理"和"气"构成的，"理"就是原则，是形式，是结构；"气"是物质，是质料，是材料。比如说陶瓷茶杯，它有它的形状和结构，这是"理"；但做茶杯要有陶土，这是"气"。做茶杯就是要根据茶杯的形状把陶泥做成茶杯，物质在英文中又称为"材料"（stuff），冯友兰就在报告中把材料直接音译成"士大夫"。

冯友兰教育学生的方法非常有趣。他常说读大学是以自学为主；当研究生就等于学游泳，老师把你扔进池子里，游过去你就毕业了；游不过去，中途就会沉下去。有人把你捞上来，说明你没有走完你应该走的路。做学生都是自己闯出来的。你把着手教，是教不出人才来的。冯友兰的这种观点即使在今天，仍然有着很强的现实意义，仍然能对教育者和受教育者以深刻的启迪。

至文　　冯友兰长于文字。上世纪 40 年代，国民党独裁统治招致民怨沸腾，党内要求实行民主、宪政的呼声也越来越高。国民党西南联大区党部公推冯友兰致信蒋介石，要求立宪。冯在信中写道："睹一叶之飘零，知深秋之将至。昔清室迟迟不肯实行宪政，以至失去人心，是本党得以成功。前事不远，可为殷鉴。"据说，蒋介石看罢"为之动容，为之泪下"，并复信西南联大国民党支部，表示同意信中要求，实行立宪。

这篇陈蒋介石的信函写完后，联大教授们交口称赞，雷海宗对冯友兰说："即使你写的书都失传了，这一篇文章也可以使你不朽。"

西南联大校歌在抗战时响遍神州，它也是由冯友兰执笔写就的：

万里长征，辞却了，五朝宫阙。暂驻足，衡山湘水，又成离别。

绝徼移栽桢干质，九州遍洒黎元血。尽笳吹，弦诵在山城，情弥切。

千秋耻，终当雪。中兴业，需人杰。便一成三户，壮怀难折。

多难殷忧新国运，动心忍性希前哲。待驱除仇寇，复神京，还燕碣。

1946 年 4 月，北大、清华、南开三校复校前，决定在联大原址留碑纪念。5 月 4 日，"国立西南联合大学纪念碑"揭幕，碑文由西南联大文学院院长冯友兰教授撰文、中国文学系闻一多教授篆刻、中国文学系主任罗庸教授书丹，被称为"三绝碑"。冯友兰所撰碑文被公认可与陈寅恪纪念王国维的文章比肩，被何炳棣称为融古烁今的"至文"、"不朽文章"。

冯友兰在碑文中对中国的未来充满希望，他称"并世列强，虽新而不古；希腊罗马，有古而无今。惟我国家，亘古亘今，亦新亦旧，斯所谓周虽旧邦，其命维新者也！"

名文

人生的境界

哲学的任务是什么？我在第一章曾提出，按照中国哲学的传统，它的任务不是增加关于实际的积极的知识，而是提高人的精神境界。在这里更清楚地解释一下这个话的意思，似乎是恰当的。

我在《新原人》一书中曾说，人与其他动物的不同，在于人做某事时，他了解他在做什么，并且自觉地在做。正是这种觉解，使他正在做的对于他有了意义。他做各种事，有各种意义，各种意义合成一个整体，就构成他的人生境界。如此构成各人的人生境界，这是我的说法。不同的人可能做相同的事，但是各人的觉解程度不同，所做的事对于他们也就各有不同的意义。每个人各有自己的人生境界，与其他任何个人的都不完全相同。若是不管这些个人的差异，我们可以把各种不同的人生境界划分为四个概括的等级。从最低的说起，它们是：自然境界，功利境界，道德境界，天地境界。

　　一个人做事，可能只是顺着他的本能或其社会的风俗习惯。就像小孩和原始人那样，他做他所做的事，而并无觉解，或不甚觉解。这样，他所做的事，对于他就没有意义，或很少意义。他的人生境界，就是我所说的自然境界。

　　一个人可能意识到他自己，为自己而做各种事。这并不意味着他必然是不道德的人。他可以做些事，其后果有利于他人，其动机则是利己的。所以他所做的各种事，对于他，有功利的意义。他的人生境界。就是我所说的功利境界。

　　还有的人，可能了解到社会的存在，他是社会的一员。这个社会是一个整体，他是这个整体的一部分。有这种觉解，他就为社会的利益做各种事，或如儒家所说，他做事是为了"正其义不谋其利"。他真正是有道德的人，他所做的都是符合严格的道德意义的道德行为。他所做的各种事都有道德的意义。所以他的人生境界，是我所说的道德境界。

　　最后，一个人可能了解到超乎社会整体之上，还有一个更大的整体，即宇宙。他不仅是社会的一员，同时还是宇宙的一员。他是社会组织的公民，同时还是孟子所说的"天民"。有这种觉解，他就为宇宙的利益而做各种事。他了解他所做的事的意义，自觉他正在做他所做的事。这种觉解为他构成了最高的人生境界，就是我所说的天地境界。

　　这四种人生境界之中，自然境界、功利境界的人，是人现在就是的人；

道德境界、天地境界的人，是人应该成为的人。前两者是自然的产物，后两者是精神的创造。自然境界最低，其次是功利境界，然后是道德境界，最后是天地境界。它们之所以如此，是由于自然境界，几乎不需要觉解；功利境界、道德境界，需要较多的觉解；天地境界则需要最多的觉解。道德境界有道德价值，天地境界有超道德价值。

照中国哲学的传统，哲学的任务是帮助人达到道德境界和天地境界，特别是达到天地境界。天地境界又可以叫做哲学境界，因为只有通过哲学，获得对宇宙的某些了解，才能达到天地境界。但是道德境界，也是哲学的产物。道德认为，并不单纯是遵循道德律的行为；有道德的人也不单纯是养成某些道德习惯的人。他行动和生活，都必须觉解其中的道德原理，哲学的任务正是给予他这种觉解。

生活于道德境界的人是贤人，生活于天地境界的人是圣人。哲学教人以怎样成为圣人的方法。我在第一章中指出，成为圣人就是达到人作为人的最高成就。这是哲学的崇高任务。

在《理想国》中，柏拉图说，哲学家必须从感觉世界的"洞穴"上升到理智世界。哲学家到了理智世界，也就是到了天地境界。可是天地境界的人，其最高成就，是自己与宇宙同一，而在这个同一个，他也就超越了理智。

前几章已经告诉我们，中国哲学总是倾向于强调，为了成为圣人，并不需要做不同于平常的事。他不可能表演奇迹，也不需要表演奇迹。他做的都只是平常人所做的事，但是由于有高度的觉解，他所做的事对于他就有不同的意义。换句话说，他是在觉悟状态做他所做的事，别人是在无明状态做他们所做的事。禅宗有人说，觉字乃万妙之源。由觉产生的意义，构成了他的最高的人生境界。

所以中国的圣人是既入世而又出世的，中国的哲学也是既入世而又出世的。随着未来的科学进步，我相信，宗教及其教条和迷信，必将让位于科学；可是人的对于超越人世的渴望，必将由未来的哲学来满足。未来的哲学很可能是既入世而又出世的。在这方面，中国哲学可能有所贡献。

金岳霖：一个创建独立哲学体系的"顽童哲学家"

金岳霖

传略　金岳霖（1895—1984），字龙荪，湖南长沙人。中国现代哲学家、逻辑学家。是把西方现代逻辑介绍到中国的主要人物，他把西方哲学与中国哲学相结合，建立了独特的哲学体系。

1911年考入清华学堂，1914年考取官费留学生，1920年获美国哥伦比亚大学博士学位，1921年到英国学习，1925年回国。历任清华大学、西南联大、北京大学哲学系教授。1955年后任中国科学院哲学研究所一级研究员、副所长、哲学社会科学部学部委员，从事哲学和逻辑学的教学、研究和组织领导工作。著有《论道》、《逻辑》和《知识论》，其中《论道》尤其出类拔萃，其原创性思想之丰富，在中国现代哲学中罕见其匹，被贺麟称为"一本最有独创性的玄学著作"。而《知识论》更在中国哲学史上首次构建了完整的知识论体系。

金岳霖是第一个运用西方哲学的方法，融会中国哲学的精神，建立自己哲学体系的中国哲学家。他创建的哲学体系，其中包括本体论和知识论。

《论道》一书是他的本体论；《知识论》一书是他的知识论，即通常所说的认识论。他的知识论是以他的本体论为基础的。这个哲学体系，不仅是近代的，而且也是民族的。

金岳霖最早把现代逻辑系统地介绍到中国；他深入研究了逻辑哲学，并把逻辑分析方法应用于哲学研究，取得了显著的成绩。他认为，"各种学问都有它自己的系统"，"既为系统，就不能离开逻辑"。就是说，各门学问要系统化，都必须运用逻辑工具。哲学这个学问也不例外，如果要精确化和系统化，也必须完善和发展逻辑工具。金岳霖本人的哲学就以细密的逻辑分析见长，他的著作具有精深分析和严密论证的特色，形成一种独特的严谨学风。

为学　　1922年，还在国外留学的金岳霖在国内发表长文《优秀分子与今日的社会》。文中说：第一，他希望知识分子能成为"独立进款"的人，他说："我开剃头店的进款比交通部秘书的进款独立多了，所以与其做官，不如开剃头店；与其在部里拍马，不如在水果摊子上唱歌。"第二，他希望知识分子不做官，也就是"不做政客，不把官当做职业的意思。若是议定宪法修改关税的事都是特别的事，都是短期的事，事件完了以后，依然可以独立过自己的生活"。第三，他希望知识分子"不发财。如果把发财当做目的，自己变作一个折扣的机器，同时对于没有意味的人，要极力敷衍"。第四，他希望知识分子能有一个"独立的环境"，要有一群志同道合的人在一起。

1926年，金岳霖发表了他回国后的第一篇哲学论文：《唯物哲学与科学》。他在文中说："世界上似乎有很多的哲学动物，我自己也是一个，就是把他们放在监牢里做苦工，他们脑子里仍然是满脑子的哲学问题。"

蒋介石的《中国之命运》发表后，联大教授们非常反感，金岳霖甚至拒绝阅读这本每人必须阅读的书。在一个静寂的黄昏，殷海光随金岳霖散步时，说现在各派的宣传都很凶，不知哪派是真理。金没有正面答复，他稍作沉思，说："掀起一个时代的人兴奋的，都未必可靠，也未必能持久。"殷问："那么什么才是比较持久而可靠的思想呢？"答曰："经过自己长久努力思考出来的东西……比如说，休谟、康德、罗素等人的思想。"

在联大时，金岳霖出版了他最早的一本书——《逻辑》，此书出版后，哲学家贺麟誉之为"国内唯一具新水准之逻辑教本"。他的学生殷海光更赞誉说："此书一出，直如彗星临空，光芒万丈！"有一次，殷和人聊天，看到桌子上放着一本《逻辑》，立即拿起此书说："就拿这本书来说吧！这是中国人写的第一本高水平的现代逻辑。也仅仅就这本书来说吧，真是增一字则多，减一字则少！"突然，他把这本书往桌上一扔，说："你听，真是掷地作金石声！"

1983年，金岳霖花精力最多、时间最长的一本书《知识论》终获出版。冯友兰对这部书的评语是："道超青牛，论高白马。"（青牛指老子，白马指公孙龙）

冯友兰对金岳霖极为赞赏，他说："我和金先生，互有短长。他的长处在于把简单的东西讲得复杂，我的长处在于把复杂的东西讲得简单。"他认为金才是真正深得魏晋风流的人物。

传道　　金岳霖常年戴着一顶呢帽，进教室讲课也不脱下。每一学年开始，给新一班学生上课，他的第一句话总是："我的眼睛有毛病，不能摘帽子，并不是对你们不尊重，请原谅。"眼睛有毛病与戴帽子有什么关系？原来，他的眼睛有些怕阳光，因此他的呢帽的前檐压得比较低，脑袋总是微微地仰着。他后来配了一副眼镜，但奇怪的是，这副眼镜的镜片一只是白的，一只是黑的。

金岳霖教的逻辑课是西南联大规定文学院一年级学生的必修课，上课在大教室，学生坐得满满的。在中学里没有听说有逻辑这门学问，大一的学生对这课很有兴趣。金岳霖授课时，常把学生也看做是学者，以学者对学者的态度研究问题。他讲课常常不带书本，不带讲稿，走进课堂只带一支粉笔，而且经常一堂课下来一个字也不写。金先生上课有时要提问，那么多的学生，他不能都叫得上名字来——联大是没有点名册的，他有时一上课就宣布："今天，穿红毛衣的女同学回答问题。"于是所有穿红毛衣的女同学就都有点紧张，又有点兴奋。那时联大女生在旗袍外面套一件红毛衣成了一种风气——穿蓝毛衣、黄毛衣的极少。问题回答得流利清楚，也是件出风头的事。金先生很注意地听着，完了，说："yes！请坐！"学生也可以提出问题，请金先生解答。学生提的问题深浅不一，金先生有问必答，很耐心。有一个华侨同学叫林国达，操广东普通话，最爱提一些怪问题。有一次他又站起来提了一个怪问题，金先生想了一想说："林国达同学，我问你一个问题：林国达君垂直于黑板，这是什么意思？"林国达无法回答。其实，金岳霖知道林国达当然无法垂直于黑板，但这句话在逻辑上没有错误。他就是要用这种奇特方式来回应林国达。

一次，有一个同学问金岳霖："您为什么要搞逻辑？逻辑课的前一半讲三段论，还比较有意思。后半部全是符号，简直像高等数学。"金岳霖的回答居然是："我觉得它很好玩。"

除了文学院大一学生必修课逻辑，金岳霖还开了一门"符号逻辑"，是选修课。这门学问很高深，选这门课的学生很少，教室里只有几个人。学生里最突出的是王浩。金岳霖讲着讲着，有时会停下来，问："王浩，你以为如何？"这堂课就成了他们师生二人的对话。

金岳霖上逻辑课，喜欢用故事启发人。有一次，他要说明形式逻辑只管推理的形式正确与否而不管推理所用命题或概念内容的真假，便讲了一个故事：有一个衣帽间的黑人侍者非常称职，每次顾客进门时把衣帽交给他，等顾客出门时他将原物奉还，从未出过差错。有一回，一位顾客出于好奇，问他："你怎么知道这衣帽是我的呢？"侍者答道："我并不知道它是你的呀！"顾客又问道："那你为什么把它还给我呢？"侍者答道："因为那是你交给我的呀！"侍者只管衣帽是谁交他寄存的就还给谁，而不管衣帽本身是否寄存者本人所有，不管它是不是他从别人那儿借来甚至偷来、抢来的。

还有一次，金岳霖在课堂上说，并不是任何命题都可以证实，比如义和团的信条是：诚心则刀枪不入。与洋鬼子交战，大师兄首先冲上去，被洋枪洋炮打死了。大家以为大师兄一定心不诚，有过失，才死于非命。我是心诚的，死不了，仍然继续往前冲。紧接着，二师兄、三师兄……也被打死了，余众照旧一窝蜂往枪口、炮口撞去。人都死光了，"诚心则刀枪不入"的命题依旧无法证实。

论道　　《知识论》是金岳霖的呕心沥血之作，说它命运多舛，一点也不为过。金岳霖曾经回忆道："花时间最长、灾难最多的是《知识论》那本书。抗战期间，这本书我在昆明就已经写成。那时日帝飞机经常来轰炸，我只好把稿子带着跑警报，到了北边山上，我就坐在稿子上。那一次轰炸的时间长，天也快黑了，我站起来就走，稿子就摆在山上了。等到我记起回去，已经不见了踪影。一本六七十万字的书不是可以记住的，所谓再写只可能是从头到尾写新的。"世间帝王坐失江山的不乏其人，学者坐失手稿的却罕见所有，这件事当年就传为笑谈。别人笑得欢，作者则如哑巴食黄莲，其苦难言。《知识论》完成于1948年底，出版迟至1983年冬，金岳霖的那声"非常非常之高兴"道出了他对宁馨儿终于面世的喜悦之情。

《论道》是金岳霖在抗日战争期间完成的一部重要著作，是中国现代哲学中系统最完备、最富有创造性的本体论专著。书中以道、式、能为基本范畴，采用逻辑学书写形式，每一条都是一个逻辑命题，通过纯逻辑的推演建构出独特的本体论。这本书的问世使中国学术史产生了方法论上的革命，在重感悟而轻逻辑的中国文化圈中具有划时代的意义。《论道》充分体现了金岳霖中西合璧的著述风格，他用中国传统哲学中的最高概念

"道"将"式"、"能"统括起来，成为其哲学体系中"最上的概念"、"最高的境界"。书中大量采用无极、太极、理、势、体、用、几、数等中国传统哲学术语，并有意使用许多中国传统哲学命题，但一一赋予新解。此书被国民政府教育部评为优秀学术著作二等奖，奖金高达五千元，这在当时是一个相当不菲的数目。

晚年，金岳霖谈到自己1949年前的著述，这样写道："我只写了三本书。比较满意的是《论道》，花工夫最多的是《知识论》，写得最糟的是《大学逻辑》。"他认为自己没有数学才能，形式逻辑就很难深钻猛掘。

纯情　　1931年，金岳霖在徐志摩的引荐下，认识了林徽因。相识之后，单身汉金岳霖也搬到北京总部胡同，在梁思成家近旁住下了，与梁家住前后院。因为投缘，金岳霖平时经常去梁家。有一次，梁思成外出做田野调查，待的时间长了些，一回来，林徽因痛苦地对梁思成说："我苦恼极了，因为我同时爱上了两个人，不知道怎么办才好？"梁思成极为震惊，内心起伏，终夜苦思，一个劲儿地问自己："徽因到底和谁在一起会比较幸福？"他虽然自知在文学、艺术上都有一定修养，但金岳霖那哲学家的头脑，是自己无论如何都比不了的。次日一早，他眼圈晕黑，决定把选择权交给妻子，乃说："你是自由的，如果你挑选金岳霖，我将祝你们永远幸福！"林将此语传给金听，金却平静地说："看来思成是真正爱你的，我不能去伤害一个真正爱你的人。我应该退出。"从此三人终生为友。金一直跟梁、林作邻居。

金岳霖常常看到梁思成为了古建筑上的某个数据而在房顶上上下下，就为梁林夫妇编了一副对联：梁上君子；林下美人。

"梁上君子"在中国说的是小偷，这里反语正用，恰到好处。所以梁思成听了很高兴。还说："我就是要做'梁上君子'，不然我怎么才能打开一条新的研究道路，岂不是纸上谈兵了吗？"可林徽因并不领情："真

金岳霖与林徽因

讨厌，什么美人不美人，好像一个女人没有什么可做似的。我还有好些事要做呢！"意思是，女人并非供人们欣赏的。金岳霖听到后，表示赞成，连连鼓掌。

林徽因英年早逝，金岳霖悲痛万分。这时，适逢他的一个学生到办公室看他，金先不说话，后来突然说："林徽因走了！"说完后，便号啕大哭。他两只胳膊靠在办公桌上，几分钟后，才慢慢地停止哭泣。他擦干眼泪，静静坐在椅子上，目光呆滞，一言不发。学生陪他默默地坐了一阵，这才把他送回家。

许多年后，梁思成和另一女子结婚，重温二人世界，而金岳霖还是独身一人。一日，他出面请挚友知交到著名的北京饭店赴宴，没说任何理由。大家都过去了，但都不明白老金为什么要在今天请大家吃饭。直到开席前，金岳霖站起来，说："今天是徽因的生日。"大家才明白过来。

许多年后，年近九旬的金岳霖在医院中苦挨最后的时光。当有人将一张林徽因当年的旧照呈在他眼前时，老人忽然来了精神。他嘴角渐渐往下弯，像是要哭的样子，喉头微微动着，似有千言万语哽在那里，却又一言未发。他紧紧捏着照片，仔细端详。许久，才抬起头来说："给我吧！"

妙缘　金岳霖对林徽因的一世纯情，现已成为佳话被广泛传赞。但金岳霖与美国女子秦丽琳（Lilian Taylor）的一段妙缘，却在金林故事的掩盖下，并不为人广知。

金岳霖何时、何因与秦丽琳结识、相恋，并不为人知晓。但这段妙缘至少早于 1924 年，因为在这一年，许多人在法国见证了他们之间的关系。

1924 年，金岳霖在法国游历时，与秦丽琳已经是一对恋人了。一天，金岳霖与秦丽琳、张奚若在巴黎圣米歇大街散步，遇见一些人不知为了什么事争论得很凶，三人便参加进去，也争论起来，由此引起了金岳霖对逻辑的兴趣。

杨步伟在《杂记赵家》中记录了金岳霖和秦丽琳的趣事：1924 年的一天，赵元任、杨步伟去饭馆吃饭，恰好遇到金岳霖，于是，三人一起去保定饭馆吃饭。也许赵元任、杨步伟出手大方，"老金说，看样子你们很阔，钱多不多？能不能借点？"杨步伟想起张奚若的警告，不要轻易借钱给老金，因为"老金还有一位女朋友 Lilian Taylor"，她的开销大概太多。杨步伟就拿出一件貂皮大衣，"让他（金岳霖）女朋友披在身上到咖啡馆去卖"，可是一个星期也没有卖掉。杨步伟只好借他 30 元，谁知拿到钱后，这对恋人去了意大利游玩，连那皮大衣也带到了意大利。

1925 年，徐志摩写信给金岳霖，劝他回国合办英文杂志《全球季刊》。11 月，金岳霖回国，丽琳也随其回到中国，据说"她倡导不结婚，但对中国的家庭生活很感兴趣，愿意从家庭内部体验家庭生活"。

在徐志摩的书信中，我们可得知金岳霖和丽琳这一对妙人"初到北京时的妙相"："他们从京浦路进京，……老金他簇着一头乱发，板着一张五天不洗的丑脸，穿着比俄国叫花子更褴褛的洋装，蹩着一双脚；丽琳小姐更好了，头发比他的蓬得还高，脑子比他的更黑，穿着一件大得不可开交的古货杏黄花缎的老羊皮袍，那是老金的祖老太爷的，拖着一双破烂得像烂香蕉皮的皮鞋。他们倒会打算，因为行李多，不雇洋车，要了大车，把所有的皮箱、木箱、皮包、篮子、球板、打字机、一个十斤半沉的大梨子破书架等等一大堆全给窝了上去，前头一只毛头打结吃不饱的破骡子一蹩一蹩的拉着，旁边走着一个反穿羊皮统面目黧黑的车夫。他们俩，一个穿怪洋装的中国男人和一个穿怪中国衣的外国女人，也是一蹩一蹩的在大车背后跟着！"

1926 年秋天，清华大学聘请金岳霖教逻辑。金岳霖怎样到清华大学任教的，在《杂记赵家》有记录："金岳霖愿来清华教逻辑，托元任想法子，那时元任正在教逻辑，听他这样说就说你来正好，我可专教音韵学，还带教音乐欣赏科，因此老金就来清华了，可是他仍住在城里，和那个美国小姐（Lilian Taylor，前欧洲游记上提过，还有一位 Emma，姓什么忘了）同住，有时我们进城他也请我们去吃玩。"

秦丽琳因金岳霖进入中国知识文化圈，在很多人的著述中能找到她的影子。丽琳这个名字在徐志摩致陆小曼的信中出现过多次，其一是徐志摩 1928 年 12 月 13 日由上海到北京后给陆小曼写的信："老金他们已迁入叔华的私产那所小洋屋，和她娘分住两厢，中间公用一个客厅……丽琳还是那旧精神……"何炳棣在回忆录《读史阅世六十年》中回忆他在青岛山东大学读书时，教授英文的是一位美国人——泰勒女士（Miss Lilian Taylor），"她在二十年代是美国故意反抗礼教的'女叛徒'之一，这就说明何以她在二十年代卜居北平，和清华哲学系教授金岳霖同居生女而不婚。"从何炳棣的回忆得知，1933—1934 年，秦丽琳曾在青岛山东大学任教，估计是原校长杨振声的推荐。

有意思的是，正如金岳霖与秦丽琳的妙缘何时开始无人知晓一样，这段妙缘如何结束也无人知晓，秦丽琳在山东大学任教后就淡出了人们的视野，金岳霖后来似乎也从不提及这位曾与其同居的美国佳人。

和善　　金岳霖在清华任教时，到宿舍看望学生，发现有的学生来自南方，衣被单薄不能御寒，金便将自己的棉衣、毛毯送给他们。1981 年，清华哲学系的师生聚会时，一位学生说："金先生三十多年前送给我御寒的那件棉袍，至今还珍藏在身边，见到它就像见到金先生一样。"

1935 年，年仅 16 岁的殷海光从清华大学出版的逻辑学教材上知道金岳霖的名字后，给金教授写了一封信，信中就自己对逻辑的看法向金请教。

金岳霖对这位中学生极为赏识，回信告诉他，有哪些书，可以寄来借给他读。

1936 年，殷海光打算到北平求学，但因其家境贫寒，无力负担学费，便写信向金岳霖求助。金接到信后，让张东荪为殷安排一份半工半读的工作。得到张的肯定答复后，金复信殷海光，让殷到北平来读书。谁知，殷海光到北平后，张却没有践诺，金岳霖只好自己负担殷海光的生活费用，并且，每周安排时间与殷见面，一边吃饭，一边谈学问。殷海光初到北京，很是自卑，但金岳霖每和他谈一次话，他心头的压力就减少一分。1937 年抗战爆发后，清华疏散在校学生，金岳霖又自掏腰包，拿出五十元作为殷海光回家的路费。

抗战时期，金岳霖时常接济同仁好友。张奚若家经济困难，生活极为拮据。某日早晨，张夫人发现客厅的椅子上放着数额不小的一笔钱，忙问张道："哪来的这么多钱？"张也颇为奇怪，后来想到昨晚金岳霖曾到家里来聊天，才恍然大悟："一定是老金办的好事！"

当时，钱端升一家五口都靠钱一人微薄的薪水维持生计，常常入不敷出。金岳霖等几个单身汉知道后慷慨解囊，帮助钱家渡过难关。金岳霖去世后，钱端升的夫人陈公蕙忆及金时，仍极为感激。

每到过年，金岳霖就邀请学生们到他家中去聚会。在金家，学生们从不觉得拘束，有说有笑。每次金岳霖都让厨师老汪做西餐和烤肉招待学生们。后来，金的学生王雨田到北大哲学系工作，一次偶尔对金说起怀念老汪的手艺，几天后，金让王到他的办公室去一趟。王到后，金岳霖打开抽屉拿出老汪做的一盒点心给王，王觉得心中无限温暖。

金岳霖家是青年教师聚会交谈的场所，每到春节，他便组织青年教师到家中聚餐联欢，大家戏称金岳霖为"我们的光棍司令"。

一次，欧阳中石在临湖轩前的草地上和几个同学一起闲聊，他模仿老师们的样子让大家猜，前面几位都猜中了，模仿到金岳霖的时候，大家都没说话，他觉得自己模仿得惟妙惟肖，大家怎么都猜不出来呢？于是又夸大了金的特点再模仿了一次，但大家只是诡谲地冲他笑，都不说话。他很是纳闷，无意中回头一看，金岳霖正站在他身后，他极为尴尬。一个多月后，欧阳中石在办公室的过道碰到金岳霖，他掉头便跑，金将他叫住，欧阳中石心中很是惶恐，心说还不一定要受到什么样的呵斥呢！结果金只是和善地拍了拍他的肩膀说："你好调皮呀！"后来有一次，欧阳中石在贝公楼演京剧《将相和》，金岳霖坐在前排的正中间的座位上观看，谢幕的时候，金站起来靠近舞台冲他问道："你真是欧阳中石？"欧阳答是，金笑着点头道："你是真调皮，好，好。"

趣行　　金岳霖十几岁时，按照逻辑推理出中国俗语"金钱如粪土，朋友值千金"有问题。他发现，如果把这两句话作为前提，得出逻辑结论应该是"朋友如粪土"。

辛亥革命后，金岳霖很快就剪去头上的辫子，还写了一首打油诗："辫子已随前清去，此地空余和尚头。辫子一去不复返，此头千载光溜溜。"

金岳霖是研究哲学的，但他对小说也来者不拒，从普鲁斯特到福尔摩斯，不管什么样的小说都看。其中最爱看的是平江不肖生的《江湖奇侠传》。有几个联大同学住在联大侧门旁的金鸡巷，沈从文有时拉一个熟人去给这些同学讲一点什么。一次，沈从文请金岳霖给这些同学讲小说和哲学的关系。金岳霖满口答应，大家以为他一定会讲出一番道理。不料他讲了半天，结论却是：小说和哲学没有关系。有人问：那么《红楼梦》呢？金先生说："《红楼梦》里的哲学不是哲学。"

金岳霖有时会忘记自己的姓名。有一次他打电话给陶孟和，陶的服务员问"您哪儿"。金忘了，答不出来，说不管它，请陶先生说话就行了。可是服务员说不行。金请求两三次，还是不行。只好求教于他的人力车夫王喜，王说："我不知道。"金说："你有没有听见人说过？"王喜说："只听见人家叫金博士。"一个"金"字才使金岳霖想起自己的名字。

有一次金岳霖告诉冰心一件事，说一次他出门访友，到人家门口按了门铃，朋友家女仆出来开门，问金岳霖"贵姓"。他一下子忘了自己"贵姓"，怎么也想不出来。没有办法，他对女仆说，你等一下，我去问问我的司机。惊得那位女仆张着嘴半天说不出话来。告诉冰心这件事时，金岳霖还幽默地说，我这个人真是老了，我的记性坏到了"忘我"的地步！

金岳霖怕光，不论何时何地，他都会戴着遮阳帽，他自己对学生打趣道："我年轻的时候眼睛不好。不好到什么程度呢？因为我这个眼睛左眼近视 800 度，右眼远视 700 度，结果来一个汽车，我看到七八个，然后我就不知道该躲哪一个了，可能七八个哪一个都不是真的。"

金岳霖常常四处搜罗大石榴、大梨，为的就是和小孩子比赛斗鸡，如果比输了，他就把水果给小朋友。因此，邻家小孩都称他"金老头儿"，他不但不会生气，还不时扮怪脸和他们打招呼。令人惊奇的是，金岳霖家里还有几个大箱子，装满了小孩子的各类玩具。他平时自己玩，有孩子去他家，他就拿出玩具跟孩子一起玩，孩子们喜欢的，他就直接赠送。

金岳霖讲课时，有时会忽然停下来说："对不起，我这里有个小动物。"接着，他便把右手伸进后脖领，捉出一个跳蚤，捏在手指里看看，甚为得意。

养鸡是金岳霖的终生爱好。他尤其酷爱养大斗鸡（云南出斗鸡）。吃饭时，这只大斗鸡堂而皇之地伸脖啄食桌上菜肴，他竟安之若素，与鸡共餐。偶尔，他会带着大斗鸡出去溜达。

某日，金岳霖打电话给杨步伟，以异常沉重而急切的语气说是有要紧的事，请杨进城来帮忙。杨问什么事，金不肯说，只是说非请你来一趟不可，越快越好，事办好了请吃烤鸭。杨步伟和赵元任将信将疑地进了城。到金家后，杨才知道不是人出了事而是鸡出了事。金养了一只鸡，三天了，一个蛋都生不下来。杨步伟听了，又好气，又好笑。把鸡抓来一看，原来金经常给它喂鱼肝油，以至鸡体重达十八磅，并且因此"难产"。鸡下蛋时，下到一半就出不来了，急得金团团转。杨步伟不说二话，一掏就出来了。金一见，赞叹不已。事后，为表庆贺，母鸡的主人特地请他们到烤鸭店吃了烤鸭。从此，金岳霖便专门养公鸡，不再养母鸡。

金岳霖还喜欢养蟋蟀，斗蛐蛐。他的屋角摆着一个大篓，篓里有许多小罐罐，罐里全是各种蛐蛐。尽管这样，厨师老王还是经常被他叫去抓蛐蛐。金还说，斗蛐蛐"这游戏涉及高度的技术、艺术、科学。要把蛐蛐养好、斗好，都需要有相当的科学"。

曾有一段时间，金岳霖和陈岱孙都住在清华学务处。一次，梅贻琦校长外出，委托陈代理校事。一日，金准备上厕所，发现没了手纸，他并不赶紧去找，反而坐下来给陈写了张纸条递过去："伏以台端坐镇，校长无此顾之忧，留守得人，同事感追随之便。兹有求者，我没有黄草纸了，请赐一张，交由刘顺带到厕所，鄙人到那里坐殿去也。"

吴宓有一次在报纸上发表了他的爱情诗，其中有"吴宓苦爱毛彦文，三洲人士共惊闻"。朋友们觉得不对头，要金岳霖去劝劝他。金对吴说："你的诗如何我们不懂，但是，内容是你的爱情，并涉及毛彦文，这就不是公开发表的事情。这是私事情，私事情是不应该在报纸上宣传的。我们天天早晨上厕所，可是，我们并不为此而宣传。"吴很生气："我的爱情不是上厕所。"金岳霖说："我没有说它是上厕所，我说的是私事不应该宣传。"

金岳霖爱喝牛奶，冬天订了好多瓶，但到了夏天，他喝不了那么多，就经常邀请邻居来喝，一再恳求："这个忙诸位一定要帮。"一位邻居得知情由后，对他说订牛奶可以随时增减，冬天多订，夏天少订。他又大为赞赏："你真聪明！"

某日，梁思成看见金岳霖的厨师外出采购，拿了一张面额五千元的活期存折，惊讶不已。他找到金问其缘由，金回答："这样方便。"梁说："若不慎丢失，岂不枉哉？"金依旧答："这样方便。"梁建议道："这样吧，存个死期，存个活期，两全其美——而且'死期'利率高于'活期'。"金听罢连连摆手道："使不得的，本无奉献，那样岂不占了国家的便宜？"梁无奈，只能详细叙述储蓄的规则，金听罢，停顿片刻，欣然道："你真聪明！"决定改存后，金岳霖又犹豫起来，因为他准备在自己去世后留一千元酬谢他的厨师，他对梁说："如果将剩余的钱都存了死期，万一某日我突然死了，钱不就取不出来了？"梁闻此语，大笑不止，笑毕，详细告诉金如何将一千元另为厨师开一个户头，金听罢，露出孩童般的喜悦道："你真聪明！"

1955年，金岳霖离开北大，调任中国科学院哲学研究所副所长。另一位副所长告诉他应该坐在办公室办公。他在办公室待了一上午，也没弄明白如何"办公"。他说："他们说我应该坐办公室办公。我不知'公'是如何办的，可是办公室我总可以坐。我恭而敬之地坐在办公室，坐了整个上午，而'公'不来，根本没有人找我。我只是浪费了一个早晨而已。如果我是一个知识分子的话，我这个知识分子确实不能办事。"

傅斯年："故以学识而论，孟真真是中国的通才"

傅斯年

传略　傅斯年（1896—1950），字孟真，山东聊城人，祖籍江西永丰。著名历史学家、学术领导人。

1909 年考入天津府立中学堂。1913 年考入北京大学预科，1916 年升入本科国文门，曾著《文学革新申义》响应胡适的《文学改良刍议》，提倡白话文。1918 年与同学罗家伦、毛准等组织新潮社，编辑《新潮》月刊。

1919 年"五四"运动期间，为学生领袖之一。1919 年底赴欧洲留学，先入英国爱丁堡大学，后转入伦敦大学，研究实验心理学、物理、化学和高等数学。1923 年入柏林大学哲学院，学习比较语言学等。1926 年冬应中山大学之聘回国，1927 年任该校教授，文学院长，兼任中国文学和史学两系主任，同年在中山大学创立语言历史研究所，任所长。1928 年受蔡元培先生之聘，筹立中央研究院历史语言研究所。同年底历史语言所成立，任专职研究员兼所长，1929 年兼任北京大学教授，讲授"中国上古史专题研究"及"中国古代文学史"。其间先后兼任社会科学研究所所长，中央博物院筹备主任，国民参政会参政员，中央研究院总干事，政治协商会议委员，北京大学代理校长等职。1948年当选为中央研究院院士。1949年任台湾大学校长。1950年12月20日因脑溢血病逝。

傅斯年任历史语言所所长二十三年，培养了大批历史、语言、考古、人类学等专门人才，组织出版学术著作70余种，在经费、设备、制度等方面都为历史语言所的发展做出了重要贡献。在历史学研究方面，傅斯年主张"上穷碧落下黄泉，动手动脚找材料"，重视考古材料在历史研究中的作用，摆脱故纸堆的束缚，同时注意将语言学等其他学科的观点方法运用到历史研究中，取得较高的学术成就，在现代历史学上具有很高的地位。

主要著作有：《东北史纲》（第一卷）、《性命古训辨证》、《古代中国与民族》（稿本）、《古代文学史》（稿本）。有《傅孟真先生集》六册。

疾愤　　傅斯年素来有极强的民族情结，因此被视为"义和团学者"。在日寇威胁我国东北时，恰巧傅斯年的妻子要临产。一日，傅斯年对罗家伦说："我的太太快要生孩子了。若生的是个男孩，我要叫他做仁轨。"罗家伦一愣，脑筋一时转不过来，问："为什么？"傅斯年答："你枉费学历史，你忘记了中国第一个能对日本打歼灭战的，就是唐朝的刘仁轨吗？"罗家伦闻之愕然。

"冀察事变"后，一次，北平市长萧某招待当地各位教育名流，萧某当席居然和颜悦色地为日本招降，要求人们闭口不语，莫谈国事。在场的百十号名流，此时都缄默无语，惶惑不安。这时，傅斯年挺身而出，当面训斥萧某人。他大声表示无论如何坚决反对华北特殊化，就算是死，他也要反对。面对傅斯年，萧某顿时张口结舌。

1945年8月10日，日本投降。傅斯年知道后，狂欢得像疯了一样，冲出寓所，飞奔上街，手舞足蹈，见人便搂抱，狂呼大叫，直到声嘶力竭。等他回到寓所时，发现帽子没有了，鞋也丢掉一双。

1944 年，以孔祥熙为代表的一些国民党权贵借机大发国难财，蚕食民脂民膏。作为国民参政员的傅斯年对此痛恨至极，两次上书蒋介石，要求弹劾行政院长孔祥熙。他在参政会上向孔祥熙发难，揭发其在发行美金公债中贪污舞弊："抗战以来，大官每即是大商，专门发国难财。我们本是势力国而非法治国，利益之到手全不管一切法律，既经到手则又借法律名词如'信用'、'契约'等以保护之，这里面实在没有公平。"接着傅斯年大声疾呼："惩罚贪污要从大官做起！"骂完孔祥熙他又骂蒋介石，说蒋在训斥国民党中央委员时还在说孔祥熙根本不贪污，真是叫人丧气啊！

会议结束后，蒋介石为了拉拢他亲自请吃饭，为连襟孔祥熙说情，蒋介石在筵席上问："你信任我吗？"傅斯年答道："我绝对信任。"蒋介石于是正色道："你既然信任我，那么就应该信任我所任用的人。"傅斯年立刻愤愤不平地说："委员长我是信任的，至于说因为信任你也就该信任你所任用的人，那么，砍掉我的脑袋我也不能这样说。"他直言不讳地在蒋介石面前放言规劝说："我拥护政府，不是拥护这班人的既得利益，所以我誓死要和这些败类搏斗，才能真正帮助政府。"

1941 年，太平洋战争爆发后，日军侵入香港。大批在港名流危在旦夕。重庆国民党政府于 12 月 18 日派出的最后一架飞机抵达香港机场，抢救困于当地的政府大员和学界名流。飞机返渝时，人们发现走下飞机的只有宋蔼龄、孔令俊等国民党要人的家眷和他们的仆人、宠物狗，陈济棠、何香凝、许崇智、茅盾、郭沫若等名流和"国宝级教授"陈寅恪及其家人，一个都没有。此事一经公布，立即群情激昂。傅斯年这时又挺身而出，疾呼要"杀孔祥熙以儆天下"，经过傅斯年等人的不懈努力，孔祥熙终于被迫辞去行政院长职务。

接替孔祥熙职务的是宋子文。他上任之初的某些举措还颇得人心，但随后出台的一系列政策却导致出现种种腐败现象。傅斯年在 1947 年 1 月 3 日出版的《观察》杂志上发表题为《论豪门资本之必须铲除》的文章，尖锐地指出："今天的官僚资本当然推孔宋两家。""古人说'化家为国'，现在是'化国为家'。""他（宋子文）的作风是极其蛮横，把天下人分为两类，非奴才即敌人。"在如此猛烈的大炮轰鸣声中，蒋介石立即在 1月 15日又一次请傅斯年吃饭。傅斯年毫不客气地对蒋介石说："宋与国人全体为敌，此为政治主要僵局之一。"

　　一日，友人何廉向傅斯年约稿，说是随便怎样的稿子都行。傅斯年正色道："好。那么你先回答我，我的稿子你能不能一个字都不改，照着原样发？能的话，我就给你！"何说可以。1947 年 2月 15日，傅斯年这篇名为《这个样子的宋子文非走开不可》的檄文在《世纪评论》发表。各地报刊立即纷纷转载，各界为之哗然。文中详细地列举了宋子文种种劣迹，认为他搞乱了工业，搞垮了经济，其贪污腐败行为比孔祥熙有过之而无不及。文中说："我真愤慨极了，一如当年我在参政会要与孔祥熙在法院见面一样，国家吃不消他了，人民吃不消他了，他真该走了，不走一切垮了。我们要求他快走。"文章强调说，如果希望政府不垮台就必须"要彻底肃清孔宋二家侵蚀国家的势力"。此文发表后，在强大的舆论压力下，宋子文只好黯然下台。

义正　　傅斯年在中山大学任教时，看到学生陈槃写的一篇文章后，对陈很是欣赏，后陈被同乡告发为共产党而被逮捕，傅得知后，先拿出一百元大洋打点狱卒，使陈免遭皮肉之苦，同时多方活动，将陈营救出来。拿钱之事，他一直没有告诉过陈，直到他去世后，陈才偶然听其侄傅乐成说起。

　　1932 年，傅斯年的老师陈独秀被捕，他发表文章称陈为"中国革命史上光焰万丈的大彗星"，要求国民党政府"依法特赦"陈独秀。陈被押在南京狱中时，傅曾去看望。抗战爆发后，被释放的陈独秀出狱后住进了傅家，几日后，因傅全家离宁避难，陈住到他处。后陈独秀住在四川江津，傅斯年便与罗家伦一起前去看望，并解囊相助，但陈因傅为国民党官员，而拒绝接受。

1927 年，李大钊被张作霖杀害，时报纸上发表消息，谓李在北平"就刑"。后陈独秀被捕后，傅斯年发表文章为陈独秀辩护，提及李大钊之死时，傅说，李不是"就刑"，是"被害"。

匡正　1945 年 9 月，担任北京大学代理校长的傅斯年在重庆声明，为保持北京大学的纯洁，坚决不录用伪北京大学的教职员。但学生经过甄别和补习，可以接受。

11 月中旬，傅斯年到达北平后，立即将周作人、容庚等伪北京大学的教职员开除。北平的伪教职人员听说傅斯年坚决不录用他们，便组成团体，四处活动，还联合起来以罢课为要挟，并向北平行营主任李宗仁请愿。甚至还有人在报纸上发表《致傅某的公开信》，为伪教职人员辩护。傅斯年毫不妥协。为避免伪教职人员的纠缠，他于 12 月再次发表声明，重申不用伪职人员的决心。他反复强调"正是非，辨忠奸"，是负有教育责任的人教育青年一代的价值判断标准，即要让青年们知道什么是爱国，什么是卖国。最后他表明自己的态度说："这些话就是打死我也是要说的。"

12 月下旬，傅斯年回到重庆后，北平教育界伪教人员又派代表到重庆活动，其中有一位在北大时与傅交谊甚深、研究甲骨文颇有名气的教授专门去拜访傅。傅毫不客气，见面后，二话不说，就指斥说："你这民族败类，无耻汉奸，快滚，不用见我！"此人无颜以对，只得退出。

1945 年 12 月间，西南联大学生因反内战活动而与当地军警发生流血冲突。时任北大代理校长的傅斯年赶过去，见到对惨案负有直接责任的关麟征，劈头便说："从前我们是朋友，可是现在我们是仇敌。学生就像我的孩子，你杀害了他们，我还能沉默吗？"

1949 年 4 月 6 日台大和师大发生"四六事件"，军队闯入校园，傅斯年对当局不经法律程序径行进入台大校园内逮捕师生高度不满，亲自找国民党最高当局交涉，要求逮捕台大师生必须经过校长批准。他甚至向当时台湾警备总司令部司令彭孟缉警告："若有学生流血，我要跟你拼命！"

1949年1月17日，傅斯年从上海直飞台北。翌日，傅斯年即从台大代理校长杜聪明手中接受印信，正式履职。他为台大立下"敦品励学，爱国爱人"八字校训。在台大，傅斯年锐意改革，首先就是整顿人事，凡是不合格的教员一律解聘，对于高官要员举荐的亲友，他并不买账："总统介绍的人，如果有问题，我照样随时可以开除。"

傅斯年指定"大一国文委员会"、"大一英文委员会"和"大一数学委员会"一律由著名教授组成，毛子水、台静农、屈万里都给大学一年级新生开课。众人表示疑惑，傅斯年认定基础学科的建设乃是重中之重，若不用火车头去牵引，就不可能产生理想的动能和速率。学期伊始，每位教师都会及时收到傅校长一封内容相同的亲笔信，他告知大家：说不定哪一天，他会跟教务长、贵学院的院长、贵系的系主任，去课室听讲，请勿见怪。不到两年时间，傅斯年真就"听掉"了七十多名不合格的教师。

傅斯年就任台湾大学校长时说："第一流的大学，不能徒然是一个教育机关，必须有它的重要学术贡献；但是，也没有一个第一流的大学，把它的教育忽略了的。"又说："大学是一个教授集团，不是一个衙门，按大学法，校长虽然权力甚大，然我为学校前途记，决不能有极权主义的作风。"

每逢台大招新时，说项之人蜂拥而至，傅斯年不厌其烦，多次在报端声明，称假如自己以任何理由答应一个考试不及格或未经考试的学生进来，就是对校长一职的失职。他奉告至亲好友千万不要向他谈录取学生事，"只要把招生简章买来细细照办，一切全凭本领了，而其他是毫无通融例外之办法"。他还在校长室门前树起一块告示牌，上书曰："有为子女入学说项者，请免开尊口！傅斯年。"

孝子　　傅斯年九岁那年，父亲去世。他的母亲含辛茹苦把他们兄弟二人抚养成人，历尽了艰辛，傅斯年因此十分感激母亲，非常孝顺，母亲身体偶感风寒，他便煎汤熬药，不离左右地侍候；有时惹母亲生气了，他便向母亲承认错误，唯恐气坏了母亲。

"七七事变"以后，日军对南京实施了大规模的轰炸，那时，傅斯年的母亲和他一起生活在南京，他担心老太太的安全，就把母亲和两个侄儿安置到了安徽和县的乡下，并托付可靠的人家照顾老太太。在日军的大举进攻之下，南京失守，傅斯年迁学校到长沙，他惦记着母亲的安危，委托一位办事员去接母亲和侄儿，数日后，办事员将他的两个侄儿接到了长沙，傅斯年见母亲没有同来，便急忙问老太太的情况，办事员说没能逃出来，这下可把傅斯年急坏了，他竟然抬手打了那个办事员一个耳光，然后立即再托人去接母亲，直到将母亲接了回来，才放下心来。

傅斯年的母亲患有高血压，且身体肥胖，不能吃肥肉，于是傅斯年的夫人便几乎不买肥肉，但老太太喜欢吃肥肉，有时还为这事向儿媳妇发火，见此情形，傅斯年便在母亲面前长跪不起，向母亲说明利害关系，以求得母亲的理解，直到母亲消气了才起来。晚上，他又悄悄地对夫人说："以后你给母亲吃少许肥肉好了。你要知道，对患高血压症的人，控制情绪，比忌饮食更重要。母亲年纪大了，别无嗜好，只爱吃肉，让她吃少许，不比惹她生气好吗？我不是责备你，但念及母亲含辛茹苦把我们兄弟抚养成人，我只想让她老人家高兴，尽尽孝道。"

1941年，傅斯年因过于操劳而患高血压，在重庆歌乐山中央医院休养四个月，而他的母亲却在此时突然去世，他十分悲痛，在与胡适和罗家伦的通信中都提及对没能在母亲最后的日子里在床前尽孝深感愧疚。

婚姻　　傅斯年一生有过两次婚姻，第一次是父母之命、媒妁之言的旧式婚姻。傅斯年父亲早逝，16岁在天津读中学时，由祖父和母亲做主，他与同乡山东聊城县乡绅丁理臣之女丁蘸萃拜堂成亲。

丁蘸萃略通文墨，长相秀美，但由于长期生活在乡下，处世态度和生活方式与傅斯年反差极大。傅斯年婚后一直在外求学，二人长期分居，没有共同的志趣，感情更是无从谈起。随着年龄增长和西学的影响，傅斯年对自己的婚姻越来越不满意，傅斯年曾如此表达对旧式婚姻的不满："胡适之先生曾有一句很妙的形容语，说'我不是我，我是我爹的儿子'。我前年也对朋友说过一句发笑的话：'中国做父母的给儿子娶亲，并不是为子娶妇，是为自己娶儿媳妇儿。'这虽然近于滑稽，却是中国家庭实在情形。咳！这样的奴隶生活，还有什么埋没不了的。"

留学归国后，傅斯年决心与丁蘸萃离婚。1934 年，二人在济南协议离婚。丁蘸萃一生未再嫁，其与傅斯年也无儿女。

同年 8 月 5 日，在同学俞大维的撮合下，傅斯年与俞大维最小的妹妹，陈寅恪的表妹，比他小 10 岁的俞大彩在北平结婚。

俞大彩出身名门。俞大维、俞大彩之父俞明颐，其母是曾国藩的孙女曾广珊。他们的伯父俞明震晚清时知名于诗界、教育界、政界。甲午战争时，曾协助唐景崧据守台湾。俞大彩幼年即受新式教育，思想开通，兴趣广泛，是典型的新女性。她曾在上海沪江大学学习，长于文学，尤擅英文，写得一笔好字，作得一手绝妙的小品文章。

傅斯年曾多次对好友罗家伦谈及俞大彩，说起妻子的才情，神采飞扬。罗无限欣慰地说："这几年可以为他高兴的，就是他能和俞家八小姐大彩女士结婚，使他得到许多精神的安慰和鼓励。"但他嘴上却开玩笑地对傅斯年说："大彩赏识你，如九方皋伯相马。"

俞大彩嫁给傅斯年是选择一种生活。俞大彩这样回忆：

"如果比学问，我真不敢在他面前抬起头，所以我愿意牺牲自己一切的嗜好和享受，追随他，陪伴他，帮助他。结婚之后他没有阻止我任何社交活动，但我完全自动放弃了，十几年来我们的经济状况一直非常困苦，但我们仍然过得很美满很快乐。"在大学期间，俞大彩骑马、溜冰、打网球、跳舞样样爱好，社交活动往来穿梭，结婚后自动放弃，主要的原因是她很崇拜傅斯年的人格和才华，愿意做个贤内助。傅斯年研究学问的兴趣广泛，除了历史和哲学，他对古典文学也有着非常浓厚的兴趣，晚上空闲时间，常和夫人俞大彩讨论研究托尔斯泰、哈代、高尔斯华绥的作品，偶尔两人意见不同，就争得面红耳赤。

傅斯年讨厌狗，到昆明后，友人送给其子仁轨一条狗，一日傅斯年午睡方酣，狗走过去轻轻舔了他的手，傅被惊醒，十分恼怒，捡起拖鞋打狗，谁知狗没打着，却将自己的眼镜碰掉在地上，摔碎了。俞大彩戏言他虐待动物，傅恼羞成怒，三天不与其交一言。第四日傅起床后，长揖到地，面有愧色地笑着对俞大彩说："我无条件地投降了，做了三天哑巴，闷煞我也。"俞取笑他道："用配眼镜片的钱，买几个肉包子（傅斯年爱吃肉包子）吃，岂不更好？"

俞大彩与傅斯年共同生活的十六年中，聚少离多，除了新婚时生活还算平静，日后便满是愁苦辛酸。这其中，1934—1949年，是由于战争造成的颠沛流离，1949年以后，则多是由于傅斯年敬业勤勉和廉正刚洁。

俞大彩在《忆孟真》一文中透露出傅斯年去世前的生活细节，令人读后感觉俨然便是这种愁苦辛酸"总括"式的诉说，催人泪下：

"他去世前夕，是一个寒冷的冬夜，我为他在小书室中升（生）炭盆取暖。他穿着一件厚棉袍伏案写作。我坐在他对面，缝补他的破袜。

"我催他早些休息，他搁笔抬头对我说，他正在为董作宾先生刊行的《大陆杂志》赶写文章，想急于拿到稿费，做一条棉裤。他又说：'你不对我哭穷，我也深知你的困苦。稿费到手后，你快去买几尺粗布，一捆棉花，为我缝一条棉裤。我的腿怕冷，西装裤太薄，不足以御寒。'我一阵心酸，欲哭无泪。"

1950年，台大校内发生一件令傅斯年意想不到的弊案，保管股长监守自盗卖了大量仪器，傅斯年为此事件精神深受打击。同年12月20日下午，傅斯年列席省议会第五次会议，在回答咨询时深受刺激，脑溢血突发，倒在议会大厅，当晚去世，享年55岁。

听说傅斯年猝然去世，身在广州的挚友陈寅恪十分震惊伤感。他用隐喻的方式写了一首哀悼好友的诗，抄给向达、邓广铭：

　　　　不生不死最堪伤，忧说扶余海外王。

　　　　同入兴亡烦恼梦，霜红一枕已沧桑。

陈寅恪诗中曲折幽微的叹息，苦涩的况味，将一代学人的命运全部囊括。傅斯年忧国忧民、劳心伤神，英年早逝，留给俞大綵无尽的哀伤和思念。

师友　　1917年秋，在北京大学宿舍，哲学系学生顾颉刚找到中文系学生傅斯年。他们商谈：要不要将一个新来的年轻教授从哲学系的课堂上赶走。而"要不要赶走"的这个"年轻教授"，就是刚从美国归来的胡适。原来的教授讲授"哲学"，是从三皇五帝讲起。虽然慢，却是按照"编年史"讲，胡适却直接从周宣王讲起，把前面的都不要了，这不是割断历史吗？所以学生们觉得不能这样讲。不过顾颉刚认为胡适授的课脉络清晰，观点独到，好像有些新意。由于他拿不定主意，就想由傅斯年定夺。傅斯年决定去哲学系听课。傅斯年听了几次课后，发自肺腑地对那些要"赶走"胡适的同学说："你们不能够闹。这个人读的书虽然不多，但是他走的路子是对的！"傅斯年的"保护"，胡适并不知道。后来他在文章中写道："（当年）我这个二十几岁的留学生，在北京大学教书，面对着一班思想成熟的学生，没有引起风波；过了十几年之后，才晓得是孟真暗地里做了我的保护人。"

　　傅斯年是北大教授黄侃的得意门生。其时，黄侃等几位国学大师都赏识傅斯年，想让他继承衣钵。可是傅斯年自从结识胡适后，被"新文化阵营"吸引，不时趋访胡适。心直口快的陈独秀表示怀疑，在《新青年》编辑部对胡适和其他同仁说："这'黄门侍郎'傅斯年，可不是细作么？我们不能接纳他，不能理他！"胡适反对："凡用人，即使有疑，也不用怀疑，何况孟真这种人！"从此，傅斯年、顾颉刚等人常去胡适家中，从客客气

傅斯年书法作品

气请教，到肆言无忌争辩。他们是师生，更似朋友。胡适非常器重这个只比他小四岁、出身书香之家、满腹经纶的学生。1918年12月3日，北大学生成立"新潮社"。傅斯年作为主笔，便约请胡适为顾问。胡适不遗余力地进行指导。不久，《新潮》杂志便成了《新青年》的得力助手。

胡适在《中国文艺复兴运动》一文中评价："《新潮》杂志，在内容和见解方面，都比他们的先生们办的《新青年》还成熟得多，内容也丰富得多，见解也成熟得多。"

"五四"以后，不怀好意的人在社会上散布"'新潮社'社员傅斯年、罗家伦被'安福俱乐部'收买"的传闻，还说每月领取多少薪金。这"安福俱乐部"是皖系军阀争权夺利的一个派别集团。胡适见此，写了《他也配》的文章发表。他用一生中罕见的语言辟谣："'安福部'是个什么东西？他也配收买得动这两个高洁的青年！？"胡适还撰文提高傅斯年在知识界的影响，说"他（傅斯年）的学业根基比我深，读的中国古书比我多得多。"1920年初，经过胡适竭尽全力地帮助，傅斯年得以官费出国留学。傅斯年先后在英国伦敦大学和德国柏林大学学习。然而，师生仍然不断通信交流。傅斯年1921年在给胡适的一封信中说："先生现在中国知识界的地位已高，因此事件必多，分神的地方不免。这又何尝不是一种可免而又可凭以施行所期的现象，但从将来的大成上看，不免反为魔障。人的幸福我以为全在学问与事业之进行中，而不在成就之后……"傅斯年像这样

"训导"老师，还有更甚之处。后来，当胡适对是否担任国民党政府"国府委员"兼"考试院长"的要职犹豫不决时，傅斯年写信给胡适说："借重先生，全为大粪上插一朵花！"使得胡适打定主意，拒官不做。抗战胜利后，有人推荐傅斯年担任北京大学校长，他却保举远在美国的胡适担任。但是他又要求去北大代理校长。他知道老师不忍心得罪人，所以他"上任"后，把那些在北京沦陷时期出任伪职的人员一个个开除，为胡适到任扫清道路。

1950 年 12 月，傅斯年突然逝世后，胡适无比悲痛，写下许多泣血的纪念文字，他为《傅孟真先生集》写《序》说："孟真是人间最稀有的天才。他的记忆力最强，理解力也最强。他能作最细密的绣花针工夫，他又有最有胆的大刀阔斧本领。他是最能做学问的学人，同时他又是最能办事，最有组织才干的天生领袖人物。他的情感是最有热力，往往带有爆炸性的；同时他又是最温柔、最富于理智、最有条理的一个可爱可亲的人。这都是人世最难得合并在一个人身上的才性，而我们的孟真确能一身兼有这些最难兼有的品性与才能。"在这不到200字的一段话里，胡适用了十四个"最"字准确而又全面地描绘出傅斯年的品性和才能。

轶闻　傅斯年笃信西洋科学，对中医的某些观点极不认同。他当参议员时，有一次，为中医问题反对一项议案，与提案人孔庚当堂辩论，孔辩不过，气急而辱骂傅，傅生了气，说："你侮辱我，散会之后我和你决斗。"会后，傅在门口拦住了孔庚。拉开架势就要和他干仗。这时，他才发现孔庚年逾七旬，瘦骨伶仃，他立刻垂了双手，说："你这样老，这样瘦，不和你决斗了，让你骂了吧。"

傅斯年在北大读书的时候，有一位教授叫朱蓬仙，是章太炎的门徒，可是他讲起《文心雕龙》来，却舛误迭出，学生深以为苦。然而，要举发这些错误，凭学生的笔记不足为据。恰有一个学生借到了朱大教授的讲义全稿。傅斯年用一夜看完，发现了三十几条错误，第二天由全班签上名上书校长蔡元培，请求补救，书中附列了那些错误。蔡元培很难相信这是学生们自己发现的，为了预防教授们互相攻讦，便决定突然召见签名的全班学生。学生们害怕由傅斯年一个人担负责任，在见蔡校长之前，每人分认几条，背记下来，才去见校长。蔡元培果然口试起来。考完之后，校长一声不响，学生们也一声不响，一鞠躬鱼贯退出。学生们退出之后，个个大笑起来，一旁的外系同学罗家伦也跟着哈哈大笑。

傅斯年、李济还有一位裴善元同在重庆参加一个宴会。宴会结束，主人特别为他们三个人雇好了滑竿。六个抬滑竿的工人守在门前。第一个走出来的是裴善元，工人们见他是一个大胖子，大家都不愿意抬，于是互相推让。第二个走出来的是李济，剩下来的四个工人看比刚才出来的还胖一些，彼此又是一番推让。等到傅斯年最后走出来的时候，最后的两个工人一看，吓了一大跳，因为傅斯年比刚才的两个人都胖得多，于是两个工人抬起滑竿转头就跑，弄得请客的主人甚是尴尬！

1946年初，蒋介石与陈布雷商量，要在北方人士中补充一个国府委员。陈布雷对蒋介石说，北方不容易找到合适人选，蒋介石提议说："找傅孟真最相宜。"陈布雷了解傅斯年的志向与秉性，对蒋介石说："他怕不干吧。"蒋介石大概不相信有人不愿当官，他很有信心地说："大家劝他。"结果，任说客说破了天，傅斯年还是坚决不肯加入政府。

抗战时在昆明西南联大，傅斯年与陈寅恪同住一栋楼。那时，敌机常来轰炸，警报一响，大家都是从楼上往下跑，而傅斯年是从楼下往上跑，他跑上三楼，把患有眼疾的陈寅恪扶下楼来，再一同进防空洞。他在舍身保护一个"国宝"。

理念　要了解傅斯年的学术理念，不可不读他那篇《历史语言研究所工作之旨趣》，其精髓为：

（一）凡能直接研究材料，便进步。凡间接的研究前人所研究或前人所创造之系统，而不繁丰细密地参照所包含的事实，便退步。

（二）凡一种学问能扩张他研究的材料便进步，不能的便退步。

（三）凡一种学问能扩充他作研究时应用的工具的，则进步；不能的，则退步。

一分材料出一分货，十分材料出十分货，没有材料不出货。

总而言之，我们不是读书的人，我们只是上穷碧落下黄泉，动手动脚找东西！

果然我们动手动脚得有结果，因而更改了"读书就是学问"的风气，虽然比不得自然科学上的贡献较为有益于民生国计，也或者可以免于妄自生事之讥消罢。

评誉　罗家伦评傅斯年："孟真贫于财，而富于书，富于学，富于思想，富于感情，尤其富于一股为正气而奋斗的斗劲。"

蒋梦麟评傅斯年："孟真博古通今，求知兴趣广阔，故他于发抒议论的时候，如长江大河，滔滔不绝。他于观察国内外大势，溯源别流，剖析因果，所以他的结论，往往能见人之所不能见，能道人之所不能道。他对于研究学问，也用同一方法，故以学识而论，孟真真是中国的通才。"

著名宋史学者邓广铭评傅斯年："凡是真正了解傅先生的人都知道，他的学问渊博得很，成就是多方面的，影响是深远的；他对中国的历史学、考古学、语言学所作的贡献是很大的。……可以说，中国没有个傅孟真，就没有二三十年代的安阳殷墟发掘；没有当初的殷墟发掘，今天的考古学就完全是另一个样子了。""我们不能用著作多少来衡量一个人在学术上的贡献。即如傅先生关于中国古代史的文章，几乎每一篇都有其特殊的贡献，都具有开创性的意见和里程碑性的意义。"

傅斯年：『故以学识而论，孟真真是中国的通才』

罗家伦：“人生的意义在能认识和创造生命的价值”

传 略 罗家伦（1897—1969），字志希，祖籍浙江绍兴，生于江西进贤。教育家，历史学家，"五四运动"的命名者。

1914 年入上海复旦公学，1917 年进入北京大学文科，成为蔡元培的学生。1919 年，在陈独秀、胡适支持下，与傅斯年、徐彦之成立新潮社，出版《新潮》月刊。同年，当选为北京学生界代表，到上海参加全国学联成立大会，支持新文化运动。"五四运动"中，亲笔起草了印刷传单中

罗家伦

的白话宣言（其中文言篇由许德珩起草）——《北京学界全体宣言》，提出了"外争国权，内除国贼"的口号，并在 5 月 26 日的《每周评论》上第一次提出"五四运动"这个名词，一直沿用至今。

1920 年秋，去美国普林斯顿大学、哥伦比亚大学留学，后又去英国伦敦大学、德国柏林大学、法国巴黎大学学习。1926 年归国后参加北伐，任国民革命军总司令部参议、编辑委员会委员长等职。

1928 年，任以蒋介石为首的总司令部政务委员会教育处处长。1928

年9月，受命任国立清华大学校长。他掌校期间，增聘名师、裁并学系、招收女生、添造宿舍，裁汰冗员、结束旧制留美预备部、停办国学研究院、创设与大学各系相关联的研究所，对清华大学的发展有所建树。其后，因故被迫辞职。改任南京中央政治学院教育长、中央大学校长等职。在执掌中央大学期间，提出建立"诚朴雄伟"的学风，改革教学方法，培养了一大批人才。1941年9月起，任滇黔考察团团长、新疆监察使兼西北考察团团长。抗战胜利后，任国民党中央党史编纂委员会副主任。1947年5月，出任驻印度大使，两年后回台湾。先后任国民党中央编纂委员会主任委员、"考试院"副院长、"国史馆"馆长、中国笔会会长等职。

1969年12月25日，因肺炎、血管硬化等症状并发，病逝于台北荣民总医院。

主要著作：《新民族观》、《新人生观》、《文化教育与青年》、《科学与玄学》、《逝者如斯集》、《中山先生伦敦蒙难史料考订》、《蔡元培先生与北京大学》等。

干将　　1919年5月4日上午10点，北京大学外文系学生罗家伦刚从城外到北大新潮社，准备去天安门游行，同学狄福鼎推门进来，说："今天的运动不能没有宣言，北京八校同学推我们北大起稿，你来执笔吧！"罗家伦见时间紧迫，也不推辞，就站在一张长桌边，匆匆起草，15分钟写成《北京学界全体宣言》。罗家伦回忆此事时说："像面临紧急事件，心情万分紧张，但注意力非常集中，虽然社里人来人往，很是嘈杂，我却好像完全没有留意，写成后也没修改过。"宣言写成，立即交北大教员辛白办的老百姓印刷所，原计划印五万份，结果到下午一点才印了两万份，马上去街头散发。

这份宣言是"五四"那天唯一的印刷品，它言辞铮铮："现在日本在万国和会上要求并吞青岛，管理山东一切权利，就要成功了！他们的外交大胜利了！我们的外交大失败了！山东大势一去，就是破坏中国的领土！中国的领土破坏，中国就亡了！所以我们的学界今天排队游行，到各公使馆去，要求各国出来维持公理。务望全国工商各界，一律起来，设法开国民大会，外争主权，内除国贼，中国存亡就在此举了！今与全国同胞立两条信条道：

中国的土地可以征服不可以断送

中国的人们可以杀戮不可以低头

国亡了，同胞起来呀！"

当天学生队伍游行到东交民巷时，被外国使馆外的警察阻拦，于是学生推举出包括罗家伦在内的四名代表，向各国使馆递送声明书。5月5日，罗家伦为被捕学生到处奔走营救。第二天下午三点，学生全体大会在北大法科大礼堂举行，3000多名各学校代表参加，通过了上书大总统和教育部，同时通电罢课的决议。当时罗家伦在北大学联负责总务和文书，他在会上报告说，学生运动成功地争取到了商人和新闻界的支持，并介绍被捕学生情况。会上他被推为北京学生界的代表，往南京、上海等地与当地的大学联络，并在上海参加了全国学生联合会成立大会。

据胡适回忆，"五四运动"这个名词是罗家伦最早提出来的（胡适《纪念"五四"》），他在1919年5月26日的《每周评论》第23期上用"毅"的笔名发表了一篇文章，题目就叫《五四运动的新神》。在文中，他总结了运动所表现出来的三种特质：（一）、学生牺牲的精神；（二）、社会制裁的精神；（三）、民族自觉的精神。至此，轰动世界的"五四事件"也第一次在罗家伦笔下延伸、总结为"五四运动"。

唯贤　　早在五四新文学运动论争时，吴宓攻击新文学运动甚烈，与罗家伦还打过笔墨官司。罗家伦当清华大学校长后，身为清华大学外文系教授的吴宓心中不免有点惶惶，曾托赵元任探底。罗家伦闻后大笑："哪有此事，我们当年争的是文言和白话，现在他教的是英国文学，这风马牛不相及。"罗家伦不仅礼聘了吴宓，还改善了他的待遇。吴宓在日记中说："宓之月薪，已内定增为三百四十元。宓向不持与人比较或虚空立论之态度，自家能增四十元，亦佳事也。"后来，学校教授激增，单身教授一人一间宿舍还不够住。吴宓本来一人住了三间，还请梁任公题了块"藤影荷香之馆"的匾，学校请他让出两间。吴宓不高兴，正式给罗家伦写了封信，声称若要他让房，他要跳后面的荷花池自杀。罗家伦犯难，最后请吴宓的一位老同学出面再三通融，终于说通了。罗家伦幽默地说："大学校长亦无形中添了许多小市长的麻烦。"

罗家伦不刚愎自用，如发现自己有做得欠妥的地方，马上纠偏。他刚到清华大学时，不重视体育，把体育部主任马约翰降职降薪。不久，马约翰率清华足球队到天津参加华北区足球赛，得了冠军。回校时，全校同学燃放爆竹，热烈欢迎，把马约翰从校西门一直抬到校内。罗家伦立即又将马约翰提为教授，恢复原职原薪，而且还送他一只银杯作纪念。

罗家伦用人唯贤，不惜得罪自己的老师朱希祖先生，成为一时传诵的佳话。历史系的朱希祖教授资格最老，还是罗家伦的老师，当时罗家伦若聘他为系主任是合情合理的事。但罗家伦觉得朱先生是中国史专家，对世界史接触不多，"这就无法使这个系走到现代化路上"。罗家伦不得不以校长身份兼史学系主任，占了这个"缺"，留给一年后方可到任的蒋廷黻先生。当时学贯中外历史的蒋廷黻博士在天津南开大学执教，罗家伦礼贤下士亲自到天津去请。因蒋已受聘于南开，最初表示不愿。罗家伦坚持，说"你若不答应，我就坐在你家不走"。他真的在蒋家"磨"了一个晚上，蒋廷黻只得答应等南开聘期满后再去清华。罗家伦晚年在回忆中提及此事说："纵然得罪了我的老师，但是我为了历史系的前途，也不能不为公义而牺牲私情了。"

治校　1928 年 8 月，31 岁的罗家伦以少将军人之身被南京国民政府外交部任命为清华大学校长。罗家伦接手清华后便做了一番调查研究，发现清华有八大弊病：机关庞杂、冗员充斥；职员薪金过高、权力过大；对教员只重学历、不重学识；浪费惊人等。罗家伦随之建立"教授治校"的管理体制，坚持学校以教学为主体，教授为核心，大师为旗帜，并提高教授的待遇。"教员发新聘书，职员发新委任状，突出聘书和委任状的区别。在新聘书中，教员增加工资，在新委任状中，减低职员的工资，特别是减少大职员的工资。（冯友兰）"罗家伦认为"要大学好，必先要师资好"。他以"至公至正"的精神"为青年择师"，公开表示在选聘教授时，坚决"不把任何一个教授地位做人情，也决不以我自己的好恶来定去取。"

1930 年罗家伦黯然离开清华。其外因是当时阎锡山控制了华北，要扫除蒋介石的人；内因是清华有些学生对罗家伦不满，要求他辞职。尽管要求罗家伦辞职这项议案当时没通过，但他还是采纳了冯友兰的意见，为维护校长的尊严决意离开。在他的辞呈没有得到批准时，便拂袖到武汉大学当教授去了。罗家伦在晚年所作的《我和清华大学》中有一段自我评说："我虽然主持清华不过两年，可是我相信我这两年中艰苦的奋斗，为清华大学打下了一个学术的基础。"陈寅恪说："志希在清华，把清华正式的成为一座国立大学，功德是很高的。即不论这点，像志希这样的校长，在清华可说是前无古人，后无来者的。"

1932 年 8 月，由蒋介石亲自提名，国民政府任命罗家伦为中央大学校长。罗家伦为中央大学倡导的新学风，是"诚、朴、雄、伟"四个字。"诚"，就是对学问要有诚意，不把学问当做升官发财的途径和获取文凭的工具；对于"使命"，要有诚意，应向着认定的目标义无反顾走去。"朴"，就是质朴和朴实的意思，不以学问当门面、做装饰，不能尚纤巧、重浮华，让青春光阴虚耗在时髦的小册子、短文章上面，而是要埋头用功，不计名利，在学问上作长期艰苦的努力，"惟崇实而用笨功，才能树立起朴厚的学术气象"。"雄"，是大无畏的雄，以纠中华民族自宋朝南渡以后的柔弱萎靡之风。而要扭转一切纤细文弱的颓风，就必须从善养吾浩然正气入手，以大雄无畏相尚，男子要有丈夫气，女亦须无病态。"伟"，是伟大崇高的意思，要集中精力，放开眼界，努力做出几件大的事业来，既不可偏狭小巧，存门户之见；又不能故步自封，怡然自满。

有一次，蒋介石问国民政府教育部长王世杰："罗志希很好，为什么有许多人批评他，攻击他？"王世杰回答："政府中和党中许多人向他推荐教职员，倘若资格不合，不管是什么人，他都不接受。因此得罪了不少人。"蒋介石闻听，默然不语。

抗战开始后，中央大学先后四次被炸。在第一次被炸后，校长罗家伦就开始准备迁校。那时，日军刚侵入华北，很多人认为中日会有"和"的可能，他们认为罗家伦的迁校之举是"动摇社会人心"，是逃兵之举，指责之辞不绝于耳。关于新校址，罗家伦认为中日战争会持续很久，如果迁校就到重庆最好。因为从南京到重庆有水路可以直达，四川山陵起伏，容易防空。对于迁校，罗家伦早有准备，在"七七事变"一年前，就叮嘱总务处，造500多只木箱，箱里钉上铅皮，准备将重要的图书仪器装箱，以备迁移之用。到了真正迁校时，这些箱子对于很多书籍和仪器的顺利搬迁起了很大作用。1937年11月初，中央大学在重庆开学复课，抗战8年中，教学从未间断，损失最小、秩序最稳定，这在当时全国高校中是绝无仅有的。

姻缘　　罗家伦与张维桢是在1919年认识的。这一年的12月，罗家伦作为北平学生的代表，到上海出席全国学生联合会成立大会。会上他认识了在上海女子学校读书的张维桢。他们几乎是一见钟情，彼此都有好感，但在会上没有更多的联系机会。罗家伦回到北平后，心里还念念不忘这个小姑娘，就给张维桢寄去两张风景明信片。这两张"敲门砖"还真的起了作用，他收到的却是张维桢寄来的个人照片。一个女孩子将自己的小照寄给男人，自然是意味着一种心仪的暗示。

1920 年 9 月，罗家伦到美国留学，途经上海时，本想与张维桢见面，畅叙别后的思念之情，但遗憾的是，张维桢已经转学到浙江湖州的湖郡女学读书，罗家伦到上海又患上了重感冒，高烧不退，无法去看望她。临登船他给张维桢发了封信，表示了他心中的遗憾和思念。到美国普林斯顿大学后，罗家伦又给张维桢写信，并寄上几张校园的风景照片。从此，他们开始了书信往还，传递着彼此的心灵信息。罗家伦很关心张维桢的学习，他劝告她钻研学问，说这是"终生的事业"；还从美国给她寄来学习资料，希望她学好英文，并告诉她"英文的长进，不在乎专读文法修辞，而在乎多读多看多写"。要她多读名著，将文字与思想一起学习。这种一箭双雕的学习外文的方法，即使是在今天也很有指导意义。

他们之间也曾出现过误解，中断过一段联络。这是因为罗家伦陶醉于张维桢的恋情，曾将张维桢写给他的信给他的朋友看过。罗家伦无意间透露出这件事，张维桢十分不满，就不给他写信了。1922 年罗家伦赴欧洲继续深造，张维桢也考进沪江大学。他们才恢复了书信往来。恢复联络后，罗家伦从巴黎给张维桢寄来一个精美的项链，张维桢非常喜欢，更增进了他们的感情。

1926 年初，张维桢申请到美国密西根大学的奖学金，准备赴美留学时，罗家伦给她来信说想回国，但手头拮据，买不起飞机票。张维桢将自己的积蓄，兑换成法郎汇给罗家伦。罗家伦回到上海，他们再度会面时，感情迅速白热化。虽然一个月后，张维桢赴美留学了，但这短暂的相处，却为他们定下了海誓山盟的终身选择。第二年年底，张维桢取得学位回到上海，他们经过长达七年的书信恋爱，终于喜结百年之好。

妙闻　　罗家伦长清华大学时，去看望陈寅恪先生，并送给陈寅恪一本书，是他主编的《科学与玄学》，记载了张君劢、丁文江辩论的旧事。陈寅恪翻了翻便说，志希，我送你一联如何？罗说，甚好，我即刻买上好的宣纸来。陈寅恪说，不用了，你听着：不通家法科学玄学，语无伦次中文西文。对联中镶嵌着"家伦"，罗听罢大笑。陈寅恪说，我再送你一个额匾：儒将风流。陈寅恪解释道：你在北伐军中拜少将，此为儒将。你讨了个漂亮太太，正是风流。看来，罗家伦与张维桢的爱情传奇，在当时学者圈中广为流传，即使像陈寅恪这样的大学者，也拿这个来开罗家伦的玩笑。

1917年，罗家伦想修外文，投考北京大学文科，恰逢胡适判阅其作文试卷。胡适毫不犹豫地打了满分，并向学校招生委员会荐才。可校委们查看罗家伦的成绩单后大吃一惊。原来，罗家伦的数学成绩竟然是零分，其他各科分数也平平。取弃争论之际，主持招生会议的蔡元培校长力排众议，破格录取罗家伦。罗家伦后来成为"五四"风云人物，"新文化"运动的旗手，传诵一时的《五四宣言》，便是

罗家伦书法作品

他的手笔。12年后，已是清华大学校长的罗家伦在招生中遇到了钱钟书。当时钱钟书国文特优、英文满分、数学15分，只比罗家伦当年考北京大学略胜一筹，但是罗家伦在钱钟书的名字上大笔一勾，破格录取。钱钟书后来学贯古今，兼修中外，曾领衔翻译《毛泽东选集》英文版。《围城》、《管锥编》、《谈艺录》、《写在人生边上》等著作，一度使其驰骋学界，赢得国学泰斗之誉。

名文

生命的意义

我们人类的生命很多，宇宙间万物的生命更多。生之现象，非常普遍。但是我们为什么生在世上？这个问题，数千年来经过多少哲学家科学家的研讨和追求。如果做了人而对于人生的意义不明了，浑浑噩噩，糊涂一世，那他真是白活了。因为对于本身的生命还不明白，我们的行为，就没有标准；我们的态度，也无从确定。有许多人觉得生活很是痛苦，恨不得立刻把自己的生命毁灭掉。他觉得活在世上，乃是尝着无穷尽的痛苦；在生命的背后，似乎有一种黑暗的魔力，时刻逼着他向苦难的路上推动，使他欲生不能，欲死不得；因此他常想设法解除这生命的痛苦。佛教所谓"涅槃"，也就是谋解除生命痛苦的一个方法。不过是否真能解除，乃是另一问题。又有些人认为生命是快乐的，以为世界上一切事物，宇宙间一切创作，都是供我们享受的，遂成为一种绝对的享乐主义。其他对于生命所抱的态度很多，要皆各有其见解。我们若是不知道生命真正的意义，就会彷徨歧路，感觉生命的空虚，于是一切行动，茫无所措。所以我们对于这个问题，至少应该有一种初步的，也就是基本的反省。

第一，在无量数生命中，人的生命何以有特别意义？

如果就"生命"二字来讲，他的意义非常广泛。谈到宇宙的生命，其含义更深。这个纯粹的哲学问题，此处暂且不讲。生命既然很多，人类的生命，不过为宇宙无穷生命之一部分。庄子说："朝菌不知晦朔，蟪蛄不知春秋。"朝菌蟪蛄，何尝没有生命？大之如"天山龙"，固曾有其生命，小之如微生物，也有生命。但是在这无量数的生命中，为什么人的生命，才有特殊的意义？为什么人的生命，才有特殊的价值？为什么只有人才对他的生命发生意义和价值的问题？

第二，生命是变动的，物我之间，究有什么关系？

生命是变动的。我们身上的细胞，每天有多少新的生出来，多少陈旧的逐渐死去。这种新陈代谢的变动，可说无一刻停止。一方我们采取动植矿物的滋养成分为食料，以增加我们的新细胞，维持我们的生长；但一旦人死了，身体的有机组织，又渐腐败分离，为其他动植矿物所吸收。生命之循环，变化无已。我们若分析人类的生命，与其他动植物的生命，可以发生许多哲学上的推论。如近代柏格森、杜里舒等哲学系统，都是由此而来的。即梁启超的今日之我非昨日之我，故不惜今日之我与昨日之我宣战的一段话，也是由于观察生命不断变动的现象而来的，不过他得到的是不正确的推论罢了。可见我们总是想到在生命不断的变动当中，物我之间究有什么关系这个问题。

第三，生命随着时间容易过去。

生命随着真实的空时不断地过去。人生上寿，不过百年，转瞬消逝，于是便有"生为尧舜死亦枯骨，生为桀纣死亦枯骨"之感。在悠悠无穷的时间中，人的一生不过一刹那。印度人认为宇宙曾经多少劫；每劫若干亿万年。人的生命，在这无数劫中，还不是一刹那吗？若仅就生命现在的一刹那看来，时光实在过于短促；生命的价值，如果仅以一刹那之长短来估定，那么人生实在没有多大意义。尧舜苦心经营创制，不过是一刹那的过去；桀纣醉生梦死，作恶殃民，也不过是一刹那的过去。若是把他们的生命价值认为相等，岂非笑话！故以生命之久暂来估定他的意义与价值，当然是不妥。一个人只要有高尚的思想，伟大的人格，虽不生为百岁老人，亦有何伤？否则上寿百岁与三十四十岁而死者，从无穷尽的时间过程看来，都不过是一刹那。欲从这时间久暂上来求得生命的意义，真是微乎其微。故生命的意义，当然别有所在。

这就是我们对于生命初步的反省。我们从此得到了三个认识，就是：生命是无数的，生命是变动的，生命是容易过去的。

人生的意义在能认识和创造生命的价值。宇宙间的生命，既是如此的多，何以只是人类的生命，才有特别的意义？想解答这个问题，是属于价值哲学的研究。人的生命之所以有意义，乃是因为人能认识和创造人生的价值。因为人类能够反省，所以他能对于宇宙整个的系统，求得认识；更能从宇宙的整个系统之中，认识其本身价值之所在。人类的生命，虽然限制在一定的空时系统之中，但是他能够扩大经验的范围，不受环境的束缚；能够离开现实的环境而创造理想的意境。其他动物则不能如此。例如蛙在井中，则以井为其唯一的天地；离开了井，他便一无认识。人类则不然，其意境所托，可以另辟天地。只有人才能把世上的事事物物，分析观察，整理成一个系统，探讨彼此间的关系，以求得存在于这个系统内的原理，并且能综合各种原理，以推寻生命的究竟。说到人类能创造价值一层，对于生命的意义，尤关重要。一方面他固须接受前人对于人生已定了的价值表，一方面更须自己重新定出价值表来，不断地根据这种新的启示，鼓励自己和领导大家从事于创造事业和完成使命。如此，不但个人的生命，不致等闲消失，并且把整个人类生命的意义提高。古圣先哲，终生的努力，就在于此。这是旁的生命所不能做，而为人类生命所能独到的。所以说宇宙间的生命虽是无量数，惟有人类的生命才有特殊的意义。

人格的统一性与一贯性生命不断地变，但必须求得当中不变的真理。我们人类虽每天吸收动植矿物的滋养成分，以促进身体上新陈代谢的变化，但是生命当中所包含的真理，决不因生理上的变化而稍移易。这种生命的一贯性和统一性，就是人格。人因为有人格，所以不致因为今日食猪肉，就发猪脾气；明天食牛肉，就发牛脾气。只是以一切的物质，为我们生命的燃料罢了！至于"今日之我与昨日之我宣战"的见解，正是因为缺乏了整个的人格观念，所以陷入于可笑的矛盾。世界上人与人相处，彼此之间全赖有人格的认识。大家所共认为是善人的，应该今日如此，明日也必定如此；今年如此，明年也必定如此。若是人类无此维系，便无人类的社会可言。所谓人格，就是一贯的自我。他应当是根据我们对于宇宙系统的研究与反省所得到的精确认识，而向着完满的意境前进，向着真善美的世界发展的。他须努力使生命格外美满和谐，使个人的生命与整个宇宙的生命相协调。他更须佐以渊博的知识，培以丰富纯正的感情，从事于促成生命系统的完善。这种好的人格才真是一贯的；因为是一贯的，所以是经得起困苦艰难，决不会随着变幻的外界现象而转移的。有了这种人格，然后在整个宇宙的生命系统当中，人的生命才可立定一个适当的地位。倘若今日如此，明日如彼；苟且偷安，随波逐流，便认为是自我的满足；那不但是无修养，而且是无人格。人与其他生物的分际，就在人格上。人虽吸收了若干外来的食物成分，变其血轮，变其细胞，变其生理上的一切，但他的人格，理想上的人格，永久不变，这就是人格的统一性与一贯性。可见生命虽不断地变，尚有不变者在。

这也是人类生命的特殊性。

要保持生力，从力行中以生命来换取伟大的事业。生命随着时间容易过去。《庄子》上所说的朝菌蟪蛄，固然生命很短；楚南冥灵，以五百岁为春，五百岁为秋，上古大椿，以八千岁为春，八千岁为秋，这种生命可以说是很长了，然而在整个时间系统之中，又何尝不是一刹那的过去？故生命的长短，不足以决定生命之价值。生命之价值，要看生命存在的意义如何，乃能决定。吾人之生，决定要有一种作为。生命虽易过去，但有一点不灭，那就是以生命所换来永不磨灭的事业。古今来已死过了的生命不知有多少，若以四万万人每人能活到六十岁来计算，那么，每六十年要死去四万万，一百二十年就死去八万万，照此推算下去，有史以来，过去了的生命，不知若干万万。但是古今来立德立功立言的人，名垂青史，虽在千百年以后，也还是为人所景仰崇拜；那些追随流俗，一事无成的人，他的姓名，及身就不为人所知，到了后代，更如飘忽的云烟，一些痕迹也不曾留着。所以唯有事业，才是人生的成绩，人类的遗产。孔子虽死，他的伦理教训，仍然存在；秦始皇虽死，他为中国立下的大一统规模，依然存在；拿破仑已死，他的法典，仍然存在。生命虽暂，而以生命换来的事业，是不会磨灭的；其事业的精神，也永远会由后人继承了去发扬光大。诸葛亮在隆中，自比管乐；管乐生在数百年前，其遗留的事业精神，诸葛亮继承着去发扬光大。左宗棠平新疆，以"新亮"自居，也就是隐然以诸葛亮自承。所以生命之易消逝，不足为忧；所忧者当在这有限的生命，能否换来无限光荣的事业。若是苟且偷生，闲居待死，就是活到九十或百岁，仍与人类社会无关。生命千万不可浪费，浪费生命是最可惜的事。萧伯纳曾叹人生活到可以创造事业的年龄，即行死去，觉得太不经济。他想如果人能和基督教创世记所载的眉寿是拉一样，活到九百六十九岁，则文明的进步岂不更有可观。但这是文学家的理想，是做不到的事。然而西洋人利用生命的时间，比中国人却经济多了。西洋人从四十岁到七十岁为从事贡献于政治、文艺、哲学、科学以及工商社会事业的有效时期，而中国人四十岁以后即呈衰老，到六十岁就打算就木。两相比较，中国人生命的短促和浪费，真可惊人！我们既然不能希望活到九百六十九岁的高龄，那我们就得把这七八十年的一段生命，好好利用。我们要有长命的企图，我们同时要有短命的打算。长命的企图是我们不要把生命消耗在无意义的方面。短命的打算是我们要活一天做两天的事，活一年做两年的事。不问何时死去，事业先已成就。我们生在世上一天，就得充分的保持和发挥自己的生力一天。无生力的生命，是不会成就事业的，无永久价值的事业的生命，是无声无臭度过的。

所以人生在世，不要因生命之数量过多及其容易消逝而轻视生命，不要因生命之时常变动而随波逐流，终至侮辱生命。我们须得对人生的价值有认识，对人格能维持其一贯性；以鞠躬尽瘁，死而后已的精神，加紧的去把自己的生命，换成有永久价值的事业。这样，才不是偷生，才不是枉生！

潘光旦："择善而从，择不善而改"

传　略　潘光旦（1899—
1967），原名光，后署名光旦，又
名保同，字仲昂，江苏宝山罗店镇
人。中国现代社会学家、优生学家、
民族学家和教育家。在性心理学、
社会思想史、家庭制度、优生学、
人才学、家谱学、民族历史、教育
思想等众多领域都有很深的造诣。

潘光旦

1913 年以优异成绩考取北京
清华学校，编入 1921（辛酉）级，后因运动伤腿致残（截去一腿），因养
伤耽搁功课，改读 1922 级。1922 年，潘光旦赴美留学，入美国东部素以
学术著称的达茂大学插入三年级攻读生物学。当时清华毕业生赴美一般是
插入二年级，能插入三年级的已是不错的了。他读了一学期以后，教务长
Laycock 给他写信说："对不起，你应该读四年级。"

1924 年，他在达茂大学获得硕士学位后，转入哥伦比亚大学研究院主
修动物学、古生物学、遗传学。1926 年再获硕士学位后回国。其后一直在
大学任教。先后在上海的吴淞政治大学、东吴大学、光华大学、中国公学

等校任职。

1934 年，应梅贻琦校长之聘，回到母校，从此成为清华最重要的核心和骨干之一。曾任教务长、秘书长、社会学系主任、图书馆馆长等职。还曾两度出任西南联大教务长。于 1941 年加入中国民主同盟，历任民盟第一、二届中央常委，第三届中央委员。建国后，曾先后担任政务院文化教育委员会委员、政务院文化委员会名词统一委员会委员、全国政协第二、三、四届委员。1952 年全国院系调整，社会系学科被撤销，潘光旦遂调入中央民族学院任教授至终，主要从事少数民族历史的研究，成绩卓著。

晚年，在处境非常艰难的情势下，与人合作翻译达尔文的巨著《人类的由来》。在"文革"中备受迫害，1967 年 6 月 10 日病逝于北京，终年 68 岁。

主要著作：《冯小青》、《中国家庭之问题》、《读书问题》、《家谱学》、《优生概论》、《优生与挑战》、《优生原理》等。

嗜学 潘光旦 14 岁入清华学堂，学习成绩在班上名列前茅，尤其是英语，发音准确、纯正，不逊英国人。清华当时注重体育锻炼，他也喜欢体育活动。他说自己一直记得体育老师马约翰先生对他们大声喊："年轻人，必须要有强健的体魄，才可以为祖国工作 50 年！"

马约翰的这番话让他很受鼓舞。有一次跳高，跳过了横竿，右脚落地的时候，突然觉得跟触电了一样，有点疼，但是没有在意，照常运动。过了几天，右膝盖越来越疼，才去找医生，原来感染了结核菌，延误了时间，当时的医疗水平又不高，只好把右腿给锯了，成了"独腿客"，在家休学两年。潘光旦是个志存高远者，尽管腿残，又患目疾，1200 度的近视，看书似"闻书"、"舔书"，但丝毫不影响他的鸿鹄之志。他做诗述怀：

> 谈兵膑脚传孙子，述史丧明说左丘。
>
> 此思尚存志仍在，纵教偏废亦何忧。

潘光旦到晚年眼睛极度近视，达到一千多度，而他除去吃饭睡觉，其余的大部分时间都在看书，简直是眼睛贴在书本上看书，家人都笑话他是在"闻书"。据他的亲人们回忆，他一天的大部分时间都是在读书或写作，由于视力很差，给他的生活带来一些麻烦。他拄着拐杖上班，走得很快，但他看不见对面的来人，有个熟人说他架子大不理人，从那以后，为了不给人造成误会，他每走一下就点一下头，宁可自己吃力辛苦一点，怕碰见熟人看不见又没打招呼。

潘光旦终生嗜学、爱书。他有钱就买书，坐拥藏书万余册。在美国留学期间，每个月80元的津贴，他省吃俭用，一有余钱就逛犹太人的旧书店用半价买回一些书。这些书中最珍贵的是一部《达尔文全集》，这套书当时在中国绝少有人私人收藏，而一个穷留学生却倾其所有把它买了回来。从美国回国时，船到上海码头后，他口袋里仅剩下一块钱，连回家的交通费都不够。建国后，他收藏的《不列颠百科全书》（第11版）派上了大用场。当时为中印边界问题，政府需要边境史料，周恩来总理亲自向他提出借用这套书，还书时还有总理的复信。潘光旦曾对向他求教的学生说过："读书要有废寝忘食的精神，才有成功的希望。"读书、买书可以说是他的一种癖好、生活习惯。他从不积蓄金钱，收入大部分用来买书，以至于存折上只有生活费用，但藏书却布满了好几间屋子。虽然他时常以"藏书在图书馆里都找不出来"为耀，但临终却把所有藏书都无偿地赠给了中央民族学院。

潘光旦在清华图书馆任上更是延伸了他的爱书情结，秉承"以适用为主，不存偏见，不究版本，不专收买太贵却不常用之书"的购书原则，亲自多方奔走网罗收购图书。《潘光旦文集》收录他写给梅贻琦校长的信函36件，而其中与图书馆事务有关的达21件之多，这也从一个侧面反映了他对书和清华图书馆所倾注的大量心血。

潘光旦终生嗜学，造就了他的博学，费孝通说："潘光旦博学得如同百科全书，不知道的事不用去翻资料，问他就好了。这回我真是见识了。

在路边看到一朵花，他就能说出这是什么花，有什么特点；在集镇上看到斗笠，他就能随口说出斗笠的历史，一个简单的生活用品能让他讲出一大堆道理来；奉节有个杜甫草堂，我觉得奇怪，潘先生告诉我，杜甫一生不得志，在成都有个草堂，那是他一个叫严武的朋友当时任西川节度使，推荐他当了检校工部员外郎。后来严武去世，杜甫没有了依靠，就从成都东下到奉节住了三年。"

论教　　潘光旦曾写过一篇《国难与教育的忏悔》，认为近代以来所谓新教育，有许多对不起青年与国家的地方，总括起来说就是：教育没能使受教育的人做一个"人"、做一个"士"。中国教育没能跳出三个范围：一是平民教育或义务教育，目的只在普及，而所普及的不过是识几个字，教大众会看简单的宣传文字；二是职业教育或技能教育，目的显而易见只是教人学些吃饭本领；三是所谓人才教育，充其量只不过是培养一些专家或者文官。这三种教育和做人之道都"离得很远"。

潘光旦在《自由之路》一文中指出："我以为当前教育的最大危险，就是在一部分从事教育事业的人心目中，教育和宣传混淆不清，甚至于合二为一。所谓社会教育，或者公民教育，名为教育，实际上大部分是宣传，可以不用说。即如比较严格的学校教育里，宣传的成分近来也一天多似一天，而主张宣传即是教育的人还虑其太少，而虑之之人事实上又不尽属一派，于是流弊所至，非把学术自由、思想自由的学校环境变换做宣传家钩心斗角出奇制胜的场合不可。"

潘光旦主张教育应当培养出"士"的情志，平时牢守"士不可以不宏毅，任重而道远"，危难中体现"见危授命"、"士可杀不可辱"的志节。

"君子之学也，以美其身；小人之学也，以为禽犊。"潘光旦认为教育只有一个目的，就是每一个人的人格的培养。因为人格是具体的，人与人之间各有异同，所以他特意强调的是每一个人的人格，而非空洞的和笼统的人格；而健全的人格，是要去假我以成真我，去偏蔽之我以成通达之我，去私我、小我以成公我、大我。

1935 年，一位清华学生向潘光旦请教治学方法，他稍稍沉思之后微笑作答："除了一部分天才之外，只有四个字——'抓住不放'，铢积寸累，自然会有豁然贯通的一日。"

性学　潘光旦在清华学校读书时，清华的藏书十分丰富，他发现了霭理士的六大册《性心理学研究录》，当时这部书锁在书库以外的一间小房子里，只有教师和校医可以问津。潘光旦为了借看这套书，费了不少周折。

读过这些书后，当时的他就颇为自豪地以一个性方面的小权威自居，不少同学也拿一些自恋与同性恋的问题向他讨教，他也就不客气地就自己所知逐一解答。后来他又读了弗洛伊德的《精神分析导论》。由于他一向喜欢看稗官野史，对照弗氏著作，他发现明末一个奇女子冯小青的表现是影恋的绝妙例子，于是就借梁启超催交"中国历史研究法"的报告之机，写了一篇《冯小青考》交了上去。梁启超读后大为赞赏，批曰："以子之才，无论研究文学、科学乃至从事政治，均（可）大有成就，但切望勿如吾之泛滥。"转年，潘光旦又将此文整理成书稿交梁师审阅，梁又批道："对于部分的善为精密的观察，持此法以治百学，蔑不济矣。以吾弟头脑之莹澈，可以为科学家；以吾弟情绪之深刻，可以为文学家。望将趣味集中，务成就其一，勿如鄙人之泛滥无归耳。"

潘光旦虽然不认识霭氏，但他自称是霭理士的"私淑弟子"。抗战时，学校迁到昆明后，他开始翻译《性心理学》，并于 1941 年译完。

对于性教育，潘光旦认为："性是人类最大的原动力，而中国人看得太小，只认为是男女关系，同时又看得太神秘了，所以就忽略了性的重要。"这也是他翻译《性心理学》的本意。

潘光旦：「择善而从，择不善而改」

343

刚正 在 1921 年 6 月，北京教育界由李大钊领导的"八校教职员索薪团"罢教索薪斗争中，清华学生出于义愤，举行"同情罢考"，遭北洋政府的残酷打压。潘光旦所在的壬戌（1922 年）级最为坚决，学校当局给予"留级一年"（一说不考者按自动退学论处）的处罚，经过斗争，原决定撤销了，但当局要求罢考学生必须写"悔过书"。壬戌级有八人拒悔，被开除"级籍"，潘光旦是其一。潘光旦宁肯牺牲出洋机会，也要据理力争。闻一多对他十分敬佩，在家信中写道："圣哉光旦，令我五体投地，私心狂喜，不可名状！"次年 7 月，时过境迁，学校才让他出洋。

一次，安徽省主席刘镇华写信给时任清华教务长的潘光旦，想让自己的两个儿子到清华旁听，被他婉拒："承刘主席看得起，但清华之被人瞧得上眼，全是因为它按规章制度办事，如果把这点给破了，清华不是也不值钱了吗？"

1949 年 10 月 28 日，潘光旦在日记中又谈到类似的一件事情："与沈衡老（沈钧儒）谈起其孙来清华旁听事；此事衡老循其孙之请，转托高教会对清华指令办理，于法绝对不妥。""今衡老以人民最高法院院长之地位，作此强人违例之举，不仅对清华不利，对己亦有损令名，而高教会肯以指令行之，亦属太不检点；余旨在劝衡老收回此种请求，渠似不甚领悟，甚矣权位之移人也。"数月后，沈老的孙子又携书往潘宅商讨旁听事。"……余就此举对各方面之不利剀切言之……至余或因此而开罪衡老，开罪于当今之大理，则不暇计及矣。"（11 月 9 日日记）。

潘光旦专于研究家谱族谱，为友朋和社会所青睐，且取得支持。他后来写的谱牒拳头专著《明清两代嘉兴的望族》，就是采录了谭其骧送与的长水本家族谱。这个时候，他有时上图书馆寻找家谱族谱，沉醉查索搜集谱牒，怡然自乐。有人谑问："为什么喜欢看他姓家谱，而不修自家家谱？"潘笑而不答。为此有友朋赠联：寻自身快乐，光他姓门楣。因为潘光旦俨然成为家谱学权威，据称，孔祥熙也托人前来疏通，请他证明孔实为孔子后裔。潘不怕得罪当局，拒绝说："山西没有一家是孔仲尼后代。"来人大窘而回。

对于自己的刚正，潘光旦讲过一句令人难忘的名言："不向古人五体投地，也不受潮流的颐指气使——只知道择善而从，择不善而改。"

雅趣　潘光旦在人们心中的印象，似乎总是穿一件皮夹克，戴一副深度眼镜，嘴衔一只大烟斗，拄着双拐。这其中的那只烟斗是他的最爱也是最独特的标志，那只烟斗是用老竹根打通自制而成，斗腹上铭有"形似龙，气如虹；德能容，志于通"。

在清华教书期间，潘光旦的书房叫"葫芦连理之斋"，之所以取这个名字，是因为在 1934 年时，潘光旦住在清华大学新南院 11 号，他发现家门口有个现成的架子，就在下面栽种攀援植物藤萝和葫芦，为夏天预备一片乘凉的好地方。两年后，瓜棚上结出了一对并蒂葫芦，就像头与头黏在一起的连体婴儿，这使潘光旦又惊喜又担心，并蒂葫芦不常见，要长好恐怕不容易。他每天细心观察，精心照料。并蒂葫芦果然争气，它们发育健全，大小相等，体形匀称。而结出这样的葫芦的几率仅有亿兆分之一，甚至更小，潘光旦感到十分欣慰，逢人就说，这是造物主对他当年主修生物学的最好回报。有好奇者闻讯前来，参观之后，赞叹之余，不禁要问他："这样完美的并蒂葫芦，为何生物学系的师生培植不了？"潘光旦的回答颇为诙谐："生物系的师生通常只关注更有研究价值的动植物，葫芦难入他们的法眼，再就是他们没有学好优生学。"潘光旦还请他的舅父沈恩孚题写了一块"葫芦

潘光旦书法作品

连理之斋"的匾，挂在书房。

战时在昆明，潘光旦也会营造书房的氛围。一张大书桌为自制——两侧用包装木箱横竖叠加成桌脚，上架两条长木板为桌面，一如裁缝师傅的工作台。台上备有文房四宝。还有拾来的石头和竹木制品做小摆设。因房子四面有窗，他命名为"四照阁"。他还喜欢用书樾，那就是用两块木板将一套书夹起来，立在书架上。他还把每套书系上一根竹制书签，签上写着书名，可见他爱书之切。

幽默　潘光旦独足，走路需用双拐，当政协委员时外出视察，叶笃义先生照顾他。有人取笑他说："潘先生的立场观点都有问题。"他说："不只如此，我的方法也有问题，我架的双拐是美国货。"

在西南联大演讲时，潘光旦讲到孔子时说："对于孔老夫子，我是佩服得五体投地的。"说着，他看了一眼自己缺失的一条腿，更正道："讲错了，应该是四体投地。"引得同学们大笑。

在昆明时，潘光旦的住处没有书房。一商界朋友在自己的新房中送他一间作书房，虽寄人篱下，但环境挺幽雅。他用隐士蟹寄住螺壳比喻，作一联，送给前来看他的学生李树青，联语是：螺大能容隐士蟹，庭虚待植美人蕉。他请李提意见，李便和他开玩笑："此联是否已征得潘太太首肯？否则，我建议用'寿仙桃'代替'美人蕉'。"潘光旦开颜大笑："原意在属对，并无金屋藏娇之意。"

北大、清华、南开三校迁至长沙时，潘光旦注意到天心阁公园大门一带竖有广告牌，曰"老婢调经丸"。后来他再游其地，见其旁新竖一牌，曰"故宫补肾丸"。于是便说道："老婢调经与故宫补肾，亦一佳对。"

清华社会学系毕业生周荣德和冯荣女士结婚时，潘光旦赠一横幅，上书"一德共荣"四字，嵌入男女主人公姓名中字，天衣无缝，妙不可言。

清华女同学黎宪初在校时，与欧阳采薇等四女生被称为"四喜元子"，她选在1月15日结婚，宴客于"三和酒家"。潘光旦赠喜联云："三和四喜，元夜双星"。

赵访熊教授结婚日大雨，有客说："天公太不作美。"潘光旦却说："既云且雨，天地交泰之象，是天公为新夫妇现身说法，大可贺也。"

哀恸　　冰心说过潘光旦是"男子中理智感情保持得最平衡的一个"。但潘光旦一生也有几次令人感动的失控与哀恸。

1937年卢沟桥烽火燃起，驻地北平的二十九军一战而北，7月28日主将阵亡，但当局为放弃北平作掩护，将谎称的捷报传到全国。这时的潘光旦是清华的教务长，当晚他知道真相后，极为震惊和痛苦。第二天，潘光旦来到二十九军的军营，军营已经是废墟，潘光旦挂杖而立，泪流满面。这天潘光旦遇见了老同学梁实秋，留美时两人曾一同创办以"反对列强侵略与鼓励民气"为宗旨的大江会，如今国难当头两人又相对而泣。作为教务长他又来到清华校园，日本兵还没有到，却看见自己的同胞在翻箱倒柜搬拿东西，一片狼藉，如同自毁巢穴，他再次悲从中来，放声痛哭。

1939年，潘光旦的母亲在上海去世，那时他正在昆明西南联大执教。潘光旦的成长与母亲的教养息息相关，是母亲在父亲去世后仍然按照父亲的遗愿，克服重重困难，供潘光旦继续学习。母亲的死使潘光旦悲痛不已，在家中的阁楼上待了三天没有下楼。

早在潘光旦上清华时，家中给他订有旧婚约，因他的腿截去一只，对方突然毁约。表妹赵端云看上他的人品与才干，下嫁于他。赵瑞云乃职业女性，婚后相夫教子，育有四个女儿。潘光旦和赵瑞云恩爱和睦，相濡以沫32载，将一群儿女培育成人，人称没有任何家庭问题的社会学家。赵女士贤惠过人，含辛茹苦相夫教子，是个贤内助。抗战岁月，吃了上顿没下顿，为补贴家用，她与梅贻琦夫人一道做一种名为"定胜糕"（抗战必胜之意）的上海糕点到集市上去卖。抗战后期，潘太太曾自制绣花绸睡衣、头巾、手帕卖给美国盟军，以补贴家用。她还曾请闻一多先生画过两幅龙的图案作为绣样。1958 年，赵瑞云去世，潘光旦认为是自己被划成右派致使夫人担心而发病去世的，一度哀恸不振，悲伤不已。

另外，潘光旦在闻一多被特务枪杀后也大恸一次，号啕大哭。他表达感情与别人不同，哭过后可以马上控制自己。"文革"初期，他与叶笃义谈天时偶然谈到他的女儿潘乃穆在丈夫被逼死后，对他的儿子说，爸爸死了还有妈妈，我们还要活下去！说到这里，他情不自禁突然一下子悲愤失声，恸哭起来，恸哭之后，又像没什么事一样讲别的事情了。叶笃义说，潘光旦当时极度地控制自己的感情，一个人怎么能做到那种程度，这只可以用"心存百般忍让"来形容。

轶闻　　昆明府甬道有个清华宿舍，其中十几位住户常在客厅深夜打麻将，既扰邻居，还引来小偷，有人告到潘光旦那里，他写信给那些麻将客说："听说你们近来常打麻将到深夜，这不好，希望你们刹住。"但他话锋一转，又说："其实这种困难时期打打麻将也没什么不好，娱乐一下也不错，我也偶尔打打，只是应该找合适的时间。"接着话锋再一转："如果各位有兴趣，不妨找个星期天，到舍下打几圈，如何？"从此以后，府甬道清华宿舍再也不闻麻将声了。

1940 年，潘光旦在西南联大任教务长，他同时研究优生学与心理学。当时云南多鼠，潘教授深受其苦，只好张夹设笼进行捕捉。一日捕得硕鼠 10 多只，便斩头剥皮，弃其内脏，然后洗净切成块状，请夫人做成菜。夫人皱眉问道："我们伙食虽不算好，也常有鱼有肉，今天为何要叫我做这苦差事？"潘光旦解释道："我这是为了学术研究，请你一定要帮助我。"夫人无奈，只好勉为其难。夫人一向善于治馔，煮熟后果然甘香扑鼻。教授大喜，随即邀来共同研究心理学的同事和学生数人，诡称偶获野味，欲与诸位分享。鼠肉端上桌来，潘先生带头大嚼，众宴客亦举箸共食。然而咀嚼再三，竟不辨是何动物。一客问道："此肉细嫩，味道鲜美，但不知是何野味？"潘光旦笑答道："鼠肉。"此二字一出，想再吃一块的忽然停住了筷子，嘴里正在咀嚼的吐了出来，还有紧锁双眉、喉痒欲吐的，潘光旦一再保证，其中绝无有害健康的物质，并以身作则，继续食用。但无论他怎么劝诱，直至餐毕，终无问津者。潘教授大笑道："我又在心理学上得一证明。"

友评　"光旦秉性温和忠厚，论语上说的'温、良、恭、俭、让'诸美德，他可以当之无愧。"他的同学、燕京大学校长梅贻宝如是说。

"其为人也，外圆内方，人皆乐与之游，因此是我所敬爱的人物。"同学梁实秋对潘光旦如此评价。

潘光旦与闻一多既是清华同学，又是莫逆之交。闻一多本名叫闻多，"一多"是潘光旦为他改的。闻一多为潘光旦篆过一方"胜残补阙斋藏"的闲章。1916年潘光旦的腿动手术，闻一多因自己未能前去探视深感内疚。便写信鼓励，对其才华予以充分肯定，称："领袖英伦，润色鸿业，斯文不坠，大匹必扶，直券受耳，尚其勉旃。"

潘光旦与费孝通亦师亦友。两家长期比邻而居，后在中央民院成了"难师难徒"。费孝通说："我应当是他学生中受益最深的一个。"费称赞潘光旦的性格是"牛皮筋"，"屈不折，拉不断，柔中有刚；力不懈，工不竭，平易中出硕果。"

潘光旦先生的人格和境界（费孝通）　在我和潘先生之间，中国知识分子两代人之间的差距可以看得很清楚。差在哪儿呢？我想说，最关键的差距是在怎么做人。潘先生这一代人的一个特点，是懂得孔子讲的一个字：己，推己及人的己，懂得什么叫做己。己这个字，要讲清楚很难，但这是同人打交道、做事情的基础。

潘先生这一代知识分子，首先是从己做起，要对得起自己，而不是做给别人看，这可以说是从己里边推出来的一种做人的境界。现在社会上缺乏的就是这样一种做人的风气。年轻的一代人好像找不到自己，自己不知道应当怎么去做。作为学生，我是跟着他走的。可是，我没

潘光旦与费孝通

有跟到关键上。直到现在，我才更清楚地体会到我和他的差距。

潘先生这一代人不为名，不为利，觉得一心为社会做事情才对得起自己。他们有名气，是人家给他们的，不是自己争取的。他们写文章也不是为了面子，不是做给人家看的，而是要解决实际问题。这是他们自己的"己"之所需。

有些文章说潘先生"含冤而死"，可是事实上他没有觉得冤。这一点很了不起。他看得很透，懂得这是历史的必然。他没有怪毛泽东。

他觉得"文化大革命"搞到那个地步不是毛泽东的意思。为什么呢？

他推己及人，想想假定自己做毛泽东会是什么样的做法，那根本不会是这个做法。因此不应该怪他。这就是从"己"字上出来的超越一己荣辱的境界。潘先生经历了灾难，可是他不认为应该埋怨哪一个人。

这是一段历史的过程。造成他的人格和境界的根本，我认为就是儒家思想。儒家思想的核心，就是推己及人。